그림책, 한걸음 더 가까이

그림책, 한걸음 더 가까이

이은주 그림책 평론집

즐거운상상

들어가며

●

　2015년 3월은 우리나라 출판계와 그림책 분야, 언론에서는 큰 축제가 벌어졌다. 우리 그림책이 라가치 전 부문(당시 5개 부문)에서 여섯 편의 수상작을 냈다는 이탈리아 볼로냐에서 날아온 낭보 때문이었다. 그리고 5년이 흘러 2020년 3월에는 그림책 작가 백희나가 알마상(Astrid Lindgren Memorial Award)을 받았다는 소식에 또다시 들썩였다. 알마상은 상금도 어마어마했다. 아무리 그림책에 문외한이더라도 관심을 갖게 되는 희소식이었다. 그리고 2022년 3월 21일 이수지가 안데르센상(Hans Christian Andersen Award) 일러스트레이터 부문 수상자로 선정되었다. 한국 작가로서는 이수지가 처음이었다. 출판가는 또 한 번 흥분했지만 대체로 그럴 만하다는 반응이었다. 이수지의 작업에 대한 믿음과 기대도 있었지만 몇 년 사이 우리 사회의 그림책에 대한 인식이 넓어졌고 우리 그림책이 상당한 수준이라는 것을 알고 있었기 때문이다.

　"그림책이 뭐야?" "애들이나 보는 알록달록한 그거?" "요즘은 어른도 본다던데?" 이런 물음과 답 속에서 우리 사회에 그림책 광풍이 불고 있다. 어린이는 물론이고 아이를 키우는 부모, 관계 속에서 고통을 받는 직장인, 육체적인 제약과 고립으로 힘들어하는 어르신이 그림책을 중심으로 삼삼오오 모이고 있다. 전 세대가 그림책을 놓고 머리를 맞대며 즐거움과 위로, 지식을 얻고 있다.

　시각 이미지가 더욱 중요해지는 현대에서 당연한 현상으로 보인다. 사회적인 환경과 현대인들의 요구에 의해 그림책이 주목받는 최근의 상황을 볼 때, 그림책의 발전과 생산적인 결과를 얻기 위해 내부적인 노력도 필요하다고 생각된다. 앞으로 우리 그림책이 더욱 선전하기 위해 현상 이면의 내실을 차근차근 쌓아 가야 할 것이다. 그 첫걸음이 지금의 그림책을 꼼꼼히 살펴보는 것이라 생각한다.

　그림책은 글과 그림의 결합으로 이야기를 풀고 지식과 정보를 엮는다. 지금은 글과 그림에서 그림의 비중이 점차 커지고 있다. 글 없는 그림책은 있어도 그림 없는 그림책은 성립되지 않는다. 그림책은 글뿐만 아니라 그림을 함께 읽어야 한다. 그러나 우리 몸에 밴 오랜 습관은 그림보다 글을 우선하고, 먼저 글을 읽으려고 한다. 그러다 보면 넓은 지면에 가득 그려진 그림보다 지면 일부에 자리한 글만 읽고 있는 자신을 발견하게 된다. 그림을 읽지 않거나, 제대로 읽지 못하면 그림책을 반만 읽는 것이 아니라 아무것도 읽지 못하는 것과 같다. 그림이 들려주는 아름답고 깊이 있는 이야기에 눈을 감고 귀를 닫는 안타까운 상황이 벌어지기도 한다. 그래서 그림책의 그림 읽는 방법을 이야기를 하고 싶었다. 그림책에서 얻는 위로를 섣불리 전하기보다 글과 이중주를 이루며 더 풍요롭고, 더 깊고 다양하게 그림책의 그림을 풀어내고 싶었다. 지난 10여 년간 그 작업을 해 왔다. 이 책은 그 결과물이다. 보고 싶은 만큼 보지 못해 마음 아픈 그림책도 있고, 눈으로 보면서도 글로 풀어내지 못해 밤새도록 끙끙거린 그림책도 있다. 해석하고 싶었으나 그 깊이가 너무 깊어 지레 포기한 그림책도 많다. 그러나 지금의 나로서는 어쩔 수 없다. 여기서 한 번 정리하며 부족한 부분을, 더 열정적으로 탐구할 부분을 짚어야 다시 그림책 속으로 들어갈 수 있을 것이다.

이 책은 모두 3부로 구성되었다. 제1부는 우리 그림책의 오늘이다. 눈부신 발전을 이끈 그림책들을 모았다. 작가의 한 작품을 집중 해석한 장도 있고, 작가의 여러 작품을 다룬 장도 있다. 그림책 선정은 개인적 취향이 반영됐음을 밝혀야겠다. 선정은 그렇게 했으나 해석은 객관적으로 하고자 노력했다.

제2부는 우리 그림책의 내일로, 그동안 이룬 성취를 살펴보고 발전된 내일의 모습을 보여 주는 작품과 내일을 준비하기 위해 성찰해야 할 내용을 담았다. 자연스럽게 일정 시기를 개관하며 우리 그림책이 보완해야 할 지점을 찾는 글도 포함했다.

제3부는 과거 우리 그림책의 모습을 담았다. 일제 강점기 아동잡지의 삽화와 해방 후 지금과 같은 모습을 지닌 초기 그림책을 살펴 현재에 이르는 우리 그림책의 역사를 개괄적이나마 살펴보았다. 관심은 많았으나 자료와 기록의 미비, 시대에 대한 이해가 부족하여 섣불리 덤비지는 못했다. 앞으로 더 연구해야 할 부분이지만 과거의 우리 그림책을 몇 편만이라도 보여 주고 싶었다.

『그림책, 한걸음 더 가까이』는 글과 그림이, 그림책과 독자가, 너와 내가 조금 더 그림책에 가까워지길 바라는 마음을 담았다.

CONTENTS

들어가며 012

제1부 우리 그림책의 오늘
우리 그림책 17편의 평론

1 지금 여기의 육아 현실 010
   박현주의 『나 때문에』 『비밀이야』

2 어린이 그림책이 상실과 부재를 그리는 법 022
   전미화의 『씩씩해요』 『미영이』 『달 밝은 밤』

3 내 안의 '나'를 만나면 035
   조수경의 『나』

4 내면의 힘 회복하기 044
   이지현의 『수영장』

5 부분들의 총합 넘어서기 053
   안녕달의 『수박 수영장』 『할머니의 여름휴가』 『왜냐면』 『메리』

6 절묘한 대비(對比)가 빚어내는 울림 064
   정진호의 『위를 봐요!』

7 적정한 깊이와 즐거움 주기 071
   황K의 『꽃에서 나온 코끼리』 『아빠 얼굴』

8 생태 그림책에 나타나는 타자 윤리 079
   이루리 글·배우리 그림의 『북극곰 코다』

9 포스트모던하게 이야기하기 087
   박연철의 『피노키오는 왜 엄펑소니를 꿀꺽했을까?』

10 다시 접으며 완성되는 그림책 099
   하수정의 『울음소리』

제2부

우리 그림책의 내일
우리 그림책이 이룬 성취와 발전을 위한 제언

1	그림책이 구현하는 옛이야기의 매혹	108
	전래동화 그림책 『구렁덩덩 신선비』	
2	2010년대 우리 그림책 형식의 변주와 확장	123
3	2015 라가치 수상작과 그 의미	137
4	우리 그림책의 내일을 위하여	146

제3부

우리 그림책의 어제
우리 그림책의 역사

1	우리 그림책이 나오기까지의 풍경(1896~1945년)	164
2	대표적인 삽화 : 삽화로 포착한 근대의 모습	172
	『아이생활』〈아가차지〉의 김동길 삽화	
3	성장을 위한 더딘 걸음(1946~1987년)	181
4	대표적인 그림책 : 해방 직후 우리 그림책의 처음	191
	조용만·이승만의 『포은 정몽주전 조선역대위인 화첩 제1집』	
5	1960년, 작가의 인식 형상화	200
	강소천·백영수의 『아기 토끼』와 『꼬마 눈사람』	
6	성장하는 우리 그림책(1988~2003년)	210
7	1990년대 대표적인 우리 그림책	216

제1부

우리 그림책의 오늘

우리 그림책 17편의 평론

1장

지금 여기의 육아 현실

박현주의 『나 때문에』, 『비밀이야』

『나 때문에』(ⓒ박현주, 이야기꽃, 2014)

『비밀이야』(ⓒ박현주, 이야기꽃, 2016)

1. 그림책의 문법을 넘어서

오랫동안 그림책에서 육아 현실의 문제는 오로지 아이와 부모의 문제로 국한되고, 그 해결은 항상 절대적 사랑과 신뢰를 전제로 따뜻하고 아름답게 마무리되는 것이 일반적인 문법이었다. 그런데 박현주의 그림책은 철학자 슬라보예 지젝이 "현실(reality)은 상호 작용과 생산 과정에 연루된 현실적 사람들의 사회적 현실"이라고 얘기한 것처럼 바로 현실에 중요한 문제를 제기하는 것으로 보인다.[01]

박현주는 『나 때문에』(2014)에서 부모와 아이가 치열하게 각자의 삶을 사는 사회적 현실을 배경으로 그 속에서 벌어지는 불편한 진실을 드러내고, 『비밀이야』(2016)에서는 불편한 진실을 소통에 기반한 상상으로 극복하고 성장하는 인물을 보여 준다.

어린이를 독자로 한 그림책이라고 해서 언제나 따뜻하고 아름답게 그려야 하는 것은 아니다. 그렇다고 불편한 진실을 날것으로 드러내는 것이 적절한 것인지도 생각해 보아야 한다. 박현주는 두 작품에서 21세기 지금 여기의 육아 문제를 제기하며

---

[01] 슬라보예 지젝, 이성민 옮김, 『까다로운 주체』, 도서출판b, 2010, 447쪽.

일정한 성취를 이루었다. 『나 때문에』에서는 사회 구조적인 문제를 섬세한 그림 서사를 통해 직접적으로 드러내면서 역시간적 구성을 채택하여 현실이 주는 불편함을 덜어 낸다. 『비밀이야』에서는 사회 구조적 문제는 배경이 되고 아이들의 불편한 상황은 상상력으로 소통되는 반전 결말로 열려 있다. 이는 박현주의 작품이 전통적인 그림책의 문법을 넘어선다고 보여지고, 앞으로 작가의 작품을 세밀하게 살펴보아야 하는 이유가 된다.

2. 육아 현실의 불편한 진실
: 『나 때문에』

1) 역시간적 구성

『나 때문에』는 겉표지를 펼친 면지에서 이야기가 시작된다. 그러나 순행적 이야기의 진행을 원한다면 맨 뒷면지부터 읽어야 한다. 즉 앞면지는 이야기의 끝이고 뒷면지가 이야기의 시작이다. 앞면지에는 컬러가 아닌 흑백의 좁은 주차장 자동차 사이에 쫓겨나 웅크린 고양이가 그려져 있다. 이어지는 속표지에 고개를 숙인 채 걸어가는 오빠의 뒷모습과 고양이 사료로 보이는 종이봉투를 옆구리에 끼고 오빠를 따라가다가 뒤돌아보는 여동생의 모습이 그려져 있다. 본문을 펼치면 앞면지의 흑백으로 그려진 고양이가 쏟아지는 빛 속에서 노랗고 빨간 고양이 집에 오도카니 앉아 있다. 이를 꼭짓점으로 오른쪽 아래에는 길게 드리운 남매의 그림자가 있고, 왼쪽 아래엔 "나 때문에"라는 글이 마침표 없이 씌어 있다. 눈물을 흘릴 것 같은 고양이의 눈은 보이지 않는 남매를 바라보는 듯 오른쪽 위를 향한다.

마침표가 없는 글은 의미가 불완전하다. 독자는 의미의 완성을 위해 무의식적으로 다음 장을 넘기게 되는데, 오른쪽을 향하는 고양이의 시선은 페이지를 넘기는 손을 더욱 바쁘게 한다. 다음 펼침면은 "아이들이 울어요."라는 문장으로 끝난다. 그러니까 "나 때문에 아이들이 울어요."라는 의미이다. 여기서 '나'는 고양이, 아이들은 남매인 듯하다. 이를 확인해 주듯 펼침면 가득 고양이의 두 눈이 묘사되어 있고, 그 눈 속에 울고 있는 아이들의 모습이 보인다. 여기까지 보면 이 책의 화자는 고양이이고, 고양이의 모습이 점점 확대되는 것은 고양이의 눈에 비친 아이들이 우는 모습을 보여 주기 위해서라는 것이 짐작된다. 여기서 왜 아이들이 울까, 라는 의문이 생긴다.

이어지는 장면에는 왼쪽 여백에 "엄마에게 쫓겨났으니까요."라는 글이 있고 오른쪽에는 고양이와 고양이 집을 안은 채 허름한 계단을 내려오는 남매가 나온다. 고양이는 남매의 집에 있다가 엄마에게 쫓겨나 주차장 한쪽으로 옮겨졌고, 이 때문에 남매가 울고 있는 것으로 보인다. 엄마는 왜 고양이를 쫓아냈을까 궁금해져 다음 장을 넘기면 "내가 쫓겨난 건 아빠가 발을 다쳤기 때문이에요."라는 글이 나온다. 결국 아이들은 엄마가 고양이를 쫓아내서 울고 있고, 아빠가 발을 다쳐서 고양이가 쫓겨났음을 알 수 있다. 이처럼 『나 때문에』는 결과를 먼저 제시하고 그 다음 원인을 보여주는 '결과 - 원인(결과) - 원인'의 구성을 취한다. 어린이 대상의 그림책에서는 흔치 않은 역시간적 구성이다.

결과를 야기한 원인은 원인이자 결과가 되어 다시 원인을 불러오는 구조를 띠는데, '계속해서 이어지는 원인과 결과들'은 과정에 초점을 두게 한다. 쉼 없이 원인을 찾아가야 하니 어린 독자들은 상당한 에너지가 필요하다. 독자가 쉽게 지칠 수도 있고, 작가로서도 쉬운 작업은 아니다. 어떤 결과가 하나의 원인으로 만들어지는 것은 아니기에 어린 독자가 쉽게 이해할 수 있는 하나의 원인으로 엮어가는 일이 만만치 않을 것이다. 여기서 왜 이런 구성을 취해는지와 독자의 흥미를 유지하기 위해 어떤 장치를 두었는가, 두 가지가 중요해진다.

2) 흥미 유지를 위한 장치

독자의 흥미를 유지하기 위한 장치는 세 가지이다. 첫째는 고양이를 화자로 삼은 것이다. 고양이는 강아지와 함께 아이들에게 가장 친근한 동물이고, 작고 연약해 보인다는 점에서 아이들이 쉽게 동일시하는 대상이다. 또한 고양이가 한 말이자 작품의 제목인 "나 때문에"는 주인공인 아이들이 쉽게 느끼는 감정이기도 하다. 고양이는 아이들이 부모의 싸움을 지켜보면서 느끼는 부정적인 감정을 대신해 표현하는 역할을 한다. 대부분의 아이들은 부모의 싸움을 보고 자라게 되고, 많은 경우 원인을 자신에게 돌린다. 이를 동일하게 느끼지만 아이가 아니기에 조금은 거리를 두고 이야기를 따라가는 고양이를 화자로 선택한 것은 절묘하다.

둘째 글 제시 방식의 정교함이다. 페리 노들먼은 그림책 『괴물들이 사는 나라』(모리스 샌닥, 2002)에서 본문 첫 펼침면과 두 번째 펼침면의 문법적으로 분절된 글, 즉 세 번째 펼침면에 이르기까지 완성되지 않아 앞으로 나아가게 하는 글과, 글과 잘 어울리는지 확인하기 위해 미루르게 하는 그림으로 인해 이야기에 대한 흥미와 몰입을 증대시키는 긴장을 만들어 낸다고 한 바 있다.[02] 이 책에서도 이와 같은 전략을 발견할 수 있는데, 전술한 본문 첫 펼침면과 둘째 펼침면에서 선보인 문장 나누기 방식은 총 여섯 면의 펼침면에서 찾아볼 수 있다. 책 중간쯤에 제시되는 "엄마 아빠가 싸운 건"과 같은 분절된 글은 다음 장에서 이어지는 "우리가 엄마 아빠를 자꾸 불렀기 때문이에요."라는 문장을 읽어야 비로소 의미가 완성된다. 독자는 의미를 완성하고 싶어 빨리 다음 장으로 넘어가고 싶은 마음과 그림을 확인하기 위해 필요한 시간 사이에서 긴장하게 된다. 덕분에 이야기에 대한 몰입과 흥미는 배가 된다. 작가는 책의 처음과 중간 그리고 끝부분에서 두 펼침면에 문장 나누기 전략을 사용한다. 독자의 몰입과 흥미를 고려한 배치라고 할 수 있다.

셋째는 글을 풍부하게 하는 그림이다. 작가의 섬세한 그림은 깔끔하게 정선한 글과 호흡을 맞추어 과하지 않게 꼭 필요한 것을 보여 주며 글의 서사를 보완하고 확대한다. 특히 그림은 아이들이 초점을 두는 부분과 어른들이 초점을 두는 부분으로 나눈 듯 보인다. 아이들은 미처 보지 못하겠지만 어른들은 볼 수 있는 부분이 있는데, 이러한 부분에서 작가가 이중 독자를 겨냥하고 있으며 지금까지의 그림책에서는 보기 어려운 시각적 묘사를 하고 있음을 알게 된다.

아이들의 눈길을 끄는 장면은 그들의 심리가 잘 드러난 부분일 것이다. 꽃망울이 터진 것을 보고 좋아하는 모습이나 엄마 아빠에게 함께 보자고 뛰어가는 모습도 훌륭하지만 그보다 더 빼어난 부분은 엄마 아빠의 싸움이 진행되는 동안 보이는 아이

---

[02] 페리 노들먼, 김상욱 옮김, 『그림책론 : 어린이 그림책의 서사 방법』, 보림, 2011, 446-447쪽.

1, 2 엄마와 아빠가 언성을 높여 싸우는 사이
한없이 작아진 아이들의 모습과 아빠가 발을 다친 장면.
뒤로 물러선 아이들의 모습에서 심리가 잘 드러난다.
『나 때문에』ⓒ박현주, 이야기꽃

들의 모습이다.

부모의 싸움을 마주한 아이들은 자신들이 원인을 제공했다는 죄책감에 한없이 작아지고 그만큼 불안감은 커진다. 그림 1은 탁자 모서리를 사이에 두고 앉아 있는 아이들과 엄마 아빠의 모습이 대비를 이루는 가운데, 배경 공간은 검은 선으로 채워져 있다. 엄마 아빠의 손보다도 작은 아이들은 자신들의 잘못으로 이 싸움이 벌어졌다고 생각하는 죄책감을, 하얗게 표백된 부모의 모습은 낯선 부모를 보는 아이들의 공포심을 보여 준다. 부모가 내뱉는 소리의 파동이 뭉쳐 흐르는 듯한 검은 선들은 뭉크의 <절규>를 떠올릴 정도로 불안하고 위험한 기운을 조성한다. 부모의 싸움을 지켜보는 아이들의 두려움과 불안을 이보다 더 잘 형상화할 수는 없을 정도로 뛰어난 그림 서사이다.

그림 2는 엄마 아빠의 큰 소리에 놀란 고양이가 뛰어오르며 화분을 깨뜨리고 아빠가 깨진 화분 조각에 발을 베인 장면이다. 피까지 보게 된 아이들의 감정은 증폭된다. 깜짝 놀라 뒷걸음치다 벽까지 물러서고 옷자락을 꼭 쥔 여자아이의 모습에서 아이들의 두려움과 불안감을 짐작하게 한다. 뒷벽에 짙게 드리워진 그림자는 아이들이 느끼는 깊은 죄책감을 보여 준다. 싸움의 원인이 자신들이고 아마도 고양이를 키우려고 고집을 부린 것도 자신들일 텐데, 고양이 때문에 아빠가 발까지 다쳤으니 아이들의 죄책감은 최고조에 이른다. 본문 첫 펼침면에서도 주차장에 버려진 고양이의 눈길이 닿는 곳에 아이들의 그림자가 길게 드리워 있다. 이처럼 작가는 그림자를 통해 내쫓긴 고양이에 대한 미안함과 이 모든 일을 자신들의 탓으로 돌리는 아이들의 심리를 드러내고 있다.

사회문화적인 맥락이 도드라지는 장면에서는 어른들의 시선이 모일 것이다. 글에는 엄마와 아빠가 싸우는 표면적인 이유가 제시된다. 터진 꽃망울을 같이 보자고 아이들이 엄마 아빠를 자꾸 불렀을 때, 아빠는 피곤하다며 엄마에게 애들 좀 조용히 시키라고 화를 냈고 엄마는 할 일이 너무 많으니 아빠에게 아이들과 놀아 주면 안 되느냐고 소리쳤다. 그러나 근본적인 이유, 아빠가 피곤할 수밖에 없는 까닭과 엄마가 아이들까지 내버려 둔 채 일에 매달려야 하는 연유를 글로 설명하지 않고, 상징적인 그림으로 보여 주며 그 의미를 찾게 한다.

아빠가 휴일 오후에도 피곤한 것은 주식 챠트가 보이는 컴퓨터 화면과 끊임없이 서류를 출력하는 프린트기, 그 사이에 어떤 계통이나 계열도 없이 나열된 책들을 통해 간접적으로 설명해준다. 아빠는 업무 능력을 향상하고 토플 성적을 올리고 비즈니스 영어 실력을 키워야 조직에서 성공할 수 있다. 또 주식이나 경매 등 재테크를 해서 부자가 되어야 한다. 그래서 휴일에도 주식 그래프를 들여다봐야 하고 정보를 인쇄해 공부해야 한다. 이러한 아빠의 모습은 지금 우리 사회 아빠들의 일반적인 모습이다. 어느 때보다 미래가 불확실한 지금, 한 가정을 책임지는 가장들은 휴일에도 아이들과 놀아 줄 시간이 없다.

엄마 또한 아빠의 짐을 나누기 위해 아이들이 유치원에만 들어가면 무슨 일이라도 하려고 한다. 그러니 휴일에는 밀린 집안일을 하고 다음 일주일을 위한 준비를 하느라 아이들과 놀아 줄 시간이 없다. 사회는 여성에게 성공적인 육아와 교육, 경제 활동, 양가 집안 챙기기는 기본이고 전 방위적 사교 활동에 자기 관리까지 철저히 할 것을 요구한다. 그러면서도 엄마의 손맛이니, 가정식이니 건강식이니 하며 반조리 식품을 식탁에 올리는 것도 꺼리게 만든다. 이렇게 막무가내로 가중되는 무게에 짓눌린 엄마의 어깨는 굽어 있고, 입을 벌린 채 불편한 자세로 단잠에 빠진 아빠의 모습에는 피곤이 짙게 깔려 있다.

3) 불편한 진실 드러내기

작가의 섬세한 그림 서사는 곳곳에서 부부가 생활의 무게에 짓눌릴 수밖에 없는 사회·경제적 배경을 보여 준다. 이들이 살고 있는 공간을 통해 그것을 유추할 수 있다.

먼저 눈에 띄는 것은 주차장이다. 앞면지에 나타난 주차장 왼쪽에는 배수관에서 떨어지는 물방울을 커다란 대야에 받고 있다. 그 옆에는 자전거 보관대도 없이 자전거가 세워져 있다. 뒷면지에는 주차장에서 아이들과 고양이가 놀고 있다. 대야에 물을 받는 모습도 생경하지만 차가 빠진 주차장이 아이들의 놀이 공간이란 것이 놀랍다. 또한 아이들이 내려오는 계단은 계단 끝에 미끄럼 방지홈도 없고 난간도 허술해 보인다. 집 안의 모습은 어떤가? 엄마가 일하는 주방은 싱크대 두 쪽과 가스레인지가 겨우 놓인 좁은 공간이다. 열린 방문으로 들여다보이는 방도 좁긴 매일반이다.

결과에서 원인을 찾아가는 과정에서 만나게 되는 그림으로 세밀하게 표현된 배경들은 글이 말하지 않는 이 가정의 불편한 현실을 보여준다. 어쩌면 아이를 키우는 대부분의 부모들이 처한 현실이다. 아이들이 어릴 때 한푼이라도 더 벌어야 교육비와 미래를 위한 자금을 조금이라도 준비할 수 있다. 이 시기의 육아 현실이 아름답게만 채색될 수 없는 이유가 여기에 있다. 엄마가 고양이를 쫓아내는 슬픈 결말은 팍팍한 육아 현실에서 드물지 않다. 작가는 실제로 이웃의 사례를 보고 이 작품을 구상했다고 한다. 대개의 그림책은 반려동물을 쫓아내기보다 피치 못할 사정으로 잃게 만들고 그를 대체할 어떤 것을 새로 등장시키거나, 뒷면지에라도 그려 넣어 아이들의 상처를 봉합하려 한다. 그러나 이는 실제 현실과는 거리가 있다.

『나 때문에』는 그동안 그림책에서 보기 힘들었던 우리 사회의 구조적인 문제를 드러내면서 육아 현실의 불편한 진실을 보여 준다. 고양이가 쫓겨나고 아이들의 불안감과 죄책감은 소거되지 않으며, 부모의 어려움도 해결되지 않은 채 끝나 버리는 결말은 모두에게 불편하다. 이렇게 모두가 괴로워하는 슬픈 결말은 작가에게도 상당한 부담이었을 것이다. 인간의 인지 구조상 시작보다는 결말이 오래 기억에 남기 때문에 슬픈 시작에서 행복한 결말로 끝나는 것이 아동을 대상으로 한 작품들의 일반적인 관례였다. 그 때문에 이 작품은 역시간적 구성이 필요했을 것이다. 이 책은 슬픈 결과에서 시작해 원인을 찾아가는 과정에서 불편한 진실을 만나게 하고, 최초의 원인이 되는, 순수하고 예쁜 아이들의 마음을 보여 주며 끝난다. 작가는 서사를 역주행함으로써 "꽃망울이 톡 터져" 행복해하며 그것을 나누고 싶어 하는 아이들의 곱고 예쁜 마음을 드러내는 글로 형식상의 결말을 짓는다. 그러면서 육아 현실의 불편한 진실도 오롯이 보여 준다.

3. 소통에 기반한 상상력이 빚어내는 해결책 : 『비밀이야』

1) 남매의 관계 양상에 따른 상상의 세계

『나 때문에』가 현실적 육아 상황을 드러내 어른들에게 많은 공감을 얻었다면, 『비밀이야』는 아이들에게 더 호응을 받는 작품이다. 그 이유는 현실의 지루함과 외로움을 소통에 기반한 상상력을 통해 즐거움과 충만감으로 반전시키는 데서 오는 자기 해방감, 그리고 누나의 내적 성장으로 유추되는 미래에 대한 희망 때문이기도 하다. 『비밀이야』의 본문 첫 펼침면에서 시계는 2시 35분을 지나고 있는데(『나 때문에』에서는 아빠가 잠자는 방에 2시 25분을 지나는 시계가 있다.) 보통의 경우 하루 중 이즈음이 가장 더디게 가는 지루한 시간이다. 부모 없이 지내야 하는 아이들이 제일 견디기 어려운 시간도 이때일 것이다. 유치원이나 학교가 파하고 피아노 학원까지 다녀온 시간, 부모님은 직장에 계시고 집 안은 텅 비어 있다. 무료함과 외로움에 어린 동생은 텔레비전을 켜고 누나는 핸드폰 게임을 시작한다. 동생은 텔레비전에 나오는 동물들을 보며 누나에게 말을 건넨다. "누나, (……) 우리도 강아지 키우면 좋겠다." "안 돼." "왜?" "엄마가 안 된댔어. 똥 싸고, 털 빠지고, 짖는다고." 누나는 핸드폰에서 눈을 떼지 않은 채 대충 대답한다. 동생은 다시 텔레비전에 등장하는 늑대를 말해 본다. "그럼, 늑대는 어때?" "안 돼." "왜?" 늑대가 하마로, 캥거루, 기린으로 바뀌고 안 되는 이유는 달라지지만 "그럼, ○○는?" "안 돼." "왜?"라는 대화의 형식은 동일하다. 남매가 건성으로 대화하고 있다는 것이 동생은 텔레비전에, 누나는 핸드폰에 눈을 고정한 자세에서 더욱 잘 드러난다. 동생은 텔레비전에 새로운 동물이 나타날 때마다 누나에게 그 동물을 키우자고 말하고, 그때마다 누나는 자세를 바꾸며 핸드폰 게임을 하지만 집중하지 못한다. 반복된 응답으로 볼 때 대화에 집중하지도 못하고 있다. 이렇게 서로 마주보지 않은 채 이어가는 남매의 대화는 시간을 보내기 위한 것일 뿐이다.

동생은 부모님이 돌아오실 때까지 어떻게든 시간을 때우고 싶고, 적적한 집 안에 혼자 있지 않다는 확인이 필요하다. 누나는 동생을 잘 돌보아야 한다는 책임감에 대꾸를 하지만 게임을 방해받고 싶지 않다. 누나는 부모가 없는 시간 동안 동생을 어떻게 돌보아야 하는지 교육을 받은 듯하다. 핸드폰에서 눈을 떼지 못하면서도 꼬박꼬박 동생의 말에 대꾸하는 것은 귀가 따갑게 들었던 동생 잘 돌보라는 부모의 당부가 무심결에 나타난 행위로 보인다. 동생이 불러내는 동물들을 키울 수 없는 이유도 모두 평소 부모가 아이들끼리 집에 있을 때 지켜야 할 규칙으로 말했음직한 것들이다. 시끄럽게 하면 안 되고, 집 안에서 물장난을 하면 안 되고, 뛰면 안 되는 규칙들 말이다. 이로 볼 때 누나는 부모가 없는 시간에 부모 노릇까지 하도록 교육을 받았고, 또 이를 잘 수행할 만큼 철이 든 것으로 보인다.

이로써 동생이 제기하는 상상이 왜 번번이 성공하지 못하는지 알 수 있다. 첫째는 부모 없는 좁은 집에서 동생과 누나는 비슷한 또래의 남매가 아니라 어린 아이와 그를 돌보는 어른의 역할을 하고 있다. 이 때문에 어린 동생이 불러오는 상상의 세계는 어른 노릇을 해야 하는 누나의 현실적인 제재로 인해 펼쳐질 수 없다. 둘째는 남매가 서로 외면한 채 소통하지 않는 점이다(그림 3). 서로 다른 곳

3, 4 각각 텔레비전을 보고 핸드폰 게임을 하며 대화하는 남매의 자세. 동생이 공룡을 불러내기 전까지 서로 외면하고 있다.
『비밀이야』ⓒ박현주, 이야기꽃

을 보면서 하는 대화는 서로가 원하는 것을 알아채챌 수 없어 겉돌기 쉽다. 동생은 그저 텔레비전 화면에 등장하는 동물들을 불러올 뿐이고 누나는 게임을 하면서 대충 대꾸할 뿐이다. 이런 상황에서는 어떤 동물을 불러와도 상상의 세계로 나아갈 수 없을 것이다.

'공룡'을 키우자는 동생의 말에 마침내 남매는 얼굴을 마주 보게 되고 누나는 동생을 한 대 쥐어박는다. 어이없는 말에 화도 나고 더 이상 방해받고 싶지도 않았을 것이다. 아무리 어른 노릇을 해도 아이는 아이다. 동생이 울음을 터뜨리자 누나는 어쩔 줄 몰라 하며 달래기 위해 먼저 거북이를 키우자고 제안하면서 이야기는 반전된다. 서로 눈을 맞추고 주고받는 대화 속에서 이루어지는 상상은 누나에게 씌워졌던 어른의 역할을 벗겨 낸다.

남매가 함께 불러내는 거북이, 코끼리, 치타, 양과 함께하는 세계는 그 어디에도 현실의 제약이 없다. 남매의 상상이 자유를 얻은 것이다. 집과 도시를 벗어나고, 부모의 당부와 아래층 할머니의 주의로부터도 자유롭다. 거북이와 모래찜질을 하고, 코끼리와 목욕을 하고, 치타를 타고 달리고, 양까지 불러내 모든 동물과 함께 별을 보며 잠을 자는 세계, 이 세계에서 아이들은 자유롭고 기운차며 충만하다.

2) 내면의 성장으로 여는 희망

여기까지의 서사에서 끝났다면 이 작품은 그림책의 문법을 답습하는 그저 그런 그림책이 되었을 것이다. 이 책은 한발 더 나아가 마음껏 상상하고 행복에 젖은 남매가 그 기운과 자유로움으로 무장한 채 현실과 마주한다.

"그런데 누나,
거북이랑 코끼리랑, 치타랑, 양이랑
같이 사는 거 엄마가 허락해 줄까?"
⊙ "아니, 허락 안 할 걸."
"그럼, 어떡해?"
⊙ "비밀로 해야지. 엄마한테는 비밀이야."
"엄마 몰래 어떻게 같이 살아?"
② "나도 몰라. 그건 함께 생각해 보자."

누나는 동생의 입을 단속한다. 동물을 키우자는 철없는 소리에 마음이 아플 부모님을 생각해서이기도 할 것이고 속상한 부모님의 현실적인 대답에 마음이 상할 동생을 생각해서일 수도 있다. 누나는 여전히 동생에게 어른 노릇을 하지만 이전의 교육받은 그대로 수행하는 '어른 노릇'에서 나아가 ⊙에서 볼 수 있듯이 이제는 자신의 생각으로 상황을 신중하게 판단하며 제대로 된 '누나 노릇'을 한다. 더구나 ②에서처럼 판단을 유보하기도 한다. 아마도 상상의 세계에서 얻은 자유로움과 충만감이 누나를 자라게 했고 그것이 현실 세계에까지 영향을 미쳤을 것이다. 소통을 바탕으로 한 자유로운 상상을 통해 내면의 성장이 이루어졌다고 볼 수 있다. 따라서 ②의 "나도 몰라. 그건 함께 생각해 보자."라는 누나의 말을 언표 그대로 믿을 순 없다. 상상 속에서라면 부모님이 안 계실 내일도 모레도 동물을 키울 수 있다. 누나는 그 비밀이 이 지루하고 외로운 시간을 행복하게 해 줄 것이라는 사실도 알게 된 것이다. 이런 의미에서 이 말은 누나와 동생의 미래를 희망적으로 유추하게 하며 작품에 새로운 에너지를 준다. 또한 이야기의 구조적인 측면에서도 상당한 의미가 있다. 작가는 "함께 생각해 보자."라며 이야기를 열어 놓음으로써 기존 그림책의 문법을 벗어난다. 그리고 능청스럽게 독자에게 생각하기를 요구한다. 결국 이 한마디는 작품의 깊이를 더 했다.

3) 육아 현실에 대한 구체적인 문제 제기

『나 때문에』에서 도드라졌던 현실 육아의 불편한 진실은 이 작품에서도 그림으로 묘사된다. 남매의 관계 양상에 따른 상상에 초점을 맞추고 있기에 좀 더 배경으로 가라앉았을 뿐, 디테일이 살아 있는 그림은 부모가 아이들만 남겨 놓을 수밖에 없는 이유를 말해 준다. 선반과 농 위에 쌓인 살림살이, 열린 방문으로 보이는 앉은뱅이 상, 언덕배기 다가구촌 주택의 꼭대기층 등 작가가 섬세하게 묘사한 장면을 통해 이 가정의 경제적 배경이 『나 때문에』보다 더 좋지 않다는 것을 유추할 수 있다.

앞서 동생과 누나가 여상스럽게 대화를 나누는 모습은 육아 현실의 또 다른 측면을 생각하게 한다. 아이들끼리만 있는 시간이 꽤 오래전부터 계속되고 있음을 내포하고, 그만큼 누나의 '어른 노릇'도 계속되었음을 말해 준다. 여기서 두 가지를 생각해 볼 수 있다. 하나는 방치되는 아이들의 문제인데, 이 작품에서처럼 대부분 아이들은 텔레비전이나 게임 등 손쉬운 오락에 빠지기 쉽다. 단지 가정이나 아이들의 문제로만 치부한다면 위에서 말한 바와 같은 삶의 디테일을 보여 줄 필요는 없었을 것이다. 작가가 정성 들여 그린 삶의 디테일은 이 문제에 우리가 관심을 기울여야 하고, 사회적인 배려가 있어야 함을 뜻한다. 또 하나는 어른 노릇을 위임받은 아이에 대한 문제이다. 이 작품에서 보듯 어른 노릇에 익숙한 아이는 현실의 질서에 묶여 상상으로 나아가지 못한다. 아이를 아이답지 못하게 하는 것은 또 다른 폭력이다. 다자녀 가정에서 관습처럼 맏이에게 요구하는 이러한 '노릇'도 다시 생각해 보아야 할 문제이다.

작가는 표면적으로는 남매의 관계 양상에 따른 상상의 세계를 보여 주지만, 그 근저에 육아 현실에 대한 구체적인 문제를 제기한다. 그리고 소통을 통한 상상이라는 해결책도 마련한다. 단순히 행복하고 아름다운 결말을 보여 주는 것이 아니라 첫째, 현실의 많은 이들이 생활하는 시공간을 드러내고 둘째, 그 안에서 실제적인 육아 문제를 제기하며 셋째, 의미 있는 해결책을 제시한다. 그런 의미에서 이 작품은 첫째와 둘째만 보여 준 전작에 비해 한 걸음 더 나아갔다고 평가할 수 있다.

4. 나가며

지금까지 박현주의 두 작품을 차례로 훑어보았다. 그러나 무언가 부족하다. 놓쳐서는 안 되는 공통적인 특징을 언급해야 작가와 작가의 작품이 가진 장단점이 드러날 것이다.

먼저 이 작품들에는 인물의 이름이 나타나지 않는다는 특징이 있다. 엄마, 아빠, 누나 모두 가족 관계를 나타내는 단어가 이름을 대신한다. 마리아 니콜라예바[03]의 『못 말리는 아기』 시리즈 분석을 차용해서 해석하자면, 이는 엄마 아빠와 아이들의 관계(『나 때문에』)와 누나와 동생의 관계(『비밀이야』)

---

03 마리아 니콜라예바 외, 서정숙 외 옮김, 『그림책을 보는 눈』, 마루벌, 2011, 141-142쪽.

어쩔 줄 몰라 하는 누나의 손.
『비밀이야』ⓒ박현주, 이야기꽃

는 대로 오므리고 있는데 의자 아래에 다리와 발은 보이지 않고 발가락만 겨우 보인다(『나 때문에』, 11-12쪽). 그림 5에서 보듯 『비밀이야』에서도 어쩔 줄 몰라 하는 누나의 두 손은 미안함과 당황함, 난감함 등을 드러낸다. 이 외에도 『나 때문에』에서 삿대질하는 아빠의 손은 겁을 주고 자신의 힘을 과시하고 싶은 심리 등을 내포하고 있다(그림 1). 이처럼 박현주의 섬세한 신체 묘사는 인물의 다양한 심리를 보여 준다.

박현주 작가는 그림의 구도가 상당히 과감하고 상징적이다. 『나 때문에』에서 엄마 아빠의 싸움이 가장 격렬한 순간을 보여 준다. 아랫부분에 여유를 두고 그림을 위로 올려 엄마 아빠의 얼굴을 과감하게 잘라냈다. 험악한 부모의 얼굴을 보여 주기보다는 두려움과 불안함에 떠는 아이들의 모습에 초점을 맞추고 있다. 하지만 아빠의 꼭 쥔 주먹과 앞으로 내뻗은 손, 엄마의 앞으로 내딛는 발과 상체, 노란 배경의 균열 등에서 이 분위기가 얼마나 험악할지 상상할 수 있다. 그림 6은 『비밀이야』에서 집이 좁아 기린을 키울 수 없음을 보여주는 장면이다. 방 안에 구겨 넣은 듯 목과 다리가 접힌 기린과 그 사이를 비집고 나오려는 듯한 남매의 모습이 재미있게 그려져 있다. 이런 구도는 앞의 작품 곳곳에서 볼 수 있다. 섬세하고 곱고 따뜻한 그림에 이처럼 과감하고 상징적인 구도가 더해지고 인물의 심리 묘사도 탁월하니 그림의 서사가 역동적이고 풍부하다. 이는 어린이책 평론가 마쯔이 다다시가 말한 "어린이의 상상의 질을 결정"하게 하는 좋은 "그림의 질"을 작가가 확보하고 있음을 의미한다.[04]

를 중요하게 다루고, 또 이들이 특정 인물이 아니라 보통 사람이라는 것을 강조하기 위한 것으로 보인다. 즉 작가가 주인공의 이름을 명명하지 않은 것은 작품 속 육아의 현실이 특정한 누군가가 아닌 보편적인 다수 사람들의 문제임을 말하고 있다.

둘째, 박현주의 그림은 온화하고 부드러운 색감과 조심스러운 터치로 인해 곱고 따뜻한 느낌을 준다. 특히 표지가 그런 인상을 주는데, 작가의 진면목은 신체 모습을 통한 심리 묘사와 그림의 구도에서 드러난다. 특히 작품 속 인물의 손과 발은 인물의 심리를 대변하는데, 대체로 큰 줄기만 제공하는 글을 보완하고 확장하여 이야기를 풍요롭게 한다. 그림 2에서 옷자락을 꼭 쥐고 있는 동생의 손은 극도의 불안과 두려움을 드러낸다. 커다란 식탁 의자에 고개를 숙이고 앉아 있는 오빠는 다리를 있

---

04 마쯔이 다다시, 이상금 엮음, 『어린이와 그림책』, 샘터, 1991, 11쪽.

집이 좁아 기린을 키울 수 없다고 하는 장면.
『비밀이야』ⓒ박현주, 이야기꽃

박현주 작가는 글과 함께 그림을 그린다. 두 작품은 신인의 작품인데도 꽤 묵직한 문제를 훌륭히 소화해 내고 있다. 실제 육아 경험이 큰 도움이 되었을 것이고, 우리 사회에 대한 문제의식이 없었다면 그릴 수 없는 주제였다. 이 점에서 앞으로의 작업이 기대된다. 박현주는 우리 사회의 또 다른 불편한 진실도 제대로 그려 낼 것이라는 믿음을 준다.

다만 표지는 조금 아쉽다. 두 작품 모두 주제를 함축했다고 보기에도, 작품의 성격이나 분위기를 보여 준다고 하기에도 미흡하다. 무엇보다 박현주 작가의 진면목이 드러나지 않는다. 표지는 독자를 유인하는 작품의 얼굴인데, 본문 속 그림에 비하면 평범하다. 『비밀이야』의 경우 판형이 조금 더 컸으면 어땠을까 하는 아쉬움도 있다. 그랬다면 상상의 장면이 더 박진감 있고 역동적이었을 것이다.

2장

어린이 그림책이 상실과 부재를 그리는 법

전미화의 『씩씩해요』, 『미영이』, 『달 밝은 밤』

『씩씩해요』(ⓒ전미화, 사계절, 2010)

『미영이』(ⓒ전미화, 문학과지성사, 2015)

『달 밝은 밤』(ⓒ전미화, 창비, 2020)

1. 전미화가 상실과 부재를 그리는 방법

최근 다양한 생활 공동체가 늘어나면서 가족의 개념을 확장하려는 논의 또한 활발해졌다. 사회의 변화에 따라 가족의 형태 또한 변모해 왔지만, 가족을 이루는 근본적 요소로서 부모와 자식의 관계는 여전히 중요한 의미를 지닌다. 자녀를 출산하여 사회의 일원으로 잘 키우는 것, 그리고 구성원 간의 사랑과 지지를 바탕으로 안정적인 가정을 유지하는 것은 여전히 수많은 가족의 존재 이유이자 목표이다. 이는 가족의 형태가 어떻게 변하든, 개념이 얼마나 확장되든, 소설 『멋진 신세계』(올더스 헉슬리, 1932)와 같은 미래가 도래하지 않는 한 쉽게 변하지 않을 것이다. 반대로 한 가정의 자녀인 어린이의 입장에서 보면 양육자와 사랑과 지지를 주고받으며 자라는 일은 지극히 당연하고 마땅하다.

그러나 어리다고 해서 삶의 굴곡을 피해갈 수는 없다. 든든하게 받쳐 주고 사랑해 주던 이를 한순간 잃기도 하고, 어느 순간 없느니만 못한 존재로 전락한 사람과의 시간을 버텨 내기도 해야한다. 변화를 예측하기 어려운 삶 속에서, 특히 중산층이 무너지고 자영업자의 도산이 이어지는 요즈음 존재의 부재 속에서 당연한 권리를 누리지 못하는 어린이가 늘어나고 있다.

그림책을 통해 존재의 부재를 온몸으로 감당하는 어린이를 보여 주는 작가로 전미화를 꼽을 수 있다. 2009년 출간한 『눈썹 올라간 철이』(전미화, 느림보) 이후 지금까지 12권의 그림책을 발표한 전미화 작가의 작품에서 우리는 함축적이며 절제된 글, 거친 듯 강렬한 선과 색의 그림, 그리고 무엇보다 세밀한 묘사를 배제한 흰 여백을 만날 수 있다. 작가는 이러한 요소들의 조화 속에서 분명하고 꼿꼿하게 자신의 목소리를 낸다.

그의 작품을 어린이 책으로 특정하기는 어렵다. 성인에 초점을 맞춘 작품이 삶에 지친 인물들을 위로하고 응원한다면, 어린이에 초점을 맞춘 작품은 예기치 않은 삶의 굴곡을 묵묵히 감당하는 인물들을 보여 준다. 특히 『씩씩해요』(2010), 『미영이』(2015), 『달 밝은 밤』(2020)의 인물들은 상실 또는 부재의 시간을 고통스럽게 통과한다. 이를 보는 독자도 힘들긴 마찬가지이다. 지난 과거를 되씹어 이제는 감정마저 휘발된 이가 남의 일을 이야기하듯 던지는 속내에 어느 순간 가슴이 옥죄이는 고통을 느끼게 된다. 섣부른 과장도 꾸밈도 없는 글과 그림은 조금의 온기도 없이 그렇게 독자의 마음에 꽂힌다.

이 글에서는 전미화의 『씩씩해요』, 『미영이』, 『달 밝은 밤』을 중심으로 어린이가 겪는 상실과 부재를 어떻게 그리는지 살펴보려고 한다. 특히 글과 그림의 관계를 주로 살피며 작가가 독자와 소통하는 지점을 찾아보고자 한다.

2. 실재하는 고통 그려 내기

2010년 출간된 전미화의 두 번째 작품 『씩씩해요』는 아빠를 잃은 아이가 느끼는 상실감과 이를 이겨 나가는 과정을 보여 준다. 상실의 아픔과 회복을 이처럼 잘 그려 낸 작품은 드물다. 상실의 슬픔을 세련된 언어와 온통 붉은 색으로 표현한 그림책 『무릎딱지』(샤를로트 문드리크 글, 올리비에 탈레크 그림, 2010)보다 한 수 위로 보인다. 『무릎딱지』는 뛰어난 작품이지만 화자의 언어와 그림 속 화자의 모습 사이에 괴리가 있어 깊이 몰입하다가도 어느 순간 이질감이 스멀스멀 올라온다.

반면 『씩씩해요』는 어느 날 갑자기 상실을 겪은 어린이가 치유 받고 나아가는 모습을 그 나이에 어울리는 글과 완벽하게 호흡을 맞추며, 그림은 글이 드러내지 못한 내면까지 담아내 조화를 이룬다. 글이 모든 것을 표현하지 않는 것은 상실의 충격을 6~7세의 아이가 인식하기엔 너무 크고 어린이의 언어 능력이 그런 감정을 표현하기엔 부족하기 때문일 것이다.

아빠를 잃은 어린 '나'가 겪는 상황과 감정은 "엄마는 너무 바빠졌어요. / 아침 일찍 일어나 새로 구한 일터로 가요. / 혼자 밥을 먹을 땐 식탁이 너무 넓어 보여요."라는 글로 표현된다. 이 장면(그림 1)은 커다란 식탁에 덩그러니 앉아 있는 '나'와 '나'를 돌아보며 미처 마시지 못한 커피잔을 두고 일하러 가는 엄마의 모습으로 그려져 있다. 그림은 초록색 바탕에 검은 윤곽선으로만 형태를 드러낸 두 개의 빈 의자와 인물을 통해 글을 재현하는 동시에 글에서 드러나지 않은 '나'의 내면까지 보여 준다. 아빠의 의자는 여전히 그 자리에 놓여 있고, 인물들은 형태만 있을 뿐 색이 없다. 식탁과 의자도 마찬가지이다. 브라이언 셔프와 론 마라스코는 지극한 슬픔을 개개인의 구체적이고 솔직한 경험과 일화로 풀어냈는데, 상실의 고통을 이렇게 표현하였다. "죽음은 사소

상실로 고통스러워하는 인물의 모습.
『씩씩해요』ⓒ전미화, 사계절

한 것들을 베어 버리고 난 뒤 그 자리를 공허감 대신 인식 가능한 고통의 무게로 채운다. 고통은 엄연한 실재다. 그래서 고통은 공간을 채운다."[01]

삶은 아침에 일어나서 밤에 잠자리에 들기까지 온통 구체적이고 사소한 것들의 연속이다. 상실의 슬픔은 이러한 사소한 것들로부터 시작된다. 아빠가 앉았던 의자, 함께 장난치고 웃으며 밥을 먹던 식탁은 아빠를 상기하게 만들고, 이를 고통 없이는 바라볼 수가 없다. 아빠의 부재에도 여전히 그 자리에 있는 의자와 식탁이 놓인 공간은 그래서 실재하는 고통의 공간이 된다. '나'와 엄마가 자신들의 색을 잃어버린 채 배경에 묻혀 있는 그림은 아빠와 함께했던 일상이 떠올라 고통스러워하는 심리를 드러내고 있다. 이는 아빠를 보내 드리는 의례를 치른 후를 보여 주는 장면과 그림 2를 비교하면 더욱 분명해진다. "혼자 먹는 밥도 괜찮아졌어요. / 설거지도 할 줄 알아요. / 엄마가 마신 커피 잔도 치워요."라는 글은 "나"가 의자에 올라가 엄마의 커피 잔을 선

---

01 론 마라스코, 브라이언 셔프, 김설인 옮김, 『슬픔의 위안』, 현암사, 2019, 35-36쪽.

상실을 수용하고 회복하는 모습.
『씩씩해요』ⓒ전미화, 사계절

반에 올려놓는 장면과 함께 제시된다. 그림은 글로 언급하지 않은 '나'의 옷차림과 크기가 작아지고 색을 되찾은 식탁에 아빠의 의자가 사라진 것을 보여 준다. 이는 인물들이 고통에서 벗어나 상실을 받아들이고 바뀐 환경에 적응하고 있음을 보여 준다.

이러한 변화는 '나'와 엄마가 아빠를 떠나보내는 자신들만의 의례를 치렀기 때문이다. 그 의례는 이불에 오줌을 싼 '나'를 본 엄마가 '나'의 슬픔을 다독이기 위해 시도한 것이다. 사실 엄마는 생활 전선에 뛰어들어야 했고 자신의 슬픔 때문에 '나'의 슬픔까지는 헤아리지 못한 듯하다. 이 의례를 행하기 전 '나'와 함께 있는 엄마의 모습을 보기 어려운 것은 그 때문이다.

'나'가 오줌을 쌌다는 것은 상징적 사건이다. '나'는 엄마를 기다리다 잠이 든 어느 날, 아빠를 만나 온 가족이 행복한 시간을 보내는 꿈을 꾸며 오줌을 싼다. 아빠를 잃은 직후엔 너무 갑작스러워서, 그 후엔 자신의 감정을 드러낼 언어를 찾기 어렵고 하소연할 데도 없어(엄마는 아침 일찍 나가 밤늦게 들어온다.) 혼자 감당하며 눈물 한 방울 흘리지 못했지만, '나'는 이 꿈속의 만남으로 자신의 슬픔을 발산한다. 억압됐던 감정이 아빠와의 만남으로 정화된

꿈속에서 가족과 즐거운 한때를 보내는 모습.
『씩씩해요』ⓒ전미화, 사계절

것이다.

꿈속 장면은 꽤 의미심장하다. 색색의 풍선 사이로 가족이 화목하게 웃고 있지만 얼굴의 색은 없다. 글에서 드러나지 않은 인물의 내면을 보여준 것으로, 비록 꿈속이지만 아빠와 만남은 '나'의 내면의 힘을 북돋워 힘든 상황을 수용할 수 있게 한다. 이후 엄마와 단둘이 처음 오른 산에서 아빠를 떠나보내며 씩씩하게 살자고 다짐한다. 그날 이후 '나'와 엄마는 색을 되찾는다. 얼굴과 몸(옷)이 색깔을 되찾은 것은 이들이 길고 긴 애도에서 회복의 단계로 들어섰음을 의미한다.

이 작품은 어린이가 상실을 겪고 회복하는 과정을 연령대에 맞는 글과 글이 표현하지 못한 내면까지 보여 주는 그림으로 형상화하였다. 이로써 상실을 겪은 사람들이 보편적으로 통과하는 애도의 과정을 어린이의 삶 속에서 치밀하고 섬세하게 그려 내며 독자와 소통한다.

상실의 슬픔과 회복을 구체적이고 사소한 일상을 통해 드러냈다는 점도 중요하다. 앞서 언급했듯 삶은 구체적이고 사소한 것들의 연속이다. 식사하기, 목욕하기, 그네타기 같은 사소한 일들을 더 이상 아빠와 함께할 수 없다는 데서 상실의 슬픔과 고통이 시작된다. 그리고 혼자 식사와 설거지를 하고, 홀로 그네를 탈 수 있게 되면서 서서히 회복의 과정을 거친다. 물론 상실 이전의 완전한 회복은 아니지만 이후의 삶을 보다 건강하게 만들어 가기 위해 아빠와의 관계를 새롭게 설정해야 한다. 이 작품에서는 아빠의 사진을 벽에 걸어 두고 대화를 나누며 아빠의 부재를 극복하는 방법을 찾아간다. 이 과정을 통해 '나'는 이제 씩씩해질 거라고, 잘해 나갈 수 있다고 스스로에게, 엄마에게, 그리고 사진 속 아빠에게 다짐한다.

작품 속 '나'는 엄마의 지지 덕분에 건강하게 회복한다. 오줌을 싼 '나'를 혼내지 않고 자신의 슬픔보다 '나'의 슬픔을 들여다보고, 함께 씩씩하게 살자고 다독여 준 엄마가 있어 '나'는 다시 일상으로 돌아올 수 있었다. 엄마 또한 '나'가 있어 자신의 슬픔을 거두고 다시 살아갈 힘을 얻었을 것이다. 독자는 이 작품에서 함께한다면 지극한 슬픔도 이겨 낼 수 있다는 따뜻한 위로를 얻는다.

3. 최소한의 글과 그림이 남긴 여백 채우기

『씩씩해요』 출간 후 5년이 지나, 작가는 이보다 더 혹독한 상황에 처한 어린이를 보여 준다. 『미영이』 속 미영이다. 믿고 의지하던 사람이 어느 날 아무 말 없이 사라지는 건 죽음보다 더 참혹하다. 화장실 간다고 나간 엄마가 돌아오지 않자 미영이는 남의 집에 얹혀살게 된다. 미영이는 학교도 가지 못한 채 집안일을 하는 아이로 자라며 엄마에 대한 미움과 그리움 속에서 꽤 긴 시간을 보낸 것으로 보인다. 흰 여백에 "이 집에 온 날 입었던 옷도 신발도 작아졌다."는 글과 함께 인형 옷처럼 작은 상의와 하의, 그리고 신발 두 짝을 보여줄 뿐이다(그림 4).

이 그림은 남의 집에 얹혀사는 미영이의 모습을 『씩씩해요』보다 더 절제된 글과 함께 흑백으로 보여 준다. 그림과 글은 최대한 절제되어 있고 넓은 여백의 힘은 실로 크다. 엄마가 떠나고 홀로 남겨진 미영이를 보여 주는 두 번째 장면(그림 5)에서 작가는 "화장실에 간 엄마는 오지 않았다."라는 짧은 글과 함께 무릎을 안고 오도카니 앉아 있는 미영이만

미영이가 이 집에 온 날 입었던 옷.
『미영이』ⓒ전미화, 문학과지성사

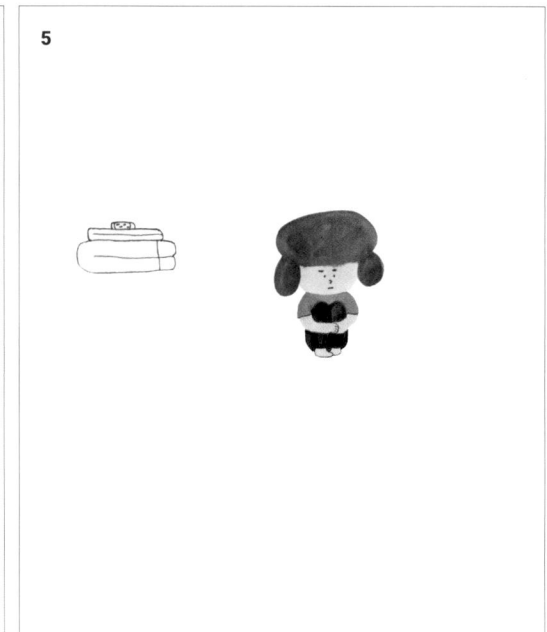

엄마를 기다리는 미영이.
『미영이』ⓒ전미화, 문학과지성사

멀리서 보여 주고, 방 안에 있을 법한 모든 사물은 지워진 채 잘 갠 이불 한 채만 놓여 있다. 넓디넓은 하얀 여백은 작품 전체를 관통한다.

광대한 여백은 서술하고 그려야 할 것을 최소한으로 줄였다는 의미이다. 한 어린이 책 편집자는 자신이 진행하는 팟캐스트에서 이 작품을 "미니멀리즘의 정수"라고 표현했다. 이렇게 설정한 작가의 의도는 무엇일까? 『씩씩해요』에서 전미화는 매우 치밀한 의도 아래 작품 전체를 구성하고 글과 그림을 배치했다. 이 작품 또한 그렇게 작업했을 것이다.

미영이는 어린 나이에 더부살이를 하며 집안일을 하는 아이이다. 보통 연고가 없는, 혼자 남겨진 아이는 보육원에 위탁된다. 미영이가 보육원으로 가지 않은 것은 엄마가 먼 친척이나 연고가 있는 집에 미리 부탁해 뒀다는 의미이다. 물론 이러한 조치는 나중에 찾으러 온다는 것이 전제되어 있다. 한밤중에 나가는 엄마의 기척까지 감지하는 예민한 미영이가 이러한 사정을 모를 리 없다. 그렇다고 해서 두렵고 불안한 마음이 가시지는 않는다. 더구나 부재의 시간이 길어질수록 믿음은 흔들리고 불안은 커진다.

남의 집에 얹혀사는, 힘없고 불안에 떠는 아이. 작가는 미영이의 불안과 두려움을 표현하기 위해 최소한의 공간과 흑백의 이미지로 그릴 수밖에 없었을 것이다. 글 역시 마찬가지이다. 주절주절 이야기할 필요가 없다. 그 집에서 일어나는 일은 남의 일이며 그것이 미영이에게 큰 의미도 없으니 간단한 사실을 기술할 수밖에 없다. 이와 대조적으로 미영이와 관계되는 일, 미영이를 둘러싼 그 집 엄마와 아이의 대화, 강아지를 돌보는 일 등은 비교적 많은 글로 제시되고 미영이의 감정도 살짝 드러난다. 객관적 사실을 서술하는 가운데 드러나는 미영이의 감정은 그래서 더욱 슬프다. 미영이의 처지를 가장 극명하게 드러내는 장치로서 미니멀리즘의 정수와 같은 글과 그림이 필요했을 것이다.

    작가는 글과 그림을 최소화하고 여백을 크게 둠으로써 독자들이 미영이에게 집중하기를 바랐을 것이다. 다양한 살림살이와 배경 그림은 필연적으로 독자의 관심을 끌게 되므로 오롯이 미영이와 그의 내면에 집중하기 어렵게 만든다. 그리고 사람들은 비어 있는 것을 보면 채우고 싶어 한다. 이 또한 작가의 의도로 보이는데, "플롯의 요약"02처럼 보이는 글과 최소한의 그림을 둘러싼 흰 여백은 글과 그림이 드러내지 않은 많은 정보를 독자가 채우기에 적절한 공간이 된다.

    작가는 엄마의 부재를 견디는 미영이를 최소한의 글과 그림으로 표현하고 넓은 여백을 남김으로써 독자들이 적극적으로 서사를 채워가도록 한다. 독자와 소통의 공간을 넓힌 것이다. 이것은 혹독한 미영이의 상황이 만들 수 있는 독자와의 거리감을 상쇄하려는 전략으로 보인다.

    이 작품에는 지면 가득 그려져 있는 작은 동그라미들이 총 4쪽에 걸쳐 그려진, 해석이 어려운 장면이 나온다. 그중 네 번째 장면은 하늘에서 내리는 눈으로 보인다. 미영이와 엄마가 집으로 돌아가는 길에 눈이 내린다고 했으니 말이다. 다만 이 장면에서 미영이와 엄마는 얇은 옷을 입고 있다. 엄마가 찾아왔을 때에도 미영이는 반팔 원피스를 입고 있고, 엄마랑 떠나는 장면에서는 7부 소매의 상의를 입고 있다. 계절에 맞지 않다. 상징적 이미지로 읽기에도 맥락이 맞지 않는다. 엄마에 대한 믿음으로 혹독한 현실을 이겨 내는 어린이를 그린 현실주의 작품에서, 부조화를 이루거나 현실성을 벗어난 이미지는 곤란하다.

4. 행위를 드러내는 글과 상태를 보여 주는 그림으로 중첩된 상황

    『달 밝은 밤』은 세심한 주목을 요한다. 이 작품은 앞서 언급한 두 작품보다 가정환경이 더욱 혹독하고 그만큼 더욱 강렬한 서사와 냉정하게 내지르듯 뱉어 내는 인물의 말이 그렇다. 표지 그림부터 독자를 긴장시키고 독자는 서사에 함몰되어 속절없이 끌려 들어간다. 기막힌 현실을 드러내는 글과 그림은 현실성을 단단히 부여잡고 독자에게 육박해 온다. 그러나 "나는 나를 믿을 것이다.", "달과 함께 살아갈 것이다."라는 결말에 이르면 초반부터 팽팽히 조이던 긴장이 툭 끊어지는 느낌이 든다. 이를 어떻게 봐야 할까? 무능한 데다 비겁하기까지 한 어른들에게 기대지 않고 스스로를 세우며 나아간다는 옹골찬 희망으로 읽기에는 저 말들이 너무 가혹하고 가볍다. 더구나 주인공이 친구라고 칭하며 함께 살아가겠다고 의지하는 대상은 하늘에 떠 있는 달이다. 결말 이전까지 치열하게 견지하던 현실성이 무너진다.

    이 작품은 표지 그림에서부터 상당한 충격을 주며 시작한다. 달 밝은 밤의 제목 글씨는 달에서 멀어질수록 점차 어둡게 그라데이션되어 앞으로의

---

02 페리 노들먼, 김상욱 옮김, 『그림책론 : 어린이 그림책의 서사 방법』, 보림, 2011, 9쪽.

6

아빠는 밥 대신 술을 먹는다.

밥 대신 술을 마시는 아빠의 모습.
『달 밝은 밤』 ⓒ전미화, 창비

이야기도 어두워질 것을 예고하는 듯하다. 달에 손을 대고 있는 주인공의 얼굴은 퉁퉁 부어 있고 심지어 맨발에 눈과 이마는 푸르뎅뎅하고 뺨은 붉다. 이 작품에서 주인공의 얼굴이 표지와 똑같이 그려진 장면이 있다. 바로 엄마가 멀리 일하러 떠난 후 아빠가 다시는 술을 먹지 않고 엄마를 데려오겠다고 한 날이다. 두 주먹을 꼭 쥔 채 차렷 자세로 서 있는 인물의 눈은 머리카락으로 덮여 보이지 않고, 두 뺨은 붉게 물들어 퉁퉁 부어 있다. 아빠는 고주망태가 되어 자신의 몸도 가누지 못한다. 엄마가 떠난 그날부터 술에 취한 아빠의 폭력이 시작된 것이다.

본문의 첫 장면은 "아빠는 비틀거린다. 어제도 그랬다."라는 글과 함께 한 손으로는 아빠의 팔을 어깨에 메고 다른 한 손으로는 아빠의 허리를 부축한 아이의 모습이 그림으로 그려져 있다. 초등학교 고학년 정도 되어 보이는 아이의 어깨엔 아빠의 팔이 아니라 삶의 무게가 얹혀 있는 것처럼 보인다. 이어지는 이야기는 아빠가 술을 마시고, 집에 있으면서 엄마와 싸우게 되고, 급기야 엄마는 멀리 일하러 가 버린다. 혼자 남은 아이가 아빠의 수발을 들며 그 폭력까지 감당한다는 예상 가능한 이야기가 펼쳐진다. 그러나 이렇게 짐작 가능한 이야기일지라도 서사의 힘은 세다. 그것은 전적으로 글과 그림의 힘이다.

작가는 이 책에서도 절제된 글과 핵심만 보여주는 그림으로 넓은 배경을 마련한다. 그러나 여백은 『미영이』의 여백처럼 독자와 소통하는 공간과는 조금 다르다. 『달 밝은 밤』에서 글은 주로 아이가 보는 엄마나 아빠의 행위를 드러내고, 그림은 아이가 바라보는 인물의 상태를 보여 준다. 낮은 채도의 수채화 그림은 얼룩 같은 색의 번짐이 두드러지고, 굵은 윤곽선으로 신체 부위를 강조하기도 한다. 이런 표현법은 인물의 원망과 분노, 불안 등을 보여 주는 동시에 이 인물들을 바라보는 화자, 즉 아이의 감정도 드러낸다.

글 또한 단호한 문체와 서체를 통해 아이의 감정을 드러낸다. 군더더기 없는 흰 배경은 글과 그림에 더욱 집중하게 만드는데, 부모의 행위와 상태에 초점을 맞춰 가족이 무너지는 과정에 집중하게 한다. 또 사회·경제적 문제를 개인의 문제로 치환하려는 우리 사회의 벽, 냉혹한 사회의 경계를 상징하는 장치로 보인다.

그림 6에서 "아빠는 밥 대신 술을 먹는다."라는 글은 아빠의 행위를 말한다. 짧아서 더 단호하고, 꾹꾹 눌러쓴 듯한 굵은 서체는 감정의 노출을 유발한다. 이는 글을 쓰는 화자, 즉 아이의 감정이다. 굵은 글씨 왼편에 그려진 아빠의 모습은 좀 이상하다. 술병을 쥔 손과 발은 너무 크고 손과 바지에서 발로 이어지는 윤곽선은 유난히 두껍다. 이는 힘든 현대사회에서 바쁘게 일해야 할 손과 발로 집 안에서 술과 씨름할 수밖에 없는 아빠의 열패감과 분노, 그리고 이를 지켜보는 아이의 무력감을 강조하는 것으로 보인다. 그런 아빠의 모습이 더욱 도드라져 보이는 흰 배경은 인물을 품어 주기는커녕 배척하고 경계하는 완강한 사회의 시선, 곧 벽을 뜻한다.

한편 아빠의 등과 의자 등받이, 그리고 아빠의 손이 놓인 탁자는 심하게 번져 있다. 얼룩처럼 보이는 그림은 아빠와 가장의 일상이 균열을 일으키고 있다는 의미로 읽히는 의도적인 장치이다. 얼룩은 엄마와 아이의 모습에서도 보인다. 가장의 일상이 무너지는데 가족의 일상인들 무사할까.

더불어 작품에서 엄마와 아빠의 모습은 주로 뒷모습이나 옆모습으로 그려져 있다. 아빠의 앞모습은 두 장면에서만 볼 수 있는데, 모두 술에 취해 기이한 모습이다. 이는 술에 취해 가족을 돌보지 않는 아빠와 일하러 멀리 가 버린 엄마의 부끄러움과 죄책감을 보여 주는 듯하다. 한편으로는 무책임하고 비겁한 엄마와 아빠의 얼굴을 아이가 보고 싶어 하지 않는다고 생각할 수 있을 것이다. 이렇게 글과 그림이 표현하는 장면의 의미가 남다르고, 장면들이 중첩되며 서사를 이끌어 가는 힘이 커서 독자는 긴장하고 몰입하며 따라가게 된다.

이렇듯 작품이 지닌 힘에도 불구하고 결말은 문제적이다. "나는 나를 믿을 것이다."라는 결말은 가혹하다 못해 무책임하게 들린다. 알코올 중독에 폭력까지 행사하는 아버지 밑에서 초등학교 고학년 아이가 스스로를 믿고 산다는 것이 무엇을 의미하는지 종잡을 수가 없다. 이를 단순히 아이의 주체성이라고 해석하기는 어려워 보이고, 비슷한 연령대의 아이들이 흔히 하는 "믿을 사람 아무도 없어. 나밖에 믿을 수 없어." 같은 말과도 차원이 다르다. 아이들이 내뱉는 말 속엔 누구라도 좋으니 믿을 만한 사람을 만나고 싶다는 간절한 마음이 숨어 있다. 이는 어른도 마찬가지이다. 이어지는 "달과 함께 살아갈 것이다."라는 아이의 말은 그와 같은 속내를 담고 있다고 보긴 힘들다.

"엄마가 한숨을 쉰다. 나는 달을 본다.", "엄마 아빠가 싸우는 밤이면 나는 달을 본다.", "달도 나를 본다."라는 글과 함께 달은 지속적으로 떠 있었다. 이는 달과 아이의 소통을 보여 준다. 이후 밤으로 특정할 수 없는 하얀 배경 위에 달은 둥그렇게 나타나는데, 아이가 있는 지면에 두 번, 없는 지면에 한 번 그려져 있다. 이 부분의 달은 『미영이』에서 '눈'처럼 일관적인 맥락을 찾기 힘들다. 그럼에도 달은 객관적 상관물로서 아이의 외롭고 힘든 마음을 독자에게 전달하는 매개체로 보인다. 이후 엄마가 떠나고 변화를 약속했지만 여전한 아빠의 모습, "달 밝은 밤만 이어졌다."라는 글과 함께 달에 손을 대고 있는 아이의 모습, 그리고 달 속에 안긴 듯 편안한 아이의 모습(그림 7)은 힘들고 지친 아이가 상상을 통해 잠시 위로를 받는 것으로 이해할 수 있다.

그럼에도 마지막 장면의 "달과 함께 살아갈 것이다."와 뒤표지의 "우리가 함께 살아갈 것이다."라는 아이의 말은 현실의 아이를 고려하지 않은 안이하고 낭만적인 결말로 보인다. 만약 뒤표지에서 달 테두리의 하얀 부분이 달과 겹치는 아이를 상징하는 것이라고 한다면, 이 장면은 달과의 합일을 의미한다고도 볼 수 있다. 그러나 이 또한 이 서사의 결말로는 과하게 낭만적이다. 결말 이전까지 뻔하지만 그럼에도 글과 그림의 조화로 현실성을 단단히 움켜쥔 채 밀고 나갔던 서사가 바람 빠진 풍선 꼴이 되고 말았다. 달과의 소통이 일방적이며 현실적인 대응이 될 순 없다는 것을 초등학교 고학년 아이가 모를 리 없다. 더구나 주인공은 산전수전 다 겪은 아이이다. 그렇다면 결말의 서술은 자신을 믿고 달과 함께 살아가겠다는 표면적인 의미를 넘어, 그 누구와의 소통도 거부한 채 자신만의 세계에 머물겠다는 의미를 지니게 된다. 그래서 위험하다.

작가는 고립무원에 있는 아이의 정서를 보여 주는 객관적 상관물로 달을 가져왔다. 하지만 결말에서 제대로 쓰이지 못했다. 작가의 의도를 제대로 파악하지 못한 필자의 오해일 수도 있다. 다만 이런

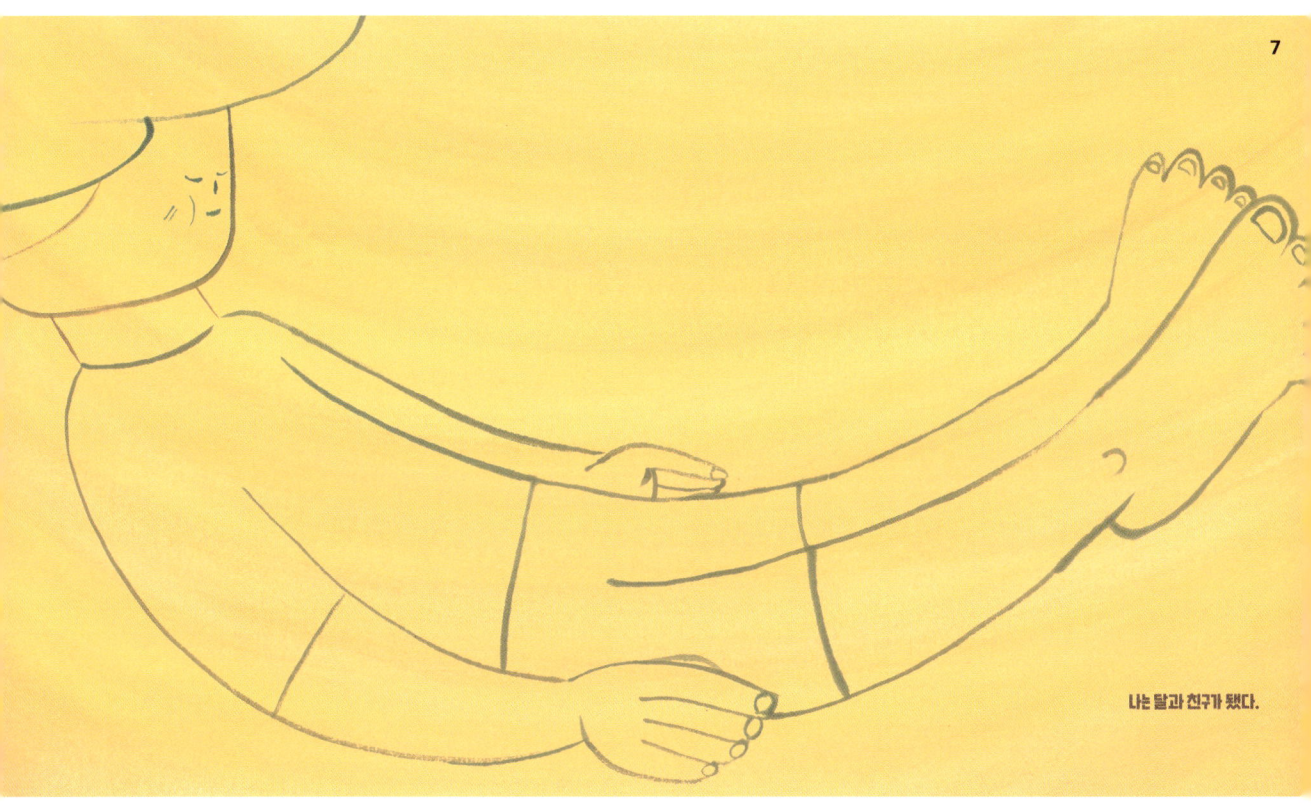

아이가 달과 친구가 됐다고 말하는 장면.
『달 밝은 밤』ⓒ전미화, 창비

오해를 불러일으키는 것 자체가 위험할 수 있다. 현실 속 아이의 마음을 제대로 헤아렸다면 이와 같은 결말을 그리지는 않았을 것이다. 작품은 결국 독자와 소통할 길을 잃어버렸다.

5. 보다 치밀하게 독자 읽기

지금까지 상실과 부재를 다루는 전미화의 글과 그림을 중심으로 작품이 독자와 소통하는 지점을 찾아보았다. 이 세 편의 그림책은 한 인물의 성장기를 그린 연작으로도 보인다. 성별은 다르지만(사실 작품 속에서 성별이 중요하지는 않다.) 유치원생부터 초등학교 저학년, 고학년에 이르는 어린이가 상실과 부재로 인한 '슬픔과 고통을 감당하는 이야기'이다. 이렇게 본다면 마지막 『달 밝은 밤』의 결말을 이전의 경험치가 쌓여 만들어 낸 당당함으로 볼 수도 있겠지만, 이는 작품 해석에서 경계해야 할 끼워 맞추기식 해석일 것이다.

『달 밝은 밤』에서 작가가 세심하게 공들여 장면마다 층층이 쌓아 만들어 간 이야기는 결말로 치달으며 참담해졌다. 청소년 문학을 비롯하여 청소년을 대상으로 한 많은 서사에서 이미 클리셰가 되다시피 한 이야기를 아동물에서 만났다. 어린이라고 해서 이와 같은 현실에서 자유로울 수 없는 요즘, 아이들의 공감을 얻을 수 있는 이야기가 필요하다. 위로와 용기를 주는 따뜻한 이야기뿐만 아니라, 그들이 처해 있는 현실을, 그 불편한 진실을 그들에게 낯설 보여 수어 소봉의 자리로 이끌 수 있는 이야기 말이다.

물론 쉽지 않다. 아마도 답은 '그들에게 맞게'에 있을 것이다. 사람들은 가슴 아픈 이야기, 꺼내기 쉽지 않은 이야기를 만나기 꺼려한다. 어린이 독자는 더욱 그러하다. 그럼에도 우리는 '그들의' 이야기를 만나야 하고 그들과 이야기를 나누어야 한다. 그래야 적어도 달과 소통할 수밖에 없는 어린이를 만들지는 않을 테니까.

전미화의 작품은 표면적으로는 거칠고 툭툭 내뱉는 듯 보이지만 그 이면에는 대상을 어떻게 그려 낼지에 대한 깊은 숙고와 섬세하고 치밀한 전략이 있다. 그리고 글과 그림으로 이야기를 직조하는 데 탁월하다. 그러나 앞서 이야기한 『씩씩해요』와 『미영이』 그리고 이후의 『달 밝은 밤』을 가르는 중요한 요소는 작품의 내적 현실성 확보 및 독자 설정의 문제였던 것으로 보인다. 특정 독자를 염두에 두기보다 자신이 하고 싶은 이야기를 덤덤하게 써 내려가는 작가일지라도 어린이 독자를 위한 그림책에서는 글과 그림을 조직하듯 그들의 눈높이와 취향, 바람을 직조(直照)하면 좋겠다.

3장

내 안의 '나'를 만나면

조수경의 『나』

『나』(ⓒ조수경, 한솔수북, 2018)

1. 조수경의 그림 세계

작가 조수경은 서걱거리며 그어지는 연필을 떠올리게 한다. 연필이 지나가면 걱정 가득한 인물이 뚝딱 만들어지고, 기울어지고 휘어진 골목길이 쭉 이어지며, 이런 저런 걱정과 고민이 있지만 함께하기에 와자지껄 흥겨운 꼬맹이들이 쓱싹쓱싹 그려진다. 그가 작업하는 모습을 본 적은 없지만 역동적이고 강렬한 작가의 연필 선이 내 마음속에 이런 환상을 남겼다. 글과 그림을 함께 한 첫 작품 『내 꼬리』(2008)에서 장면마다 자신만만한 연필선과 대범한 구도로 디테일이 살아 있는 그림을 보여준 때문이기도 하다.

작가의 매력이 돋보이는 그림은 다음 작품에서도 이어졌다. 매혹적인 연필 선은 더 이상 볼 수 없지만, 한 작가가 그렸다고 믿기 어려울 만큼 완성도 높은 그림을 여러 가지 스타일로 선보였다. 대범하면서도 절묘한 구도와 역동적인 선과 깊이 있는 색이 두드러진 『마음샘』(2017), 어린이와 어른을 서로의 과거와 미래로 엮는 푸른 선과 내 안의 나를 만나는 여정을 시린 듯 투명하고 따뜻한 색으로 표현한 『나』(2018)가 그러했다.

이처럼 개성 강한 그의 작품은 인간의 심리를 조금씩 더 깊이 파고든다. 이른바 '심리 그림책 3부작'이라고도 할 수 있는데,『내 꼬리』는 어느 날 생긴 꼬리 때문에 친구들의 놀림을 두려워하던 아이가 다른 친구들도 남과 다른 모습을 하나쯤은 가지고 있음을 알게 되면서 걱정을 털어 버리는 이야기이다.『마음샘』은 숨기고 싶은 자신의 약점을 마음샘을 통해 대면하고 통합을 이루어 내는 늑대와 늑대의 그림자 이야기이고,『나』는 삶에 지쳐 자신의 본모습을 잃어버린 인물들이 내 안의 나, 자기 원형을 만나 삶의 원동력을 회복하고 자신과 세상에 대한 새로운 시각을 얻는 내용이다. 이 작품들은 남과 다른 나를 받아들이고, 내 속의 부정적인 모습까지 수용하며 자기 자신을 잃지 말라는 주제를 전달한다.

　　작가는 보이지 않는 인간 심리의 문제를 상징적인 이미지로 구현하여 자신이 하고자 하는 이야기를 능란하게 펼쳐 놓는다. 이를테면 남과 다른 자신의 모습을 이미지화한『내 꼬리』의 '꼬리', 내 안에 있는 감추고 싶은 모습을 깨닫게 하는『마음샘』의 '마음샘', 그리고『나』에서 볼 수 있는 내 안의 삶의 원동력인 푸른 '자기 원형상'은 대표적인 이미지이다. 이러한 이미지에 힘입어 작가는 상처 입은 마음의 다양한 결을 설득력 있게 풀어 간다.

　　앞서 출간된 두 작품은 매력적인 그림과 선명한 글, 그리고 둘의 긴밀한 상호 작용으로 높은 완성도를 보여 줬다.『나』 또한 그림은 밀리지 않는다. 2014년 AOI가 어린이 책 부문에 수여하는 세계 일러스트레이션 상(World Illustration Awards)을 수상하며 그림의 뛰어남을 평가받았다. 2014년 AOI는 36편의 후보작을 선정했고 두 편에 상을 수여했는데, 그중 하나가 조수경의『나』의 그림 5점이었다.

　　조수경은『나』에서 현재의 나를 중심으로 미래, 과거의 나와 순환하는 설정, 이로 인해 탐색하게 되는 아름다운 내면의 여정, 상징적인 이미지 등을 탁월하게 그려 냈다. 이러한 그림을 서로 연결되는 두 권의 책을 한 권으로 엮은 독특한 제책 방식과 아래위로 마주 보는 두 책이 대구를 이루며 책이라는 물리적인 실체의 영역을 확장했다. 그러나 과도한 의미를 부여하며 닫힌 결말로 끝난 글은 아쉬움이 남는다. 이 글에서는『나』를 중심으로 조수경 그림책의 장점과 문제점을 짚어 보고자 한다.

2. 새로운 제책 방식과 독특한 구성

　　『나』는 한 권의 책 안에 두 권의 책이 아래위로 마주 보듯 엮여 있다. 한쪽엔 아이의 이야기가, 다른 한쪽엔 아이의 미래인 어른의 이야기가 담겨 있다. 아이인 '나'는 공부와 외로움에 지쳐 자신의 본모습을 잃어 가고, 어른인 '나'는 사회생활로 인해 본모습을 잃어 간다. 녹초가 돼 집으로 돌아온 '나'는 어느 순간 나타난 미래의 '나(어른)', 그리고 '과거의 나(아이)'를 만나 내면으로의 여행을 떠난다. 이 여행에서 돌아온 '나'는 자신의 본모습을 되찾는다.

　　이 책은 독특한 제책 방식으로 엄마와 아이가 마주 보고 앉아 읽을 수 있다. 물론 혼자 읽어도 되고 어느 편을 먼저 읽어도 괜찮지만 이야기의 흐름은 아이 편에서 어른 편으로 나아가는 것이 적절해 보인다. 마주 보는 두 책은 서로 대구를 이루며 전개된다. 아이의 학교생활과 어른의 사회생활은 유사한 분위기로 대구를 이루고 집 안의 모습과 내면의 여정도 비슷하게 펼쳐진다. 한 사람의 이야기인 동시에 어린 시절과 어른의 생활이 각기 다른 이야기라는 설정이 절묘하다. 두 권이 서로 마주 보도록

하여 한 권으로 묶이며 '따로 또 같이' 읽는다는, 독특한 읽기 상황의 대구를 이루는 구성으로 구현했다. 덕분에 독자는 나란히 책장을 넘기며 같은 듯 다른 이야기를 묘한 동질감 속에서 편안하게 읽을 수 있다.

3. 다양한 내면 풍경을 구현하는 그림 서사 VS 아쉬운 글 서사

조수경 작가의 그림은 매력적이다. 잘 그릴 뿐만 아니라 그림을 볼수록 다양한 의미가 드러난다. 특히 『나』가 그러한데, 개별 이미지나 의미도 풍부하지만 위아래 편을 아울러야 비로소 고개를 끄덕일 수 있는 의미들도 상당하다. 반면 글은 관념적이다. 특히 어른 편의 글은 전작들에 비해 너무 힘을 준 인상이다. 새롭지 않은, 잠언 같은 문장들이 불편하고, 발화하는 어린 '나'와 어울리지 않아 아쉽다. 또한 이야기의 최종 결말에 해당하는 어른 편 결론 부분에서 인물의 발화는 안이하게 느껴지기도 한다.

『나』에서 아이 편과 어른 편의 서사는 크게 세 부분으로 나뉜다. 도입 부분에 해당하는 '현실의 나', 전개 부분인 '내 안의 나를 만나 떠난 내면의 여정', 결말 부분인 '돌아온 현실의 나'가 그것이다. 이 세 부분은 공통적인 분위기와 스타일을 보여 준다. 여기서는 그림을 중심으로 각각을 살펴본다.

1) 현실의 '나'의 문제

첫 펼침면은 어린 '나'가 쥔 푸른 선이 '나'보다 훨씬 큰 어른의 모습을 만들고 있는 장면과 함께 "어느 날 아저씨가 날 찾아왔어. 나는 아저씨가 누군지 몰랐어. 어디서 왔는지도."라는 글이 호기심을 자극하고 질문을 유발한다. 어른 편에서는 왼쪽 하단에서 오른쪽 상단으로 점점 쌓여 가는 가면 그림과 함께 "네가 사라지고 없어져 버렸다."는 수수께끼 같은 글이 씌어 있다. 마찬가지로 '네가 누군지?', '왜, 언제 사라져 버렸는지?', '가면은 무엇을 이야기하는지?' 등 많은 질문과 답을 요구하며 독자의 시선을 잡아끈다. 이런 인트로(그림책의 앞면지와 속표지 사이에 제공되는 면을 말한다.)는 이야기의 핵심을 강렬하게 제시하며 독자가 어디에 초점을 맞추어야 할지를 미리 암시한다는 점에서 참신하다.

도입 부분에 해당하는 '현실의 나'는 흑백 톤으로 우울하고 공허한 '나'이다. 아이 편의 경우 공부를 하거나 서로 어울리는 친구들 속에서 혼자 책으로 얼굴을 덮고 있는 '나'의 모습, 귀가했을 때 '나'를 마중하는 것은 "손 씻고 숙제하고 있어."라는 엄마의 메모뿐이라는 현실을 통해 '나'의 우울함과 외로움을 충분히 가늠할 수 있다. 어른 편은 가면을 쓴 사람들 사이를 고개를 숙인 채 걷고 있는 '나', 어두운 집 안에서 내던진 가면들 사이에 앉아 얼굴을 가린 '나'를 통해 점차 늘어나는 사회적 역할로 인해 공허함과 회의감에 빠진 인물을 잘 표현하였다. 이런 모습은 마음의 고통, 그 공허함과 외로움이 얼마나 깊은지 보여 준다. 특히 메모 한 장과 다양한 가면, 어둠 속에서 문으로 빛만 보이는 귀가 장면은 이들의 고통을 매우 강렬하게 환기시킨다.

어른 편의 본문을 펼치면 가면을 쓴 많은 사람들 사이에서 가면을 쓰고 고개를 숙인 채 걷는 인물이 보인다. 그가 쓴 가면은 인트로에서 오른쪽 상단에 있던 가장 큰 가면으로, 무수한 가면은 인물

어린이 편의 인트로.
『나』©조수경, 한솔수북

이 쓰고 있거나 썼던 가면임을 짐작할 수 있다. 무수한 가면으로 얼굴을 가리는 인물, 그 대목에서 우리는 도입 부분에서 인물의 얼굴을 보지 못했다는 것을 깨닫는다. 얼굴을 가리거나 가면을 쓰고 있고, 또 뒷모습만 보이거나 심지어 인물이 있을 자리에 발만 보이기도 하는데, 이는 의도된 설정으로 보인다. 그렇다면 그림에서 강렬하게 표현된 우울함이나 외로움 같은 마음의 고통은 보여 주지 않는 얼굴은 볼 수 없는 얼굴과 관련된 문제가 있지 않을까 상상할 수 있다. 여기에 어른 편 인트로의 글과 그림을 떠올리면 '사라진' 너의 자리에 가면이 있음을 눈치챌 수 있다. 그리고 가면으로 가려 볼 수 없는 본래의 얼굴, 나아가 가장 '나'다운 모습이라고 유추할 수 있다. 여기까지 읽었다면 현실의 인물들이 고통스러워하는 진정한 이유는 자신의 본모습을 잃어버렸기 때문임을 알 수 있다.

한편 아이 편에서는 도입에서 보이지 않았던 얼굴이 내 안의 어른 '나'를 만나면서부터 보이기 시작한다. 반면 어른 편에서는 여정 중에도 얼굴이 보이지 않았다가 여정이 끝나는 장면에서야 드러난다. 이는 어른이 자신의 본모습에서 더 멀리 떨어져 있어 찾는 데 더 많은 시간이 걸린다는 것을 이야기하는 것 아닐까. 자신이 썼던 가면의 수나 시간만큼 진정한 자신의 모습에서 멀리 떨어져 있을 것이다.

2) 내 안의 나를 만나 떠난 내면의 여정

현실의 인물들이 당면한 이 문제를 어떻게 풀어 갈까? 작가는 '나' 안의 '나'를 불러온다. 인물들이 처한 문제는 2-1식의 산술적 대응, 혹은 원인-결과식의 인과적 대응으로 해결할 수 있는 것이 아니다. 공부가 싫거나, 사회생활이 힘들다고 해서 안 할 수는 없으며, 현실을 부정한다고 해서 나의 본모습을 찾을 수도 없다. 나의 본모습이란 '온전한 나

네가 사라져 버린 그 순간에도
나는 네가 없어져 버린 걸
눈치채지 못했어.
단지 조금 더 진지해지고
조금 덜 웃게 되었을 뿐.

어른 편의 인트로.
『나』ⓒ조수경, 한솔수북

로 사는 것'을 의미한다. 일상적인 표현으로 말하자면 개인이 개인적·사회적 삶을 통합하여 '평범한 행복'을 구현하는 과정이라고 할 수 있다. 이를 분석심리학에서는 '자기실현'이라 하며, 인간의 핵심 과제는 여기에 있다고 말한다. 그렇게 볼 때 이 인물들이 잃어버린 자신의 본모습 때문에 고통을 받는다는 설정은 인간이기에 마주하는 당연한 문제이다. 작가가 가져온 내 안의 '나'가 무엇을 말하는지는 분석심리학을 통해 엿볼 수 있다.

융의 분석심리학이 말하는 '자기실현'은 '자기가 되는 것(Selbstwerdung)', '의식과 무의식을 통합한 그 사람 자체가 되는 것'이다. 여기서 '자기(Selbst, Self)'가 문제다. 우리의 정신은 우리가 알고 있는 '의식'과 우리 안에 있지만 알지 못하는 '무의식'으로 이루어지는데, 융은 후자가 긍정적 삶의 원천이며 창조성의 에너지 저장고라고 했다. '자기'는 이 의식과 무의식을 합친 전체 정신의 중심이고 의식의 중심은 자아다. 그런데 '자기'는 무의식 깊은 곳에 존재해 우리가 직접 파악할 수 없다. 다만 우리의 의식에 나타나는 어떤 상징으로 '자기'를 파악할 수 있을 뿐인데, 우리의 꿈과 환상 속에서 모든 형상으로 나타난다. 한편 원형은 우리의 마음에 존재하는 보편적이고 근원적인 핵을 말하며, '자기'는 원형 중의 원형이다. 이러한 '자기 원형'은 무의식에 있는 정신의 조절자로서 전체 정신을 실현하거나 자기 실현의 조건을 만든다. 즉 '자아'가 인생의 전환기나 혹은 정신적인 긴장과 혼란으로 '자기'를 돌아보지 못할 때 '자기 원형'이 작동하여 일깨움을 준다[01].

『나』의 어린 '나'와 어른인 '나'는 자신의 본모

---

[01] 이부영, 『분석심리학』, 일조각, 2011, 113-135쪽.

3

나는 아저씨를 따라 숲으로 들어갔어.
"하나만 물어봐도 돼요? 공부는 언제까지 해야 되나요?"
아저씨가 씨익 웃으며 나를 쳐다봤어.

어쩐지 눈이
"그 전에 함

4

풍덩!
그 순간 생각났어.

"내
하
바

3, 4 어린이 편과 어른 편의 내면 탐색 풍경.
『나』ⓒ조수경, 한솔수북

제1부. 우리 그림책의 오늘

습을 잃은 자아의 위기를 보여 준다. 그리고 환상처럼 나타나는 어른 '나'와 어린 '나'는 자기 원형상이라고 할 수 있다. 삶의 원동력이며 창조적 에너지인 무의식이 '나'다움을 일깨우기 위해 자신을 잃을 위험에 처한 '나'에게 보낸 상인 것이다. 그러하기에 실체가 없는 이 상들은 푸른 선으로 형태만 그려져 있다. '나'와 '자기 원형'이 만나 떠난 여정의 목적지가 바다와 오아시스인 것도 자연스럽다. 이지현의 『수영장』(2013)에도 나타나듯 자신의 내면을 탐색하는 여정이 존재의 근원을 상징하는 물을 통과하는 것은 자연스럽고, 물속에서 수영을 할 수 있고 없고는 아무런 문제가 되지 않는다.

이 장면에서 색은 환상적이다. 다양한 스펙트럼의 초록 계열을 주조로 파랑이 조금 더 섞이기도 하고 붉은 계열이 곁들여지기도 한 숲의 색감은 시리도록 맑고 투명하면서도 따뜻한 기운이 배어 나온다. 바닷속 또한 위쪽으로 빛 그물을 그려 넣어 투명하면서도 따뜻한 푸른색을 구현한다. 지치고 외로운 인물들을 배려하고 위로하기 위한 장치일 것이다.

이런 그림 중에서도 푸른 선은 두드러진다. 아이 편의 인트로부터 전개 부분의 어른인 '나'를 만나 여행을 떠나기 전까지 푸른 선은 어린 '나'의 손 혹은 발을 감싸고 있다. 학교에서 '나'의 손목을 감고 흐르던 선은 집으로 들어서는 '나'의 뒷모습과 연결되고 다시 엄마가 남긴 메모를 휘감는다. 그리고 깜박 조는 '나'의 발을 감고 갑자기 나타난 어른 '나'의 형태와 연결된다. 여기서 선은 두 가지 의미로 해석된다. 전자는 '나'의 개성이나 본성을 고려하지 않은, 교육이라는 이름으로 가해지는 속박이며 굴레이다. 후자는 시공을 초월하여 현재의 '나'와 미래의 '나'를 연결하는, 또 전체 정신 속에서 하나이면서 무수히 나뉘는 '나'들을 이어 주는 필연의 끈이다.

같은 색의 한 선이 이렇게 다른 의미를 지닌다면 굳이 이어 놓을 필요는 없을 것이다. 선은 연결의 의미가 있는데, 자신을 잃을 위기에 처한 원인이 속박과 굴레이고 이로 인해 무의식 속에 가능성으로 존재하는 미래의 '나'가 필연적으로 나타날 수밖에 없었다는 점에서 속박과 굴레 또한 필연적인 부분이 있다.

뛰어난 그림에 비해 글에 대한 아쉬움은 크다. 심리 문제를 다루기에 어느 정도 관념적일 수 있다고 하더라도 어른 편 전개 부분의 글은 지나치게 관념적이다. "정말로 아름다운 것은, 때로 우리가 보지 못하는 곳에 있어요. 그래서 눈이 아닌 마음으로 봐야 할 때도 있죠."(어른 편, 19쪽) "자세히 보지 않으면 잊히는 것이 있어요. 하지만 그것은 늘 그 자리에 그대로 있어요."(어른 편, 26쪽)와 같은 글이 그렇다. 우리는 이와 비슷한 글들을 이미 봐 왔다. 그림으로 상당한 의미를 구현하고 있는데 글까지 이렇게 힘을 주니 좀 부담스러운 것이 사실이다. 조금 더 담백하게 제시했다면 그림과 조화를 이루면서도 글 자체의 완성도를 높일 수 있지 않았을까. 심지어 이 발화를 어른 편에 나오는 어린 '나'가 한다는 것도 어색하다. 그림으로 보이는 어린 '나'는 상당히 귀엽고 발랄해 보인다. 이 어린 자기 원형상은 누구나 짐작하듯 성인이 잃어버린 순수성을 의미하기에 이와 같은 발화는 더욱 고개를 갸웃하게 한다.

그림에서도 아쉬운 부분이 보인다. 어른 편의 어른 '나'와 그가 잊어버렸던 어린 '나'가 바닷가에 도착한 장면에서 '나'와 어린 '나'에게 똑같이 그림자가 드리워 있다(15, 16쪽). 자기 원형상인 어린 '나'는 실체가 없는 하나의 상일 뿐이니 그림자는 곤란하다. 그게 아니라 '나' 안의 자신이라고 해도 물리적 실체가 아니니 그림자는 있을 수 없다. 또 오아시스에서 물장난을 하는 어른 '나'의 오른쪽 팔 동작은 너무 어색하다(21, 22쪽). 꺾인 팔이 불편하다.

3) 돌아온 현실에서

결말에 해당하는 '돌아온 현실의 나'에서 문제를 해결한 인물들은 환한 얼굴로 창밖을 내다본다. 창밖의 집들은 어두운 하늘 아래 제 그림자를 안은 듯 더욱 어둡게 잠겨 있는데, 창을 밝힌 노란 불빛은 한없이 밝고 따뜻하다. 현실은 여전히 어둡지만 내면의 힘을 회복한 인물들은 희망이 있음을 보여 주는 듯하다. 어린이 편은 중앙에 노란 가로등이 그려져 있어 더욱 따뜻하게 느껴지는데 작가의 이런 세심한 배려가 독자의 마음을 포근히 감싼다.

그런데 어른 편 결말 부분에서 "이제 더 이상 가면은 쓰지 않을 거야."(24쪽)라는 어른의 발화는 문제적이다. 작품에서 '가면'은 단순한 포장이나 위장 이상의 의미를 지닌다. 인트로에서 왼쪽 아래에서 오른쪽 위로 쌓여 가는 가면은 나이가 들며 점점 늘어나는 사회적 역할, 즉 많아지는 페르소나를 보여 준다. 더구나 이 그림의 글은 사라져 버린 본모습을 이야기하고 있다. 본모습이 사라질 정도라면 오랜 시간 지속적으로 가면을 썼다는 건데, 페르소나 외에 이런 가면을 상상하긴 어렵다.

그렇다면 페르소나 없이 살 수 있는가, 하는 문제가 남는다. 분석심리학은 페르소나를 버리는 것은 불가능하다고 말한다. 페르소나가 한 사람의 고유의 것은 아니지만, 전체 정신의 일부를 차지하며 사회생활을 하는 사람에게는 공동체에서 통용되는 예의와 체면, 문화와 같은 구실을 하기 때문이다. 그러하기에 버려야 할 것은 페르소나에 대한 집착이지 페르소나 그 자체가 아니다.

글의 논리성으로 따져 보아도 더 이상 가면을 쓰지 않겠다는 결말은 처음 제기된 문제에 대한 해결에서 살짝 비켜나 있다. 어른 '나'의 문제는 '잃어버린 본모습'이었다. 인트로에서 '사라져 버리고 없어져 버린 것'은 자신의 본 얼굴임을 알 수 있고, 이를 증명하듯 내면으로의 여행에서도 마지막까지 '나'의 얼굴은 보이지 않았다. 그렇다면 그 해결은 본 얼굴을 찾는 것이어야 한다. 그런데 이미 전개 부분의 끝에서, 집으로 돌아오기 직전에 "물에 비친 내 얼굴을 봤어. 환하게 웃고 있었어."라며 되찾은 자신의 얼굴을 이야기하고, 수면에 어린 환하게 웃는 얼굴을 보여 주며 인물의 문제가 해결되었음을 알려 준다. 그렇다면 결론은 '다시는 내 얼굴을 잃어버리지 않겠어.' 정도가 적절하지 않을까. 또는 굳이 결말에서 다시 결론을 짓지 않고 열어 놓아도 좋지 않았을까. 어린이에서 어른으로 이어지는 이야기의 종결이라는 무게 때문에 조금 더 분명한 결말을 보여 주고자 했을지도 모르겠으나 적절해 보이지는 않는다.

4. 생각하게 하는 그림책

그림 서사를 구현하는 작가의 역량을 충분히 알 수 있다. 소재를 비롯해 관념적인 의미를 하나의 이미지로 형상화하여 주제를 드러내는 탁월한 능력을 보여 주었기 때문이다. 그의 그림 서사는 풍부한 의미가 빼곡히 숨어 있어 읽을 때마다 새로운 의미를 만나게 하고, 그 전에 알았던 것을 다르게 바라보게 한다. 『나』에서 글은 문제점이 보이지만 『내 꼬리』와 『마음샘』의 글은 그림에 밀리지 않았으며 인물의 마음결을 선명하게 잡아냈기에 좋은 글을 쓸 수 있는 작가라는 믿음이 있다. 『나』는 하고 싶은 이야기가 너무 많고, 깊이 있는 주제를 무게감 있게 전달하려다 보니 글에 문제가 생긴 것으로 보인다. 그런 의미에서 다음 작품에 대한 기대가 크다.

책을 덮으며 새삼스럽게 아이 편과 어른 편이 같은 이야기를 하고 있다는 사실이 의미심장하게 다가왔다. 삶의 위기는 나이와 관계없이 닥쳐오고, 그 본질적인 이유는 자신의 본모습을 잃었기 때문임을 분명히 하기 때문이다. 또한 위기는 한 번으로 끝나는 것이 아니라 삶의 순간 순간에, 크고 작은 파도가 밀려오듯 끊임없이 밀려올 것임을 말하는 듯하다. 우리는 어떻게 그 파도를 넘길 수 있을까. 이 책은 우리 삶의 본질적인 문제와 해결법을 생각하게 한다는 점에서도 소중하다.

4장

내면의 힘 회복하기

이지현의 『수영장』

『수영장』(ⓒ이지현, 이야기꽃, 2013)

1. 변화의 도정에 들어선 작가를 위하여

이지현 작가의 그림책은 신비하다. 서사를 구축하는 글도 없고 색을 두드러지게 내세우지도 않는다. 자신을 드러내지 않는 건 선도 마찬가지이고 사람의 형태는 조금 어설프다. 이 그림이 살그머니 따라오라고 손짓하더니 어느새 몸과 마음을 편안하게 감싼다. 있는 그대로 인정받고 존중받는다는 느낌이 뭉근히 퍼지며 딱딱하게 굳어 있던 딱지와 팽팽하게 조여 있던 마음의 근육들이 풀어진다. 그리고 상처받는 세상에 맞서 볼 용기가 생긴다.

이런 위로와 용기는 그의 첫 작품 『수영장』 (2013)과 『문』(2017), 『이상한 집』(2018)에서 일관되게 흐르는 심층의 전언이다. 『수영장』과 『문』은 통로를 설정하여 소외되고 결핍된 현실 세계와 성장하고 소통하는 환상 세계를 병치하는 동일한 구성을 취하지만, 전자는 인물의 내면 탐색을 통한 성장에 초점을 두었고 후자는 소통으로 이루어지는 넉넉한 관계의 형상화에 중심을 맞췄다. 『이상한 집』은 전작들과 조금 더 사이를 벌린다. 두 작품이 글이 없는 반면 이 작품은 대상을 지시하는 글이 있고, 같은 판타지이지만 환상 세계만을 배경으로 한다는 것, 조금 더 어린 독자를 상정한다는 점 등에서 구별된다. 그러나 전술한 대로 주제와 관련해 일관된 태도를 취하고, 서사를 전적으로 그림에 의지하고 환상을 활용하며 색연필을 주재료로 해 선과 색을 소박하게 쓴다는 것이 같은 맥락에 있는 작품으로 볼 수 있다.

작가는 이처럼 같은 맥락의 작품들 속에서 조금씩 변화를 보이고 있다. 반면 『이상한 집』에서 보여주는 변화는 이전 작품에서 한걸음 더 나아갔는가 하는 물음에 그렇다고 답하기 어렵다. 작가의 장점인 그림으로 구축되는, 풍부한 변주의 밀도 높은 서사가 이 작품에서는 보이지 않는다. 차례차례 소개되는 이상한 집들의 그림은 통합체를 이루는 연쇄로 보기엔 너무 개별적이다. 때문에 '재미난 마을'이라고 이름 붙인 마지막 장면에서 '세상은 별의별 사람들이 다 모여 사는 곳이라 그 독특함을 존중하며 함께 살아야 한다.'는 메시지는 전달되지만, 조각조각의 이야기(한 집 한 집)를 물리적으로 모아 놓은 느낌이 짙다. 또한 글이 유의미하다고 보기도 어렵다. 각각의 집을 지시하는 두세 단어가 이야기를 만들기보다는 그 집들을 한정한다는 느낌이 강하다. 오히려 글이 없는 편이 명명(命名)을 위한 독자의 사고 자극에는 더 효과적으로 보인다.

두 번째 작품인 『문』도 첫 작품인 『수영장』에 비하면 평범하다. 『문』의 시작 부분, 열쇠를 주운 소년이 이상한 날벌레를 따라가는 장면에서 보이는 현실 세계는 상당히 선명하다. 마치 조지 투커의 그림 <지하철(The Subway)>의 인물들을 빌려 온 듯 팽배한 현실의 불안에서 비롯된 사람들의 적대감과 고립감을 적나라하게 그렸다. 덕분에 소년이, 또는 우리가 환상을 찾아야 하는 내적 동인을 잘 살렸다. 낡은 문 앞에서 망설이는 소년의 모습도 자연스런 설득력을 지니고 판타지의 규범을 충실히 지킨다.

환상 세계에서도 다양한 세계와 통하는 문의 모습은 새롭고, 신랑과 신부의 모습도 오래된 우리의 관습적인 인식을 전도한다. 그러나 흑백 현실 세계와 유색 환상 세계의 대조, 환상 세계에서 소통하며 점점 색을 찾아가는 소년의 모습 등은 『수영장』과 동일할 뿐만 아니라 이미 다른 작품에서도 많이 보아 왔던 터라 새롭지 않다. 통로로 사용된 '문' 역시 판타지 장르에서는 식상한 장치이다. 무엇보다 안타까운 것은 통로가 되는 '문'이든 환상 세계 속에 나타난 '문'이든 '문'이라는 기호의 의미가 명백하여 해석의 다양성을 차단한다는 점이다. 좋은 작품이 다양하고 풍부한 의미를 지니고 많은 생각을 이끌어 낸다고 한다면 이 작품의 한계는 분명하다.

첫 작품 『수영장』이 매우 뛰어난 작품이며, 아직 이를 뛰어넘는 작품을 보여주지 못하고 있다는 점이 아쉽다. 한 작가의 작품들이 모두 좋긴 어렵고, 이제 시작하는 젊은 작가가 어떻게 변화할지는 섣부르게 예측하기 어렵다. 다만 변화의 도정에 들어선 작가가 자신의 장점을 견지하면서 이전의 작품을 뛰어넘는 더 좋은 작품을 보여주길 바랄 뿐이다.

이 글에서는 『수영장』의 성취를 살펴보고자 한다. 2015년 미국일러스트레이터협회가 선정하는 최고의 그림책상(Gold Medal Winner - Society of Illustrators' Original Art Show, 2015)을 받았고, 뉴욕 타임스 '2015 주목할 만한 어린이 책', 미국공영라디오(NPR) '2015 올해의 책' 등에 선정되는 등 세계 여러 나라에 수출되기도 했다. 이러한 외적 성과보다는 무엇이 그러한 성취를 이루게 했는지를 살펴

1

텅 빈 수영장 앞에서 뛰어 들지 못하는 인물.
『수영장』ⓒ이지현, 이야기꽃

는 것이 중요하다고 생각된다.

　이 작품은 현실-환상-현실의 구성을 지닌 판타지이다. 기본적으로 판타지 형식은 환상 세계의 경험을 통해 현실 세계의 결핍과 갈등을 성찰하고 한 차원 더 승화시켜 현실 세계에서 인물의 성장을 도모하게 한다. 마리아 니콜라예바는 현대의 판타지 형식이 "작가가 말하고 싶어 하는 어떤 것을 전달하는 데 쓰이는 문학적 장치"라고 말했다.[01] 현대의 많은 작품이 그러하듯 이 작품에서도 환상은 인물이 성장을 도모하는 문학적 장치이다. 그림만으로 이끌어가는 서사에서 인물은 어떤 아픔을 안고 어떻게 성장하는지, 그것을 드러내는 그림 서사의 특장점은 무엇인지를 찾는다면 이 작품의 성취가 어디에 있는지 확인할 수 있을 것이다.

2. 함께할 수도, 거부할 수도 없는 현실 세계

　『수영장』은 인물의 심리적 문제를 환상으로 드러나는 내적 탐색을 통해 극복하는 이야기이다. 이 작품은 글이 없는 그림 서사로 독자가 어느 부분에 초점을 두어야 할지 알려 주는 '고정'이나 연

---

[01] 마리아 니콜라예바, 김서정 옮김, 『용의 아이들』, 문학과지성사, 1994, 113쪽.

2

수영장을 가득 채운 탐욕스럽고 거친 사람들.
『수영장』ⓒ이지현, 이야기꽃

속되는 그림들에서 설명되지 않는 전후 맥락을 알려 주는 '중계'를 행한다[02]고 기대할 수 없다. 다의적인 그림의 의미는 더욱 다양하게 해석되는데, 작가는 이를 가능한 한 제한하기 위해 일반적으로 그림에 나타나는 수영장의 내부 묘사 같은 것은 배제한다. 단순한 그림은 의미 구축에 기여하며, 서사를 이끌어간다.

첫 펼침면에는 수영장에 등장하는 인물의 모습이 등장한다. 수영모와 수경을 낀 인물은 수영장을 찾는 이들에게서 흔히 보이는 생기를 찾을 수 없다. 수영장은 지나가다 들르는 곳이 아니라 강습이든 자유 수영을 하든 분명한 목적 아래 찾아 가는 곳이다. 연필 선으로 섬세하게 묘사된 인물은 무표정한 얼굴로 수영장에 들어선다. 종이의 색을 그대로 살린 하얀 여백이 심상찮다.

이어지는 줌 아웃된 공간 속에서 인물은 더욱

---

[02] 롤랑 바르트, 김인식 편역, 「이미지의 수사학」, 『이미지와 글쓰기』, 세계사, 1993, 93-97쪽. 고정과 중계는 롤랑 바르트(Roland Barthes)가 제시한 후 페리 노들먼(Perry Nodelman)이나 현은자 등이 그림책의 글과 그림의 의미작용을 해석하는 데 중요하게 다루는 도구이다. 여기서 고정(anchoring)이란 그림에 적극적으로 주의를 기울이게 하는 글의 기능을 말한다. 지연(relaying)이란 다양한 해석 가운데 바른 해석 방향을 찾도록 도와주는 것으로 전체의 의미를 확증하기 위해 다른 부분들의 의미가 만들어질 때까지 유보한다는 의미이다. 글이 맡은 고정과 중계의 기능은 그림이 맡기도 한다.

왜소해 보인다. 직사각형의 텅빈 수영장 앞에서 인물은 뛰어들지 못하고 어찌할 바를 모른다. 그림은 요소 하나하나가 의미를 만드는데, 왜 이런 구성(구도)으로 인물을 담아냈는지, 인물을 압도하는 듯한 이 거대한 공간은 무엇을 말하는지 궁금하지 않을 수 없다.

그림 2에서 보듯 이 거대한 공간에 사람들이 몰려들어 마치 싸움을 벌이듯 물놀이를 한다. 옆 사람은 아랑곳없이 한 뼘의 공간이라도 더 차지하려는 듯 두 눈을 부릅뜨고, 손은 움켜쥐고 밀어내기에 바쁘다. 이들에게 인물을 압박하는 거대한 공간은 아무런 문제가 되지 않는다. 어쩌면 이들은 공간을 마음껏 휘젓는 대신 소리를 제물로 바쳤는지도 모른다. 양껏 벌린 입들이 시커먼 속을 다 드러내 보이는데도 소리는 투명하게 박제된 듯 적막하다. 글이 없는 하얗고 거대한 공간이 완강하게 둘러싸 모든 소리를 무화시키고 있는 듯하다.

이 공간은 현실 세계이다. 현실은 인물을 한없이 왜소하게 만드는 거대하고 완강한 세계이다. 이처럼 적대적인 세계는 갑자기 몰려들어 수영장을 다 차지하고 난장판을 만들어 버리는, 탐욕스럽고 거친 사람들과 함께 살아가야 하는 현실이다. 섬세하고 예민한 인물은 이런 현실에 쉽게 적응하지 못한다. 수영모와 수경까지 쓰고 수영 준비를 마쳤지만 물에 들어가는 것을 망설이는 것처럼 언제나 준비를 마치고도 다음 발걸음을 쉽게 떼지 못한다. 이 사람들이 버겁고 마뜩잖으며, 그들을 품고 있다가 언제 어디서라도 토해 낼 것 같은 거대한 세계가 두렵기 때문이다. 여기에 인물의 심리적인 문제가 노출된다.

이들과 어울릴 수도, 그들을 품은 현실 세계에 자신의 자리를 차지하지도 못하지만 삶은 지속되어야 하기에 인물은 정신적 위기에 빠져 있다. 하얗게 비워진 채 소리를 무화하며 압박하는 거대한 공간은 인물의 심리를 드러내기에 적절해 보이며, 정신의 위기를 내면의 탐색으로 끌어가기에도 효과적이다. 함께할 수도, 거부할 수도 없는 세계에서 수영을 할 수도, 수영장을 나갈 수도 없는 인물은 한 귀퉁이에서 그들과 자신을 살핀다. 세계와 자신을 돌아보며 자신이 원하는 것이 무엇인지, 자신을 자신이게 하는 것이 무엇인지 탐색하는 것이다.

여기서 언급하지 않은, 수영장의 오른쪽 아래 작은 회오리로 돌아가 보자. 마치 물고기가 도는 듯 희미하지만 분명한 회오리. 인물은 수영장에서 나타날 수 없는 이 현상을 목도하지만 무지막지한 사람들은 볼 리 없고 볼 수도 없다. 흔적은 사라졌으나 인물은 기억한다. 이는 내면의 여정에 들어서는 단초를 제공한다. 눈으로 볼 수 없는 세계를 탐색하려면 눈으로 보고도 믿을 수 없는 어떤 것의 인도를 받는 것이 자연스럽다. 그럼에도 쉽게 나서기는 어렵다. 수영장 귀퉁이에서 발을 담근 인물은 이러한 내적 갈등을 보여 준다. 이어지는 장면은 인물이 이 여정을 감행할 수밖에 없는 이유가 된다. 눈앞에 보이는 적나라한 현실은 인물이 더 이상 물러설 수 없음을, 이 현실을 살아갈 어떤 방법을 찾을 수밖에 없음을 깨닫게 한다. 작가는 그 이유를 중언부언하지 않고 수영장 안의 사람들을 다시 줌인하여 펼침면 가득 확대해 보여 준다. 인물은 드디어 입수를 감행한다. 작가는 이 과정을 세 펼침면으로 보여 준다.

이 장면에서 작가는 내적 탐색을 위해 환상으로 들어가는 통로가 수영장이 되어야 하는 이유를 드러낸다. 물이 존재의 근원을 상징한다면, 자신의 내면을 탐색하는 여정에서 물속으로 들어간다는 설정은 자연스럽다 못해 필연적이다. 이때 그 물이 한 동이의 물이라면 곤란할 것이다. 또한 물이 있는 곳으로 현실을 은유하려면 강이나 바다보다는 수영장처럼 한정된 공간이 적절해 보인다.

3. 환상을 통한 자기 원형상과의 만남

무채색이던 인물은 수영장에 입수하여 아래로 내려가면서 다리와 수영복에 색이 입혀진다. 물 위에서 아귀다툼을 하는 사람들은 여전히 무채색이다. 물 위에 보이는 사람들이 현실 세계에 속해 있다면 색이 나타나기 시작하는 물 아래 세계는 곧 인물의 내면 세계이다. 물 속 깊이 들어간 인물은 한 소녀를 만난다. 그들은 동류이다. 표면 아래, 겉으로 드러난 세계의 이면 세계, 즉 환상 세계를 찾을 수 있는 사람들이다. 말이 굳이 필요 없는 그곳에서 다양한 생명들과 함께 어울린다. 모습과 색이 달라도 상관이 없는 세계, 무엇을 더 차지하려는 승강이도 없고 물의 흐름을 따르면 그뿐인 세상이다. 이 환상 세계에서 인물의 표정이 살아난다.

가장 눈길을 끄는 장면은 흰고래처럼 보이는 거대한 존재와의 만남이다. 멀리서 발견한 소년 소녀가 놀라는 모습에서 꼬리를 뒤로하고 만족스럽게 위로 올라오는 장면을 네 쪽에 걸쳐 묘사한 것은 그만큼 중요하다는 뜻이다. 인물들은 계속 아래로 내려가다가 거대한 존재를 만난 후에 위로 올라온다. 이 거대한 존재는 환상 세계에서도 심연에 있다. 이 거대한 존재는 누구이고, 이 만남의 의미는 무엇인가?

그림 3에서 보듯 환상 세계의 심연에서 인물들은 사람의 눈처럼 크고 깊은 눈과 마주한다. 아니다, 인물들은 뒷모습만 보이므로 이들이 눈을 맞추었는지는 확인할 수 없다. 그러나 그 존재의 깊은 눈은 분명 무한한 애정으로 인물들을 향하고 있다. 이 절묘한 구도는 거대한 존재의 응시가 그림 속 인물을 넘어 독자에게까지 와닿는다. 이 작품을 향한 국내외의 찬사는 여기서 비롯한다. 내면의 심연에서 한 줄기 빛을 비춰 주는 것처럼 불안하고 혼란스러운 세상에서 어찌할 바를 모르고 헤매는 우리를 감싸 안으며 의식을 넘어 무의식까지 흔드는 강렬한 정동 반응을 이끄는 것이다.

융은 의식과 무의식으로 이루어진 마음의 전체성에 주목했는데, 이 마음의 중심을 '자기', 의식의 중심을 '자아'라고 정의한다. '자기'는 무의식 깊은 곳에 존재하는 것으로 우리가 직접 파악할 순 없다. 우리는 의식에 나타나는 어떠한 상징으로 '자기'를 파악할 수 있을 뿐인데, 현대인의 꿈과 환상 속에서 '자기'는 모든 형상으로 나타난다. '자아'가 위기에 처했을 때, 근원적인 '자기'를 돌아보지 못했을 때 '자기 원형'이 기능한다. '자기 원형'은 우리가 정신적으로 혼돈에 빠져 있을 때 방향을 가리켜 준다.

심연에서 만난 이 놀라운 존재는 인물의 자기 원형상이며 우리 각자의 자기 원형상이다. 이 장면에서 알 수 없는 마음의 흔들림을 느꼈다면, 그것은 우리가 전체로서의 자기를 돌아보지 못해 정신적인 혼돈에 빠져 있다가 전체로서의 자기를 돌아보게 되었기 때문이다. 작품 속 인물 역시 마찬가지이다. 탐욕과 이기로 팽배한 사람들과 그들을 품고 있는 거대한 현실 세계에서 더 이상 물러설 곳이 없음을 깨닫고 절박한 마음으로 내적 탐색에 들어설 수밖에 없었다. 그리고 그 탐색 속에서 자신이 꿈꾸는 세계를 경험하고 나아가 무의식의 심연에 있는 자기 원형상을 만난 것이다. 이로써 인물은 자신의 전체성을 회복하고 현실과 대면할 힘을 얻었다. 그러했기에 다시 돌아온 현실에서 인물은 자신의 색을 잃지 않고 함께해 준 친구와 내면의 유대를 나눌 수 있다.

4. 재료와 표현 기법의 조화로 나타난 작의

작가는 묵직한 주제를 소박하고 단순하게 풀어냈다. 선과 색을 단순하고 소박하게 활용한 서사로 그림의 세부가 생략되었지만 초점은 명확하다. 이 작품의 특징이 여기에 있다. 연필과 색연필로 그린 선과 색은 자신을 드러내지 않아 오히려 서사와 서사의 의미에 집중하게 한다. 가늘고 굵고 짧고 긴 선은 나란히 또는 포개져 형태를 만들고 면을 채운다. 눈으로 보이는 질감은 아날로그적인 감수성을 자극하며 외부로 뻗기보다는 내부에 집중하게 한다. 색 또한 마찬가지인데, 색연필의 색감은 속이 비쳐 보이는 얇은 트레이싱지를 통해 보듯 한풀 꺾여 뒤로 물러나 있다. 또 수채화 물감처럼 안의 색이 배어 나오거나 유화 물감처럼 다른 색과의 결합으로 새로운 색이 만들어지는 것과는 달리 색연필의 색은 본래의 색이 분명히 드러나면서 배합에 따라 다양한 색채가 만들어진다는 점에서 정체성이 강하다. 정체성이 강한 색으로 흰색을 빼놓을 수 없다. 이 작품에서 종이 색 그대로의 흰색은 배경의 역할을 할 뿐만 아니라 탐욕과 이기로 팽배한 사람

심연에서 자기 원형상과의 만남.
『수영장』ⓒ이지현, 이야기꽃

들을 품고 소리를 박제한다. 현실을 강제하는 공간으로서의 역할도 훌륭히 소화한 것이다. 이러한 선과 색의 특징으로 작품의 주제가 보다 효과적으로 드러나고, 내면의 탐색을 떠나는 인물에 자연스럽게 동화된다.

더불어 작가는 화면의 구도에서 발군의 능력을 보여준다. 그림책의 그림에서 무엇을 선택하고 배제하며 어떻게 배치할지는 단순한 것이 아니다. 더구나 글 없이 그림만으로 서사를 구축하려면 더욱 그렇다. 그림에서 볼 수 있듯이 작가는 화면의 구도를 잡는 감각이 탁월하다. 인물이 겪는 현실의 압박감과 고통을 단번에 그려 내고, 독자를 책 속으로 끌어들여 내면까지 만나게 한다. 이 외에도 여러 장면에서 보여 주는 구도가 절묘한데, 이를 통해 그림만으로도 서사를 풍부하게 엮어낸다.

지금까지는 이 작품에 대한 하나의 해석이며 평가일 뿐이다. 그림만으로 서사를 엮어 가기에 다양한 해석이 가능할 것이다. 그러나 어떻게 해석하든 작의를 형상화하기 위해 '환상'이라는 장치를 중심에 두고, 색연필이라는 특별한 재료와 절묘한 화면의 구도를 더해 풍부하고 밀도 높은 서사를 구현해 냈다는 것은 변함이 없다. 여기에 이 작품의 특장점이 있다.

다만 인체 묘사가 어색한 부분이 보인다. 목선과 어깨선, 팔과 다리, 손과 발의 형태가 조금씩 맞지 않는다. 다행히 이러한 단점이 소박한 그림과 어우러지지만 몇 장면에서 기형적인 인체를 볼 때마다 불편한 느낌은 어쩔 수 없다. 두 번째 작품 『문』에서도 이러한 단점이 드러나는데, 특히 판권면의 묘사는 지적하고 싶다. 열쇠를 집으려는 인물의 팔과 손이 너무 기형적이라 초현실적인 느낌마저 든다. 『문』 역시 현실을 초월한 환상 세계를 그렸으니 어쩌면 의도했던 묘사라고 볼 수도 있다. 그러나 이 장면은 현실 세계에서 일어나는 일이라 정확한 데생이 요구되고, 『수영장』의 인체 묘사까지 염두에 두면 확실히 데생의 문제로 보인다. 그림책 작가에게 인체 데생은 가볍게 넘어 갈 수 없다. 그림 작가에게 데생의 한계는 결국 표현의 한계로 작용하기 때문이다.

마지막으로 많은 성인들이 이 책을 어른을 위한 어린이 책이라고 평하며 어린이들이 이해하기 어렵다고 하는데, 이에 동의하긴 어렵다. 내면의 탐색은 어른들만의 것이 아니고, 원형 또한 보편적인 인간성의 조건이다. 융은 자기 원형상이 인생의 전환기(3세에서 5세까지의 어린이, 사춘기 전후, 중년기, 노년기 등)나 정신적 위기에 처했을 때 의식의 문을 두드린다고 했다.[03] 해석의 다양성이 열려 있는 책인 만큼 나름의 해석으로 작품을 즐긴다면 그것으로 충분하며, 굳이 어린이를 위한 책 또는 어른을 위한 책으로 구분할 필요는 없을 것이다. 그런 의미에서 이 작품을 읽으며 주인공 소년을 '인물'이라고 칭했다. 소년이라는 호칭이 아무래도 어린이 책이라는 인식에 일조할 터이니, 독자 대상을 넓힐 수 있는 호칭이 필요하다고 생각했다.

---

03 이부영, 『분석심리학』, 일조각, 2011, 124쪽.

5장

부분들의 총합 넘어서기

안녕달의 『수박 수영장』, 『할머니의 여름휴가』, 『왜냐면』, 『메리』

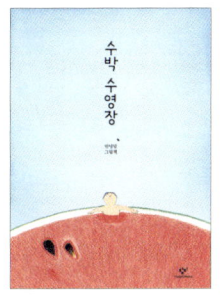
『수박 수영장』
(ⓒ안녕달, 창비, 2015)

『할머니의 여름휴가』
(ⓒ안녕달, 창비, 2016)

『왜냐면』(ⓒ안녕달, 책읽는곰, 2017)

『메리』(ⓒ안녕달, 사계절, 2017)

1. 안녕달의 그림책

2015년 7월, 한 권의 그림책이 우리에게 왔다. 가을 하늘보다 더 청량한 푸른색의 앞뒤 표지, 시원하게 절단된 수박의 주황색, 그리고 이 표지 사이에 수줍은 듯 숨어 있는 붉은 책장들. 숨 막히는 더위로 허덕일 때 이 책 장정만으로도 한숨 돌릴 만했다. 거기다 표지 중앙의 『수박 수영장』(2015)이란 제목 아래 '、'는 궁금증을 유발하고 깜찍한 상상을 하게 했다. 책에 대한 반응은 놀라웠다. 여기저기서 소개하고 입소문이 나더니 출간 2년째 2017년 4월에는 초판 20쇄를 찍었다. 대부분의 그림책이 초판 2쇄를 찍기도 어려운 실정임을 감안하면 매우 이례적이었다. 안녕달은 연이어 『할머니의 여름휴가』(창비, 2016), 『왜냐면』(책읽는곰, 2017), 『메리』(사계절, 2017)를 출간했다. 나오는 작품마다 어린이에서 조부모 세대까지 폭넓은 독자층을 형성하며 마니아층도 생겨나고 있다.

『수박 수영장』은 무더운 여름이면 어느 시골 마을에 커다란 수박 수영장이 생겨 온 마을 사람들이 수박 살을 으깨며 수박 물놀이를 즐긴다는 내용의 그림책이다. 『할머니의 여름휴가』는 바다에 다녀온 손자가 옥탑 방에 홀로 사는 몸이 불편한 할머니에게 소라를 선물하고, 할머니는 그 소라 속으로 들어가 바다에서 휴가를 즐기고 온다는 내용을 담았다. 『왜냐면』은 유치원이 끝난 후 집으로 돌아가는 아이와 엄마가 길에서 주고받는 대화를 글과 그림으로 꾸몄다. 『메리』는 앞선 책들에서 인물을 따르고 때론 인물을 이끌기도 했던 강아지가 주요 인물로 나오는 작품이다. 시골 할머니 집에 강아지 한 마리(메리)가 들어와 새끼를 낳자 할머니가 동네 사람들에게 나누어 주는 이야기를 그렸다.

주의 깊은 독자들은 눈치챘겠지만 네 작품은 특별한 줄거리라고 하기에 큰 사건이 없고 빈약해 보인다. 보통 이야기에는 인물의 강렬한 열망이 있고, 그것을 이루기 위한 인물의 좌충우돌이 중심이 된다. 안녕달의 작품에선 그런 인물의 열망이나 그로 인해 빚어지는 사건을 찾기 어렵다. 『할머니의 여름휴가』에서 바닷가에 가고 싶다는 할머니의 열망이 숨어 있는 정도라고 할까. 네 권의 그림책이 그림책으로서는 적지 않은 50쪽 내외의 분량이지만 이야기가 약하다는 인상은 지울 수 없다.

더군다나 그림이 빼어나다고 말하기도 어려워 보인다. 『수박 수영장』이나 『할머니의 여름휴가』에서는 수박의 살색과 바다의 옥색 등이 감각적이면서도 독특한 색감으로 시선을 잡아끈다. 커다란 수박이나 바닷가의 할머니도 매력적이다. 반면 『왜냐면』과 『메리』에서는 그런 색감과 구도보다 일상적인 평범함이 두드러진다. 그림이 수려하다고 말할 수 없는 더 큰 이유는 인물 표현에 있다. 인물의 표정이나 몸짓 등이 어색한 장면이 곳곳에서 보인다.

그럼에도 독자들이 이례적인 반응을 보인 이유는 무엇일까? 각각의 글과 그림은 다소 빈약하나 전체는 풍요로운데, 이는 안녕달의 그림책이 부분의 총합을 넘어서는 '어떤 것'을 제공하기 때문이다. 그렇다면 그 '어떤 것'을 만들어 내는 부분들이 어떻게 조합되는지, 그렇게 만들어진 '어떤 것'이 무엇인지 살펴보는 일은 의미가 있을 것이다. 안녕달 그림책의 특징을 짚어 보는 동시에 지금 여기, 왜 안녕달인지를 알아보자.

2. 정서를 환기하는 글과 이를 뒷받침하고 확장하는 그림

안녕달은 한 인터뷰에서 "계획하고 체계적으로 이야기를 쓰는 것이 아니라 그냥 제가 떠오르는 이야기를 쓰는 편"이며, "그림책은 글을 잘 못 써도 이야기를 전달할 수 있어요. 그래서 저한테는 가장 쉬운 이야기 전달 수단이에요."[01]라고 말했다. 이 이야기대로라면 작가는 그림책이라는 장르적 특성을 타고난 감각으로 구축한 것으로 보인다. 축복받은 감각을 지닌 작가이지만, 그의 작품을 구축한 부분들이 어떻게 조합되는지 따져 보지 않을 수 없다.

일반적으로 그림책의 글은 선형성과 인과성을 바탕으로 시간의 흐름을, 그림은 전체성으로 공간의 변화를 보여 준다. 그러나 안녕달의 그림책은 조금 다르다. 만화적 기법을 적용해 연속적으로 나누어 제시되는 그림에서 시간성은 글보다 더욱 분명하게 드러난다. 특히 『메리』는 시간의 변화가 큰데, 그 역시 그림이 주도적으로 담당한다. 설날 아침 강아지 메리가 들어오는 그림에서 시작해 봄에 할아버지가 돌아가시고, 여름에 메리가 새끼를 가

---

[01] 엄지혜, 「안녕달 "백수로 살면서 지켜본 세상 이야기"」, 『YES24 채널예스』, 2017. 12. 02. https://ch.yes24.com/Article/View/31191

시각적으로 처리한 손 글씨가 초점을 두어야 할 강아지를 바로 지시한다.
『메리』ⓒ안녕달, 사계절

지고, 겨울에 새끼들을 다 떠나보내고 혼자 남은 메리는 할머니와 다음 해 봄과 가을을 보낸다. 안녕달의 그림책은 서사성을 담보하는 시간의 변화를 그림이 보다 적극적으로 드러낸다. 이러한 경향은 『왜냐면』을 제외한 작가의 세 작품 모두에서 나타난다. 『왜냐면』은 유치원에서 집으로 오는 길에 마주하는 공간을 차례로 보여 주는데, 이 부분도 그림이 시간의 변화를 함축한다고 할 수 있다. 이렇게 글은 기본적인 역할에 대한 주도성을 그림에게 넘겨준다.

그림책에서 글은 시간의 흐름을 드러내고, 전체적이고 확산적인 그림에서 시선을 어디에 맞추어야 할지 알려 주며 시각적 상황이나 정서를 안내하는 역할을 한다. 안녕달은 그림의 어느 부분에 초점을 두어야 할지를 글보다 그림으로 두드러지게 설명한다. 상상을 보여 주는 그림은 물론, 일상의 세목을 그린 그림에서도 우리가 초점을 두어야 할 부분을 눈에 띄게 드러낸다. 의성어와 의태어를 비롯해 짧은 감탄사 등을 손 글씨[02]로 적어 시각 기호처럼 그림의 일부로 취급한 것이 바로 그 예이다. 『메리』의 한 장면인 그림 1은 메리와 메리의 새끼 세 마리, 할머니의 뒷모습, 평상 위의 말린 호박, 참새, 감나무, 줄에 매달린 곶감, 담벼락과 그 너머의 이웃집 등 여러 세목이 있지만 우리의 시선은 곶감 아래서 입을 우물거리는 강아지에게 향한다. 이 강아지 옆에 시각적으로 처리한 손 글씨 때문이다. 이 장면에서 "그래도 할머니는 누가 누군지 다 알아."라는 글은 시간의 변화를 보여 주지 않으며, 그림에서 어디에 초점을 맞춰야 할지에 대한 암시도 없다. 그럼에도 앞 장면의 강아지들이 이름이 없다는 내용에 이어 새끼들의 특성을 다 알고 있는 할머니의 세심하고 따뜻한 마음을 잘 드러낸다. 이처럼 안녕달의 작품에서 글은 시간의 변화나 초점 등을 그림에 넘겨주다시피 한 채 인물이나 상황에 대한 정서적 환기에 주력한다. 그림은 글의 역할을 떠안으며 일상의 세목을 정성스럽게 표현하여 글에서 함축하는 정서를 구체화하고 확장한다.

1) 『수박 수영장』

『수박 수영장』은 본문이 펼침 26면인데, 이 중 펼침 14면에 글이 없다. 심지어 중간의 펼침 11면, 22쪽은 글 없이 이어진다. 한여름에 마을 사람들이 수박 수영장에 모여 신나게 노는 이야기는 그림만으로도 충분할 것 같기도 하다. 그럼에도 많지 않은 글은 어떠한 정서를 강력하게 환기한다. "아휴, 덥다. 옆 동네 코코넛 수영장도 개장했다던데, 지금쯤이면 수박 수영장도 개장했겠지요?" / "그러게요. 올해 수박 수영장은 어떠려나? 작년에는 씨가 너무 많아서 수영하기 힘들었는데."라는 글은 수박 수영장에 대한 기대감, 설렘을 환기한다. 누구에게나 있는 시원한 수박에 대한 기억을 바탕으로 한, 익숙하지만 낯선 수박 수영장에 대한 기대 말이다. 구름 한 점, 바람 한 자락 없이 푸른 벼가 가득한 배경 그림은 뜨거운 여름 한낮을 연상시키며 글에 함축된 수박 수영장에 대한 기대감을 유인한다.

---

02 필자는 손 글씨로 쓰인 부분을 그림으로 보고자 한다. 그 이유는 글과 그림으로 이루어지는 그림책에서 언어의 형태를 띄더라도 손글씨로 쓰인 것은 글 원고가 아니라 그림 원고에 속한다고 보기 때문이다. 『메리』에 나타나는 할머니나 동네 사람들의 말도 안녕달 『수박 수영장』에서부터 써왔던 이러한 기법의 확장이라 볼 수 있다.

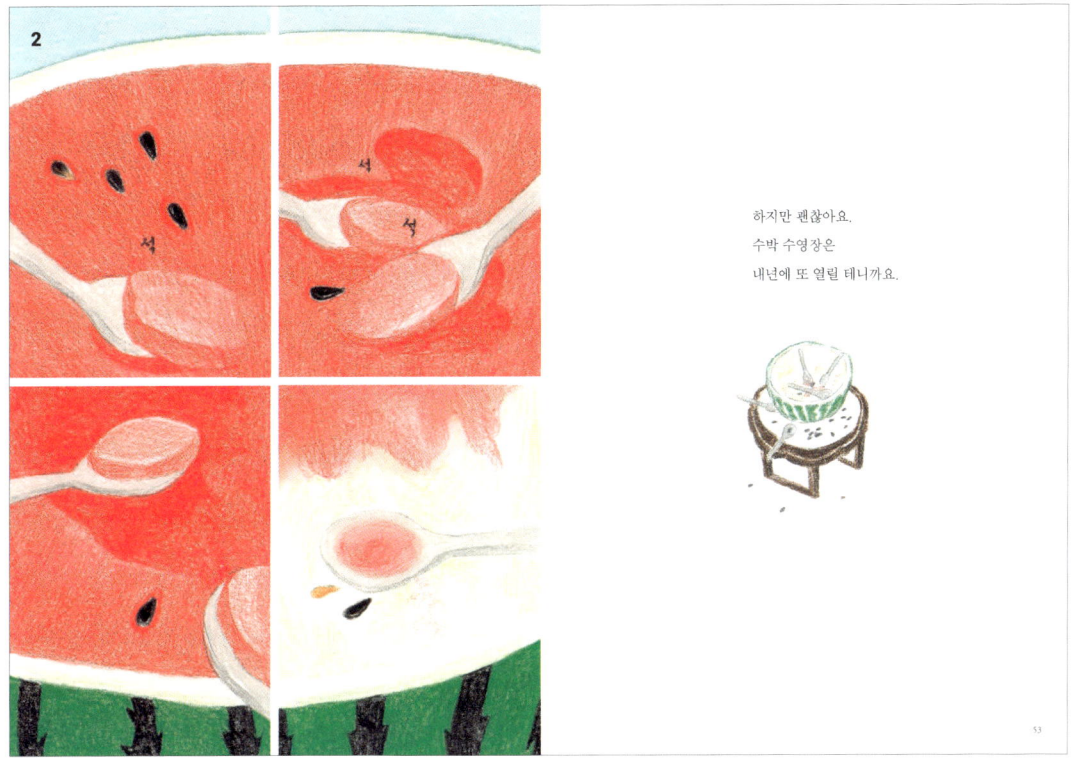

하얀 속껍질만 남은 수박은 놀이가 끝났음을 암시하며, 동시에 수박을 먹은 사람들의 포만감을 연상하게 한다.
『수박 수영장』ⓒ안녕달, 창비

이후 22쪽에 만나게 되는 글 역시도 정서를 환기시킨다. 수박 수영장에서 온갖 물놀이를 즐기고 있는 사람들을 그림으로 보여 준 다음 "모두 철퍽철퍽 밟으면 붉고 투명한 수박 물이 고입니다."라는 글이 이어진다. 우리는 붉고 투명한 수박 물에 대한 기억이 있다. 수박 살을 한 숟가락 움푹 떠내면 그 자리에 흥건히 스며드는 붉은 물. 그림으로 다 보여 준 이야기를 굳이 글로 반복하는 것은 이 기억을 소환하여 수박 수영장에 대한 개연성을 높이고 수박 수영장에 더욱 몰입하게 만든다.

이렇게 신나는 수박 물놀이는 충분히 놀았기에 수박 수영장이 문을 닫을 때도 아쉬움은 없다. 마지막에 제시된 "어느덧 저 너머로 해가 집니다." / "세상의 색도 지고 마지막 아이마저 떠나면……" / "수박 수영장은 문을 닫습니다."라는 글은 시간의 변화를 말한다. 그와 함께 인물들의 감정도 전달하는데, 인물들은 끝을 아쉬워하기보다는 잘 놀았다는 충만함을 드러낸다. 지는 해를 바라보며 수박 수영장에 옹기종기 모여 앉은 사람들의 뒷모습에서 이러한 감정이 엿보이고, 엄마의 부름에 바로 응하는 아이의 모습에서도 미련은 전혀 보이지 않는다.

사람들의 만족감은 마지막 글에서 더욱 두드러진다. "하지만 괜찮아요. 수박 수영장은 내년에 또 열릴 테니까요."라는 글은 표면적으론 내년을 기약하지만, 그 언표 속에는 모두가 함께 한 그 놀이가 충분히 만족스러웠음을 함의한다. 이 장면에 그려진 커다란 수박 반쪽은 숟가락 여러 개가 오가며 점점 비워지고 있고, 종국에는 속껍질만 남는다. 껍질만 남은 수박은 놀이가 끝났음을 상징하며 또 놀이가 충분히 만족스러웠음을 보여 준다. 조각조각 썬 수박이 아니라 수박 반쪽을 통째로 퍼 먹는 행위와 빈 껍질 속에 아무렇게나 놓인 숟가락, 흩어져 있는 씨는 행위자들의 포만감을 연상하게 한다. 여기서 글은 시간의 변화를 드러내며 정서적 반응을 함축한다. 그림은 글의 정서를 더욱 구체화하고, 글에서 드러나지 않은 상상이 끝났음을 상징적으로 보여주며 글을 확장한다.

2) 『할머니의 여름휴가』

『할머니의 여름휴가』는 안녕달의 작품 중 가장 이야기가 살아 있는 작품이다. 손자가 주고 간 소라를 통해 바닷바람을 쐬고 온 할머니의 이야기를 잔잔하고 담담하게 그렸다. 이 작품에서도 글은 인물과 상황의 감정 전달에 더 주력하는 것으로 보인다. "들려요, 할머니?"/ "파도소리 들려요? 갈매기 소리는요?"/ "그래 들리는구나."/ "게가 움직이는 소리는요? 모래성은 잘 있어요?"/ "그래, 다 잘 있구나." 손자가 할머니의 귀에 소라를 대어 주며 묻고 답하는 글은 손자와 할머니의 따뜻한 마음을 드러낸다. 할머니에게 자신이 본 바다를 경험하게 하고 싶은 손자의 마음과 이를 헤아리고 맞춰 주는 할머니의 넉넉한 품성이 드러난다.

이 글의 배경인 옥색 바다 그림은 글을 표현한 것이지만 은밀한 바다의 유혹으로도 보인다. 봄이 불편해 옥탑 방에 갇혀 지내다시피 하는 할머니에게 소라를 통해 환기된 바다 풍경은 사이렌의 유혹일 수 있다. 이 유혹은 유혹으로 끝나지 않는다. 이

할머니와 손자의 마음을 보여 주는 글과 유혹적인 바다 그림.
『할머니의 여름휴가』ⓒ안녕달, 창비

엄마의 상상을 구체화하고 확장하는 그림.
『왜냐면』ⓒ안녕달, 책읽는곰

어지는 "바람 한 점 없는 오후입니다."라는 글에서 무료함이 드러난다. 이 글 역시 할머니의 마음을 잘 보여 준다. 손자와 며느리가 돌아간 후 할머니가 할 수 있는 일은 텔레비전을 보는 것뿐이다. "바람 한 점 없는"이라는 글은 어떤 변화도 없이 긴 시간을 이어온 일상과 그를 영위하는 할머니의 마음을 함축한다. 반면 그림은 할머니 옆에 있던 강아지가 소라에서 기어 나오는 게를 보고 으르렁대는 모습이 그려져 있다. 그림은 글보나 한 발짝 앞서 할머니의 무료한 일상에 균열을 낸다. 적적한 일상과 무료한 마음에 파고들어 앞으로 벌어질 어떤 일을 기대하게 한다. 이처럼 글은 인물의 마음과 상황을 환기한다. 그림은 글의 함의를 지지하기도 하고 확장하기도 하며 미묘하게 서로의 부분을 엮어 간다.

3) 『왜냐면』

『왜냐면』은 아이를 데리러 온 엄마에게 유치원 선생님이 작은 종이봉투를 건네주는 속표지 그림으로 시작한다. 글은 유치원에서 집으로 돌아가는 길에 아이와 엄마가 나누는 문답이다. 글은 지나는 길에서 마주치는 일상을 진지하게 관찰하고 호기심을 드러내는 아이와 기발하면서도 엉뚱한 상상을 하는 엄마를 보여 준다. 그림은 아이의 질문이 지나가는 길에 보이는 현실에서 비롯되었음을 알려 주고, 엄마의 다소 엉뚱한 상상을 구체적으로 형상화하며 확장한다.

갑자기 내리는 비를 보고 아이는 "비가 왜 와요?"라고 질문하면서 시작되는 대화는 꼬리를 물고 이어져 물고기가 계속 씻는 이유가 등이 가렵기 때문이라는 엄마의 엉뚱한 답변으로 나아간다. 아이는 "등이 가려우면 긁으면 되지 왜 계속 씻어요?"라고 되묻는 장면에서 나이 든 사람의 등을 긁어 주는 한 아이의 모습을 그림으로 보여준다. 이 그림은 아이의 물음이 아이가 보는 일상을 바탕으로 한다는 것을 보여 준다. 엄마는 "물고기한테는 효자손이 없어서야."라고 응답하는 글과 함께 작가는 효자손으로 등을 긁는 할아버지와 그것을 보려고 몰려드는 물고기들을 그림으로 보여주어 글을 구체화하고 확장한다.

이렇게 이어지는 글과 그림은 "음…… 엄마, 내 바지도 고추밭 옆에서 자랐나 봐요." / "어…… 왜?" / "오늘 유치원에서 바지가 맵다고 울었어요." / "바지에게 물 줘야겠어요." "하하, 그럴까?"라는 대화로 끝난다. 엄마의 상상력이 아이에게 전이되는 모습, 또 그것을 받아들이는 엄마의 모습을 나타내는데, 아이와 엄마 사이의 굳건한 신뢰와 애정이 드러난다.

놀이터 그림에 이르면 현실을 바탕으로 했던 아이의 질문과 상상을 구체화했던 엄마의 대답이 반대로 나타난다. "유치원에서 바지가 맵다고 울었"다는 아이의 말은 놀이터의 미끄럼틀 그림과 같이 아이의 상상 세계를 보여 주고, 이것이 무슨 뜻인지 몰라 당황하는 엄마의 "어…… 왜?"라는 말은 현실을 바탕으로 한다. 그리고 빨랫줄에 걸린 아이의 바지 그림과 "바지에게 물 줘야겠어요."라는 아리송한 말이 이제야 무엇을 의미하는지, 속표지의 종이 봉투가 무엇이었는지 고개를 끄덕이게 한다.

이 작품에서 글은 엄마와 아이의 깊은 신뢰와 애정을 보여 줌과 동시에 그림 사이의 인과 관계를 만든다. 글이 없었다면 현실의 일상을 그린 그림과 엉뚱한 상상을 묘사한 그림의 연결점을 찾기 어려웠을 것이다. 요컨대 이 작품의 글은 그림이 존재할 수 있는 기반을 제공하고, 그림은 글을 구체화하고 확장하며 시간의 변화를 함축하여 이야기를 만든다.

4) 『메리』

앞서 언급했듯 『메리』에서 글은 인물이나 상황에 대한 정서를 환기하는 역할을 한다. "아무나 보고 짖지도 않고 꼬리를 흔들흔들."이라는 글에 이어지는 "할머니가 전에 키우던 개도 메리였고, 전전에 키우던 개도 메리였어." / "사실 할머니 동네 개들은 다 메리야."라는 글은 독자를 과거의 한 때로 소환한다. 마당에 들어서면 꼬리를 흔들며 반겨 줬던 우리의 메리. 한두 세대 전엔 어느 집에나 메리가 한 마리쯤 있었다. 이 짧은 글은 우리의 기억 속에 잊힌 메리를 소환하며 그 시절을 환기한다. 이 때문에 아이에게 책을 읽어 주는 어른의 정서를 낚아채는 부분이라고 할 수 있다.

그림 5는 '메리'라는 이름의 전형 아래 존재하던 개별적인 메리들을 보여 주며 글을 확장한다. 모두 메리라고 불렸지만 그 모습이나 성질 등은 달랐음을 나타내는 것이다.

전작들과 마찬가지로 이 작품에서도 글은 특별한 정서적 어조나 감정을 드러내지 않는다. 그러나 환기된 기억은 "그래도 할머니는 누가 누군지 다 알아."라는 글과 여러 번 반복되는 "아무나 보고

메리라는 이름으로 존재했던 개별적인 메리들.
『메리』ⓒ안녕달, 사계절

짖지도 않고 꼬리를 흔들흔들."이라는 글에 추억을 얹어 감정을 이입하게 한다. 그림은 당시 삶의 세목을 구석구석 기입하여 글이 불러온 과거의 삶을 눈앞에 새겨 놓는다. 글과 그림의 절묘한 조응 위에 후반부에 더해진, 메리의 새끼를 동네 사람들에게 나누어 주는 투박한 할머니의 모습은 독자의 마음을 더욱 파고들며 넉넉한 온기를 전한다.

3. 안녕달의 아름다운 세계를 기대하며

2015년 쓰고 그린 첫 작품을 펴낸 안녕달은 타고난 감각으로 그림책이라는 장르에서 자신만의 세계를 구축해 가고 있다. 그 세계는 몇 가지 덕목으로 인해 참으로 아름다워 보인다.

먼저 어린이와 세상을 보는 시선이 귀하다. 안녕달은 어린이를 가르치거나 억지로 교훈을 주려고 하지 않는다. 그래서 등장하는 어린이들은 마음 껏 놀고, 마음껏 질문하고, 마음껏 상상하며 자신의 것을 내어 주면서까지 상대를 배려한다. 또한 그는 몸이 불편해 집에만 있던 할머니에게 꽃무늬 수영복을 입혀 바닷가를 거닐게 하고, 가진 것을 나누게 하고, 이름도 없는 강아지들의 특성을 살펴 알아보게 하고, 이웃의 어려움을 같이 나누게 한다. 무엇보다 이들은 함께 어울려 살아간다. 나누며 함께 살아가는 세상은 우리 모두가 꿈꾸는 세상이기도 하다. 안녕달의 시선이 아름다운 이유다.

다음으로는 그의 상상력이다. 먹는 수박을 물놀이장으로 만들고, 초록색 때수건으로 등을 미는 물고기를 형상화하고, 고추밭 옆에서 자란 바지는 너무 매워 울기도 한다. 이 거침없는 상상력은 안녕달의 다음 작품을 기다리게 만든다. 어린이부터 할머니까지 함께 즐길 수 있는 상상력은 그의 타고난 감각이다.

반면에 안녕달이 해결해야 할 과제도 보인다. 앞서 그의 글이 일반적인 서사 측면에서 다소 빈약해 보인다고 말했다. 그럼에도 그림과 조화로 작가의 서사를 만들어 내는 데는 성공하였다. 우려되는 부분은 서사의 응집성이다. 글과 그림이, 장면과 장면이 톱니바퀴처럼 맞물려 돌아가다가도 순간 튕겨 나가는 듯 돌발적인 부분이 있다. 『수박 수영장』의 12-13쪽과 50-51쪽이 그렇다. 앞에서 언급한 지난해의 이야기를 12-13쪽에서 굳이 그림으로 제시해야 하는지, 해가 져 수박 수영장이 문을 닫는 것이 당연해 보이고 전체 서사를 하루 만에 일어난 일로 보는 것도 자연스러운데도 뜬금없이 은행잎과 단풍잎이 떨어져야 하는 지도 모르겠다.

『메리』는 장면과 장면의 응집성이 느슨하다 보니 순서를 바꾸는 것이 더 적절해 보이는 경우도 있다. 이런 장면들은 서사의 흐름에 빠져들던 독자를 멈춰 서게 한다. 또한 어색한 인물의 모습도 안녕달에게 남겨진 숙제라고 하겠다. 어색한 인물 표현은 독자의 몰입을 방해한다. 하지만 타고난 감각을 지닌 작가이기에 머지않은 시간에 자신만의 아름다운 세계를 구축할 수 있으리라 기대한다.

6장

절묘한 대비(對比)가 빚어내는 울림

정진호의 『위를 봐요!』

『위를 봐요!』
(ⓒ정진호, 현암주니어, 2014)

1. 절묘한 대비(對比)의 그림책

『위를 봐요!』는 2015 볼로냐 라가치 오페라 프리마 부문에서 우수상(Opera Prima, Special Mentions)을 수상하였다. 중도 장애아 수지의 간절한 염원이 한 아이의 응답으로 꽃을 피우는 이야기이다. 휠체어를 탄 수지는 발코니에서 늘 그 자리에 그대로 있는 거리와 가로수를 내려다본다. 거리에선 사람들이 바쁘게 오가고 때로는 아이들과 강아지가 놀기도 하며 때로는 비가 오기도 한다. 수지가 위에서 내려다보는 거리 풍경은 '선택된 것들의 조화로 이루어지는 흑백의 정물'과 같다. 휠체어에 의지한 자신은 거리 풍경에 편입될 수 없기 때문이다. 그러나 수지는 간절히 소망한다. 누군가 위를, 자신을 봐주기를. 이 간절한 염원이 마침내 닿아 한 아이가 위를 올려다본다. 아이는 수지와 눈을 맞추기 위해 거리에 눕고 이를 본 사람들도 따라 눕는다. 수지를 받아들인 거리는 더 이상 '흑백의 정물'이 아니다. 가로수엔 연분홍색 꽃이 피고 색색의 풍선이 거리를 달리며 발코니 화분에는 연두색 새싹이 돋는다.

총 20면의 펼침면 그림과 스물여섯 개의 문장으로 이루어진 이 책은 한글을 뗀 누구라도 쉽게 읽을 수 있다. 그러나 다 읽고 나면 성인에게도 묵직한 울림을 준다. 수지와 자신을 동일시하면서 삶을 돌아보는 과정에서 울림은 커진다. 반복된 흑백의 거리 풍경은 "내가 여기 있어요. 아무라도 좋으니…… 위를 봐요!"라는 수지의 절절한 외침으로 단박에 독자의 경험을 끌어낸다. 불통으로 인한 외로움과 고통을 겪어 본 이들이라면 누구든 수지와 자신을 동일시하며 그 고통을 통감한다. 그러다 마침내 고운 색을 입은 따뜻한 소통의 거리에 서 있는 수지를 보면 독자는 가슴이 따뜻해진다. 이렇게 다양한 감정을 끌어내며 뭉근하게 피어오르는 울림은 발코니 난간에서 휠체어에 앉은 수지와 변화하는 거리 풍경, 흑백의 거리와 고운 색을 입은 거리, 관찰자의 담담한 서술과 인물의 절규에 가까운 내적 발화 등 절묘한 대비가 빚어낸 결과다.

1) 고정성과 역동성의 대비

겉으로 드러난 이 책의 가장 큰 특징은 조감도 구도이다. 이러한 시선(bird's eye view)은 미술이나 건축에서 흔히 볼 수 있지만, 30면 내외로 구성되

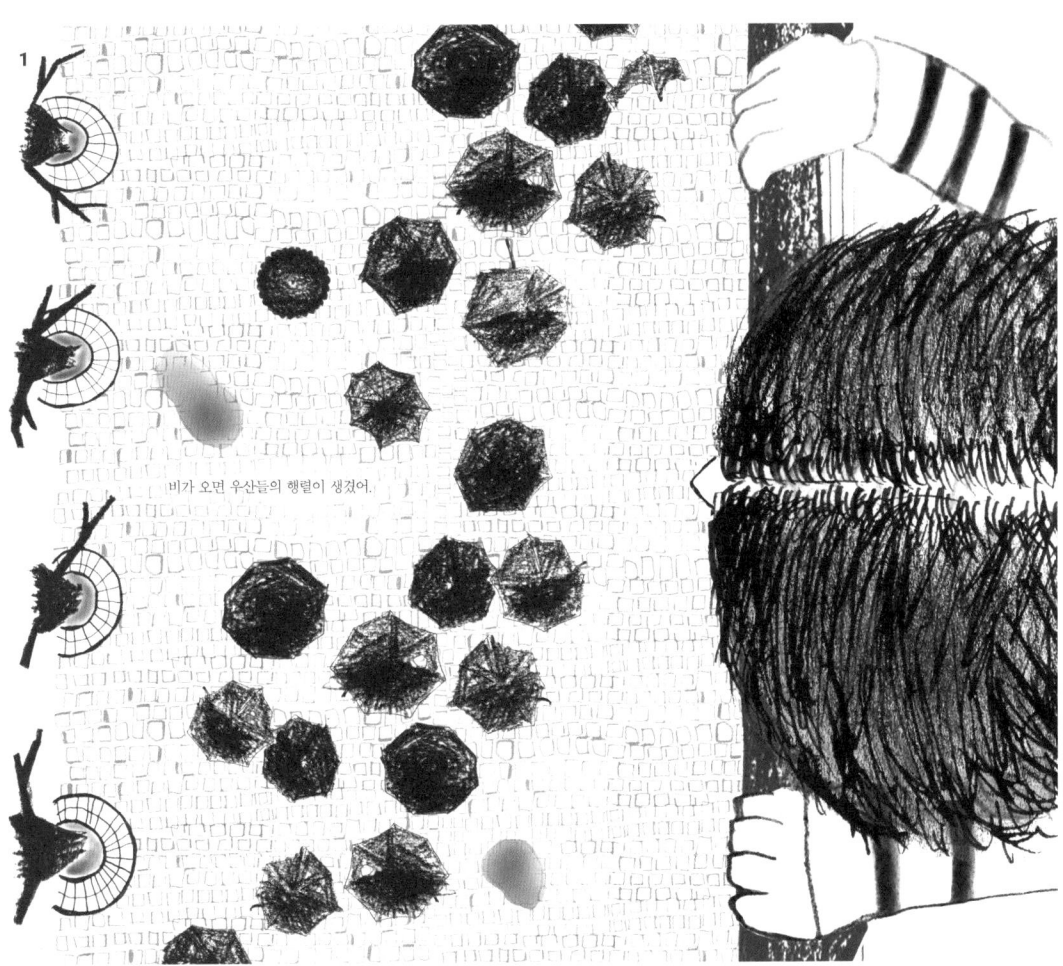

고정성과 역동성의 대비.
『위를 봐요!』ⓒ정진호, 현암주니어

는 그림책에서는 적용하기가 쉽지 않다. 책 전체를 이러한 시선으로 구성할 때 독자는 반복을 지루하게 여길 수도 있다. 그럼에도 정진호는 펼침 20면의 책에서 처음부터 끝까지 이 구도를 유지한다. 발단이 되는 첫 펼침면을 제외한 모든 펼침면에서 왼쪽에는 가로수, 오른쪽에는 발코니 난간, 중간에는 보도블록이 깔린 거리를 고정한다. 이 기본적인 배치 위에 발코니 난간에서 휠체어에 앉아 내려다보는 수지의 까만 머리와 조그만 코끝이 전개에서부터 절정에 이르기까지 총 펼침 15면에서 동일하게 반복된다. 결말에 해당하는 두 펼침면에 이르러서야 처음으로 방긋 웃는 수지의 얼굴이 보이고, 이어서 거리에 내려온 수지의 미소 띤 얼굴이 위를 향하는 장면이 나온다.

이렇게 고정되고 반복된 장면에도 지루하지 않게 여겨지는 것은 위에서 내려다보는 독자들이 수지의 시선에 편입되어 그 시선이 닿는 거리의 풍경에 초점을 맞추기 때문이다. 사람들이 오가고 아이들과 강아지가 뛰어놀거나 때로는 우산 행렬이 쓸고 다니는 거리의 변화는 지루할 틈을 주지 않는다. 수지의 시선은 독자가 어떤 것을 보고 받아들여야 하는지 명확하게 제시한다.

노들먼은 바르트가 그림에 대한 글의 역할로 지칭한 '정박(anchoring)'이라는 용어를 언급하며 그림책에서 글은 그림을 보는 독자의 관심을 초점화하는 역할을 한다고 했다[01]. 예를 들어 한 소녀의 얼굴이 있을 때, 글이 없다면 우리는 소녀의 얼굴 전체를 보지만 "소녀의 눈이 총명하게 빛납니다."라는 글이 제시되면 소녀의 눈을 중심으로 바라보고 그 총명함으로 이야기가 어떻게 전개될지를 기대한다는 것이다. 『위를 봐요!』는 위에서 내려다보는 수지의 시선을 통해 그림의 초점을 어디에 두어야 할지 가늠하게 되고, 그림의 초점은 내려다보는 수지와 수지에게 보이는 거리 풍경으로 압축된다.

수지의 시선은 대비의 효과를 보여준다. 펼침면 좌우에 반복되는 가로수와 발코니의 수지가 고정되어 한 축을 이루고, 가운데 거리 위에 나타나는 변화는 또 다른 축을 형성하며 대비를 이룬다. 이러한 고정성과 역동성의 대비는 단순히 움직임의 대비에 그치지 않고 수지 주변의 적막함과 거리의 부산스러움을 대비시켜 수지의 고독과 외로움에 더욱 마음을 쓰게 한다. 이를 잘 나타낸 부분은 거리를 오가는 사람들의 검은 머리가 빨리 돌리는 필름처럼 점차 검은 물결을 이루는 장면이다. 이 역동성은 변함없는 수지의 모습과 극명하게 대비되어 새로운 변화를 예고한다.

2) 무채색과 유채색의 대비

대비의 효과는 색의 운용에서도 드러난다. 마지막 펼침면을 제외하면 이 책은 모두 흑백의 무채색으로 이루어져 있다. 수지와 가로수, 거리의 보도블록, 오가는 사람들은 모두 흑백이다. 노들먼은 그림책에서 대부분의 흑백 그림은 만화풍의 그림이거나 인물 소묘이며, 그 대부분은 형태보다 행위를 강조한다고 했다[02]. 조감도 구도 때문이기도 하겠지만, 이 책의 그림도 거리를 오가는 사람들이나 수

01　페리 노들먼, 김상욱 옮김, 『그림책론 : 어린이 그림책의 서사 방법』, 보림, 2011, 345쪽.
02　페리 노들먼, 같은 책, 124-129쪽.

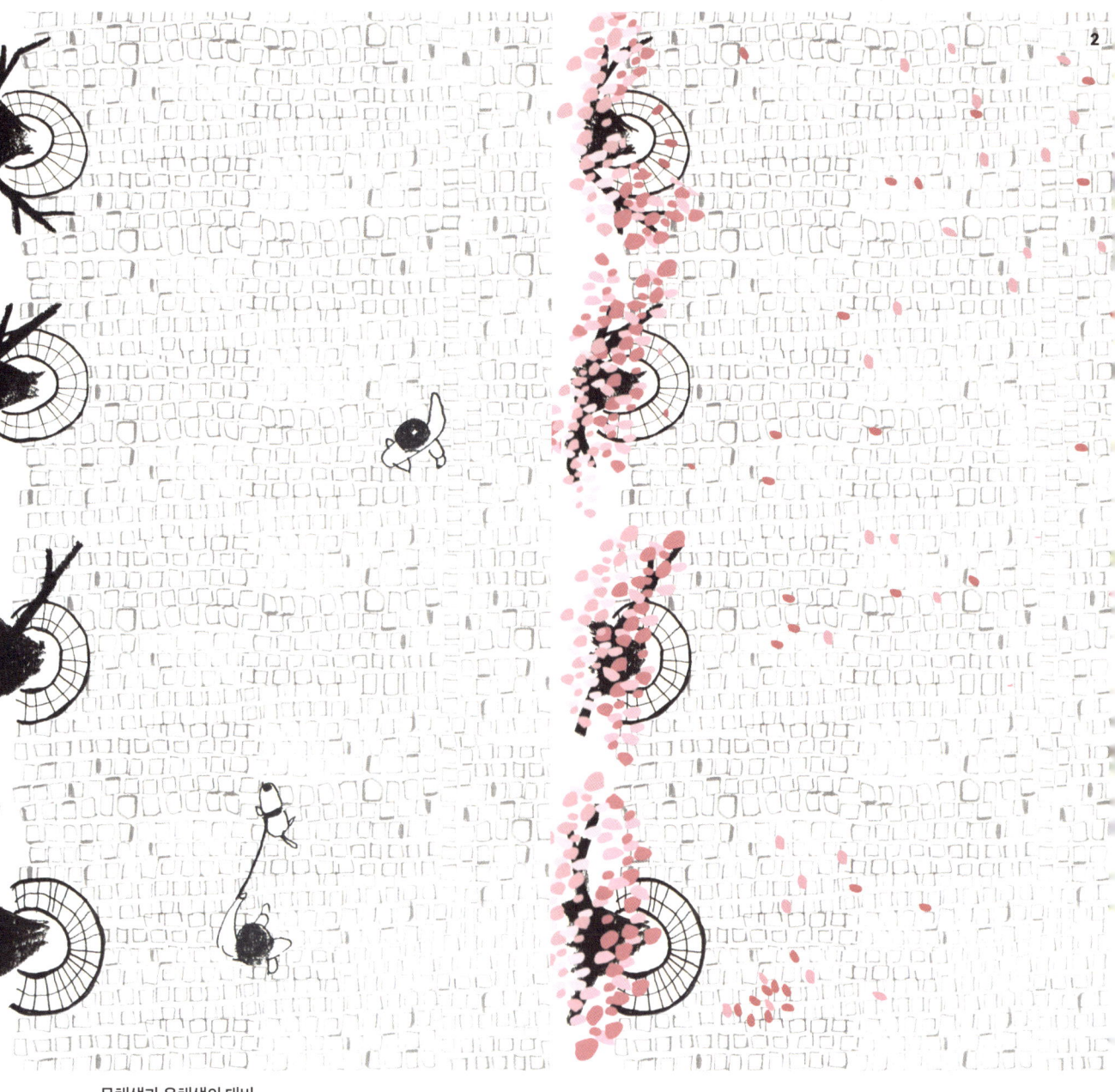

무채색과 유채색의 대비.
『위를 봐요!』ⓒ정진호, 현암주니어

지의 온전한 모습을 보여 주기보다는 이들이 무엇을 하는지를 강조한다. 거리를 오가는 사람들은 검은 머리, 움직이는 팔과 다리만 그려 걷는 행위를 강조하고, 주인공인 수지의 얼굴은 보이지 않고 정수리의 머리카락과 뾰족한 코끝만 까만 선으로 드러나 내려다보는 행위만 과장된다. 이는 인물들이 각자의 행위에만 집중하고 다른 이들과 소통하지 못한다는 것을 의미하기도 한다. 때문에 무채색 인물의 행위를 강조한 그림은 시간의 흐름을 거부하고 거리의 역동성에도 불구하고 폐쇄적인 정물로 보여지고 수지 내면의 무겁고 어두움을 상징하는 것으로도 보인다.

그러나 절정에서 수지와 눈을 맞춘 아이가 거리에 눕자 인물의 온전한 형태가 나타난다. 아이를 따라 수지와 눈을 맞추는 사람들도 온전한 신체 모습이 드러나고 수지의 웃는 얼굴도 보인다. 드디어 앞만 보고 다니던 사람들과 외로움에 떨던 수지가 서로 눈을 맞추며 소통하게 된 것이다. 그러자 멈췄던 시간이 다시 흐르는 듯 가로수에 연분홍색 꽃이 피고 거리는 고운 색을 입는다. 유채색으로의 극적인 전환은 독자의 마음을 녹이며 세상에 대한 희망을 꿈꾸게 한다.

3) 담담한 서술과 격정적 서술의 대비

그림과 함께 서술에서도 대비가 나타난다. 이 작품은 글 서사가 풍부하지는 않지만 군더더기 없이 간략하면서도 유려하다. 발단과 전개에서 3인칭 관찰자의 시점으로 수지가 중도 장애아가 된 상황

발단	전개	위기
① 가족 여행 중이었어. 수지는 차에 타고 있었을 뿐이야. 사고가 났지. 자동차는 바퀴를 잃었고, 수지는 다리를 잃었어.	② 검정 머리만 보이는 사람들은 빠르게 길을 지나갔어. 길에는 아이들과 강아지가 놀기도 했어. ③ 비가 오면 우산들의 행렬이 생겼어. 수지는 그냥 묵묵히 지켜보았어.	③ **내가 여기 있어요. 아무라도 좋으니⋯⋯ 위를 봐요!**

발단, 전개, 위기에 서술된 글[03]

---

[03] 제시된 글의 글꼴은 책과 같은 글꼴은 아니나 글꼴의 변화가 중요한 요소이기에 최대한 비슷한 글꼴로 옮겨 적었다.

과 이후 발코니에서 거리를 내려다보는 처지를 담담하고 객관적으로 서술한다. 반면 위기 국면에서 터지는 수지 내면의 발화는 격정적이다. 검은 물결이 되어 흐르는 사람들의 모습 위로 글이 나타나는데, 수지의 절절한 마음을 잘 담아낸다. 이 짧은 글에는 수지의 현실적 상황과 그 상황을 벗어나고픈 내적 욕망, 간절함 등이 함축되어 있다.

이러한 객관적인 관찰자의 서술과 절규하는 듯한 수지의 내적 발화를 시점이 흔들리는 것으로 이해하면 곤란하다. 이 작품은 3인칭 관찰자 시점으로 서술하지만, 위의 내적 발화처럼 필요에 따라 인물의 상황과 마음을 드러낸다. 예를 들어 발코니로 나오는 수지가 문을 닫는 것을 암시하는 장면에서 의성어 '꽝'이 글꼴을 달리하며 제시되고, 거리의 사람들을 내려다보는 수지의 마음은 글자 크기를 달리하며 "개미 같아."라는 문장으로 표현된다. 길에 누운 아이에게 이유를 묻는 아줌마와의 대화의 경우 또 다른 글꼴로 그림처럼 제시하였다. 이처럼 글꼴과 글의 크기에 변화를 주어 인물의 내면이나 처한 상황을 마치 그림처럼 보여 준다. 발단과 전개 부분은 차분하고 객관적으로 서술하지만, 위기에는 격정적인 내적 발화를 통해 동일한 인물의 상황을 드러내는 다양한 서술이 두드러진다. 이는 동일하게 반복되는 그림, 흑백의 무거움과 완고함에 균열을 주며 작품에 몰입하게 만든다.

이렇게 극명하게 대비되는 요소들, 고정성과 역동성, 무채색과 유채색, 객관적인 서술과 격정적인 서술이 마치 씨줄과 날줄처럼 엮이고 움직임과 색, 서술이라는 각각의 대비 또한 톱니바퀴처럼 맞물려 한 편의 감동 서사를 그려 낸다. 발단부터 결말까지 치밀하게 계산된 단계적인 플롯 역시 독자의 몰입을 견지하고 감동을 추동한다.

2. 아쉬운 점

그림책은 글과 그림이라는 두 가지 서사가 만들어 가는 통합 서사이다. 하나의 서사를 만들어 간다고 해서 글이 그림을, 그림이 글을 동어 반복한다면 좋은 그림책이라고 할 수 없다. 글과 그림이라는 각각의 서사가 통합되어 하나의 서사로 완결된 예로 팻 허친스의 『로지의 산책』(1968)을 들 수 있다. 글은 여상스럽게 암탉 로지의 산책을 이야기하고, 그림은 호시탐탐 로지를 노리지만 실패하고 마는 여우를 보여준다. 이처럼 글과 그림이 만나 하나의 통합 이야기가 완성된다. 글 서사와 그림 서사가 각각의 이야기를 해 나가며 하나의 통합된 서사를 구축하기란 매우 어렵다. 그러나 그림책의 완성도를 위해 글은 그림을, 그림은 글을 견인하며 하나로 통합된 서사를 포기할 수는 없다.

『위를 봐요!』는 그림 서사가 뛰어나다. 특히 만화 양식을 극단으로 밀어올린 듯 과장된 소묘로 희화한 발단은 전체 그림의 무거움을 희석한다. 또한 객관적인 서술이 두드러지는 전개에서 그림은 이야기를 근사하게 이끌어 간다. 글의 서술이 객관적이지 않았다면 어땠을까? 이 작품에서 객관적인 글은 발단과 전개에서만 관찰자의 서술로 드러난다. 객관적인 서술은 격정적인 서술과 대비를 이뤄 감동적인 서사를 그려 내지만 객관적인 서술이 없다면 독자의 시선이 더 오래 그림에 머물며 다양한 이야기를 만들 수 있지 않을까. 발단 부분에서 수지가 왜 차를 타고 있었는지, 어떻게 사고를 당했는지, 수지만 다쳤는지 등 이런 저런 이야기를 할 수 있을 것이다.

　15, 16쪽에서 17, 18쪽으로 넘어갈 때는 글과 그림에서 너무 갑작스러운 전환으로 단절이 느껴진다. 객관적인 서술이 제시되다가 뜬금없이 ③과 같은 절절한 내적 발화가 나타난다. 글꼴과 글의 크기가 달라지긴 하나 전개 초반부에서 "개미 같아."라는 수지의 내적 발화가 있었음을 생각해 보면 작은 따옴표도 없이 제시된 이 발화는 의아하고 갑작스럽다. 더구나 15, 16쪽의 글이 함의한 여운이 상당한데 이를 느낄 여유도 없다. 글이 이렇다면 그림에서 보완이 이루어져야 했는데 그림도 갑작스럽긴 매한가지다. 자세히 보면 15, 16쪽의 그림에서 보여지는 사람 머리의 검은색이 뒤로 뭉개지기 시작함을 알 수 있으나 15, 16쪽에서 17, 18쪽으로 넘어가는 흐름이 17, 18쪽과 19, 20쪽에 비해 차이가 나, 쉽게 이어지지 않는다는 문제가 남는다. 이 때문에 17, 18쪽의 검은 물결이 무엇을 의미하는지 알 수 없어서 앞 장을 몇 번이나 넘기게 된다. 어쩌면 이는 "그림책은 어린이들도 읽을 수 있으니 청소년, 어른으로 자라면서 반복해서 읽을 수 있고, 읽을 때마다 새로운 의미와 경험을 주는 책을 만들고 싶습니다."라는 작가의 인터뷰에서 보듯 단번에 이해하기보다는 오랫동안 반복해서 읽어야 하는 책을 만들기 위한 장치일 수도 있겠다.

　그럼에도 분명한 것은 이 부분에 단절이 느껴진다. 15, 16쪽과 17, 18쪽 사이에 머리 뒤에 뭉개지는 검은색을 훨씬 더 드러내고 거리에 사람들이 늘어난 장면을 한 번 더 보여 준 다음 17, 18쪽이 나타난다면 그림상의 연결성은 더욱 탄탄해지고 15, 16쪽의 글이 주는 여운이 훨씬 진하게 남을 것 같다.

　이 작품은 누구나 쉽게 읽을 수 있고 감동을 주는 큰 장점을 지니고 있다. 매력적인 작품에 필자의 욕심을 보태 보았다. 실제로 고층 아파트 사이를 걷는 사람들 중 위를 보는 사람은 드물다. 아니, 도심에서 위를 보고 걷는 사람은 민폐를 끼치기 십상이다. 그렇더라도 가끔 위를 바라보기를. 누가 아는가, 혹시 수지가 있을지.

7장

적정한 깊이와 즐거움 주기

황K의 『꽃에서 나온 코끼리』, 『아빠 얼굴』

『꽃에서 나온 코끼리』
(ⓒ황K, 책읽는곰, 2016)

『아빠 얼굴』
(ⓒ황K, 이야기꽃, 2017)

1. 황K의 그림책

황K는 일러스트레이션학교 힐스(HILLS)에서 학생들을 가르치며 그림책을 만들고 있다. 2015년 글을 쓰고 그림을 그린 첫 작품 『아기 꽃이 펑!』을 출간한 이후 『꽃에서 나온 코끼리』(2016)와 『아빠 얼굴』(2017)까지 세 작품을 발표했다. 황K의 그림책은 어린이를 대상으로 한 그림책들이 그렇듯 어린이의 상상력을 기반으로 한다. 그의 책은 관찰에서 상상력으로, 다시 창의력으로 이어지는 어린이의 사고 과정이 선명하고 자연스럽게 구성되어 있다는 점에서 특별하다. 쉬운 글과 섬세하면서도 세련된 그림은 이러한 과정을 효과적으로 전달하며 읽는 즐거움까지 준다.

작가는 상상력이 최고조로 발달하는 유치원생에서 초등 저학년 어린이 독자를 대상으로 그들이 충분히 이해하고 공감할 수 있는 작품을 생산한다. 우리는 스스로 책 읽기를 시작하는 어린이들에게 적정한 깊이와 즐거움을 주는 이와 같은 작품에 목말라 있다.

이 글에서는 황K의 『꽃에서 나온 코끼리』와 『아빠 얼굴』을 중심으로 어린이 특유의 상상력이 어떻게 견인되고 발전하는지, 또 그 과정에서 그가 보여 주려는 세계가 어떻게 형상화되는지 살펴본다. 앞으로의 그의 작업을 응원하는 의미에서, 그의 작품들이 성취한 독특한 성과를 짚어 본다.

2. 사랑은 상대를 위해 행동하는 것
:『꽃에서 나온 코끼리』

소년은 집으로 가는 길에 처음 보는 꽃을 발견한다. 기다란 수술이 예뻐 상아 같다고 생각하는 순간 수술이 움직이면서 작은 코끼리가 살금살금 걸어 나온다. 손바닥에 떨어진 코끼리는 살아 있는 진짜 코끼리이다. 낯선 꽃을 관찰하다가 상상력을 작동하여 기다란 수술이 상아 같다며 코끼리를 떠올린 것이다. 그리고 상상은 꽃에서 나온 살아 있는 코끼리로 구체화된다. 상상력이 창의력으로 이어지는데, 이는 작품의 말미에 제시된 "내 이름은 한별이야. 너는 …… 꽃에서 나왔으니까 꽃끼리라고 부를게."라는 글에서 다시 한 번 확인된다.

『꽃에서 나온 코끼리』는 이러한 일련의 사고 과정이 서로 긴밀히 연결되며 전개된다. 국배판의 변형판을 통해 소년이 보고 상상하고 그 상상을 구체화하는 장면이 시원하게 펼쳐진다. 처음 6쪽, 구름이 흘러가는 풀밭에서 꽃을 만나는 첫 장면에서만 가방을 멘 소년이 등장하고, 이어지는 장면에는 소년의 눈에 보이는 대상을 확대하여 기다란 수술, 꽃 속에서 나오는 코끼리, 소년의 손바닥에 떨어진 코끼리를 보여 준다. 관찰하는 소년은 나타나지 않고 꽃과 코끼리만 초점화한다. 이는 독자의 흥미와 상상을 돋우기 위한 전략으로 보인다. 코끼리를 지켜보는 소년을 그렸다면 독자는 소년의 모습에서 상상의 진위를 확인하느라 바빠 자신의 상상을 전개하기 힘들 수 있다. 그림을 이끄는 글도 그림처럼 군더더기 없이 핵심만 서술한다. 덕분에 어린 독자는 인물에 몰입하며 인물의 사고 과정을 자연스럽게 따라간다.

현실과 상상의 세계를 구분하는 성인과 달리 어린이들은 이 두 세계가 공존한다. 피아제는 '어린이는 머릿속으로 생각하는 것을 실재하는 것이라고 생각한다.'라고 확언한 바 있다. 어린이는 상상 세계를 현실과 연속된 시간과 공간으로 인지할 뿐만 아니라 그 속의 존재와도 교감하며 소통한다. 『꽃에서 나온 코끼리』는 이를 빼어나게 잘 보여준다. 현실의 시공간인 집으로 가는 길은 꽃끼리와 만나 교감하는 상상의 세계로 변한다. 꽃 속으로 돌아간 꽃끼리와 내일 또 만날 것을 약속한 소년은 자연스럽게 현실로 복귀한다.

작가는 현실과 상상의 세계를 글과 그림으로 구분한다. 첫 장면은 "집으로 가는 길, 산들바람이 분다."라는 글로 시작하여 마지막 장면은 "등 뒤로 바람이 산들산들 불었다."라는 글로 끝맺는다. 첫 장면과 마지막 장면 사이는 소년과 꽃끼리가 교감하고 소통하는 상상의 세계이다. 같은 의미의 글로 처음을 열고 끝을 맺지만 현실에서 상상으로, 다시 현실로 돌아오는 이야기는 조금의 삐걱거림도 없다. 그림 또한 같은 장면을 시간의 변화로 보여 주어 이야기가 같은 차원에서 자연스럽게 진행된다. 작가는 대상을 다양한 방식으로 볼 수 있는 상상의 세계를 코끼리가 꽃끼리가 되는 세계로 형상화했다.

어린이에게 상상의 세계는 일상의 현실 세계이자 또 꽃끼리와 같은 새로운 존재를 만나는 미지의 세계이기도 하다. 어린이는 상상의 세계를 만나며 자신의 세계를 확장하고 다시 만들어 가기도 한다. 이 책을 읽는 아이들이 즐거워하는 이유가 여기에 있다.

『꽃에서 나온 코끼리』는 관찰에서 상상, 창의력으로 연결되는 이른바 사고 발달에만 초점을 맞춘 것은 아니다. 오히려 상대를 배려하는 따뜻한 마음, 즉 참된 사랑을 전하고 싶은 듯하다. 이를 전달하기 위해 작가는 자세히 보아야 예쁘고 사랑스러운 마음의 움직임을 어린이의 상상을 통해 보여 준다. 상상력은 타인을 이해하기 위해서 꼭 필요한 요소이다. 우리는 상상력을 통해 타인의 상황에 공감하고 소통의 가능성을 열어 간다. 『꽃에서 나온 코끼리』에서 소년은 꽃끼리에게 풀과 물을 주고 직접 만든 바람개비와 필통 속 문구류도 내어 준다. 그리고 마지막에는 꽃집으로 돌려보낸다. 소녀의 이런 행동은 꽃끼리가 배가 고프거나 놀고 싶을 수도 있고, 일정 시간이 되면 집으로 돌아가고 싶을 것이라는 자신의 경험에서 비롯된 상상에서 나온다. 상상 덕분에 소녀은 꽃 속에서 나올 정도로 작고 여린 존재를 이해하고 그를 위해 행동할 수 있다. 거칠게 지나가는 오토바이에 놀라서 바동거리는 꽃끼리를 지키기 위해 소년은 자신의 안전은 뒤로한 채 안간힘을 쓰는 소년의 행동은 절정을 이룬다. 꽃끼리가 무사하니 자신의 정강이가 욱신거리고 손바닥이 따끔한 것쯤은 얼마든지 참을 수 있는 것이다.

3. 사랑은 상대를 있는 그대로 바라보는 것 : 『아빠 얼굴』

숙제로 아빠 얼굴을 그리던 소녀는 아빠의 얼굴을 자세히 바라본다. 그리고 머리카락은 자라는데 왜 눈썹은 그대로인지, 코는 왜 색깔이 없는지, 귀는 왜 얼굴 옆에 달렸는지 궁금해진다. 이런 궁금증은 눈썹이 자라고, 코에는 색이 더해지고 귀처럼 생긴 미끄럼틀이 있다면 어떨까, 하는 상상으로 확대된다. 상상은 기다란 팔자수염처럼 생기거나 커튼 같은 눈썹과 빨간색, 초록색, 파란색의 코, 코와 입과 귀를 이용한 놀이 기구가 가득한 놀이터로 형상화되어 나타난다.

본문 7페이지에는 화면을 분할하여 소녀의 생각을 그림으로 보여 주는데, 글은 나누어 제시된 그림을 설명하고, 생각과 상상을 간단하게 표현한다. 8페이지에는 글 없이 눈썹부터 하나씩 그려지는 아빠의 얼굴을 차례로 보여 준다. 마치 독자에게 따라 해 보라고 말을 건네는 듯하다(그림 1).

『아빠 얼굴』은 독자의 참여를 유도하는 것에서 한걸음 더 나아간다. 눈썹, 눈, 코, 입, 귀, 머리까지 다 그렸지만 소녀는 아빠 같지가 않아 뭔가 이상함을 느낀다. 빼먹은 것이 있는 것 같다. 무엇인지 곧 알게 되지만, 그것을 그려 넣는다면 아빠가 속상해할 수도 있고 친구들이 놀릴 수도 있다는 생각이 든다. 결국 고민 끝에 아빠의 얼굴에 커다랗고 까만 점을 그려 넣는다.

놀이 이론가인 서튼 스미스(Sutton-Smith)는 상상은 관습적 틀에서 자유로울 수 있게 되는 것이라고 했다. 아빠의 얼굴을 관찰하며 상상하고 아빠를 이해하게 된 소녀는 있는 그대로의 아빠를 받아들인다. 그리고 아빠에게 미안한 마음도 친구들의 놀림도 이겨 내고 자신이 사랑하는 대상과 진실하게 만나는 용감함을 보여준다. 아빠는 소녀의 이러한 마음을 알기에 한참 동안 웃고 껴안고 뺨을 비벼 댄다. 상대를 있는 그대로 받아들이는 것이 진실한 사랑이다. 상대를 배려한다는 핑계로, 또 자신에게 이로운 대로 상대를 포장하는 것은 진실한 사랑이

왼쪽에서는 소녀의 사고 과정을 보여 주고, 오른쪽에서는 소녀가 그려 갈 아빠의 얼굴이 눈썹부터 차례로 나타난다.
『아빠 얼굴』ⓒ황K, 이야기꽃

아니다. 이 부분을 놓쳤다면 이 책은 딸아이가 아빠의 얼굴을 그리는 평범한 그림책에 머물렀을 것이다.

4. 황K의 그림책이 점하는 자리

황K는 독자를 정확히 겨냥하여 그들이 충분히 이해하고 공감할 수 있는 작품을 생산한다. 그의 작품은 독자, 표현과 주제, 소재가 절묘하게 균형을 이룬다. 이는 매우 중요한 덕목이다. 그의 책을 만난 독자는 쉽게 접근하고 이해하기에 즐거움은 물론 읽기에 대한 자신감을 얻을 수 있다.『꽃에서 나온 코끼리』와『아빠 얼굴』은 유치원생부터 초등 저학년 어린이를 대상으로 하여 그들의 일상에서 건져 올린 소재를 명료한 글과 단순하면서도 화려한 그림으로 구성하였다. 작가는 메시지를 겉으로 드러내지는 않지만 독자가 깨달을 수 있도록 작품 속에 잘 녹여놓았다. 중의적이다 못해 모호한 글, 이미지의 과잉으로 서사의 흐름을 방해하는 그림이 얼마나 많은가. 좋은 작품이지만 대상이 모호한 작품은 또 얼마나 많은가. 그런 책은 어린 독자에게 두려움과 좌절감을 준다. 모든 것이 절묘하게 균형을 이루어 그림책의 미학까지 확보한 작품은 귀하다.

황K 작품의 특징은 먼저 글에서 찾을 수 있다. 그의 글은 명확하고 쉽다. 수식어는 가능한 한 생략하고 핵심어로 장단이 드러나게 서술한다.

> 나는 가방을 챙기고, 코끼리를 살포시 들어 올렸다.
> 부아아앙 — 빵! 빵!
> 코끼리가 깜짝 놀라 바동거렸다.
> "어, 어어? 안 돼!"
> 정강이가 욱신거렸다.
> 손바닥도 따끔거렸다.
> 하지만 코끼리는 괜찮다.
> 다행이다.
> 정말 다행이다.
>
> 『꽃에서 나온 코끼리』 25-32쪽

> 다음은 아빠 눈.
> 아빠 눈동자는 갈색 구슬처럼 반짝거렸다.
> 눈가에는 짧은 속눈썹이 띄엄띄엄….
> 어? 쌍꺼풀이 한쪽 눈에만 있네!
> 나도 그런데….
> 이렇게 커다란 비밀을 왜 여태 몰랐을까?
>
> 『아빠 얼굴』 9쪽[01]

종결 어미는 그림책에서 흔히 볼 수 있는 '~어요.'나 '~습니다.'가 아니라 '~다.'이다. 어린이들이 흔히 일기장에 쓰는 문체를 닮았고, 이는 독자의 접근을 용이하게 하고 의미 전달을 분명히 한다.

즉각적으로 독자의 시선을 끄는 것은 글보다는 그림이다. 황K의 그림은 독특하다. 인물의 표현에서 두드러지는데, 선과 색의 쓰임이 색다르다. 그의 선은 형태의 윤곽을 잡아 주는 것 외에 면을 구성하는 요소로 쓰인다. 자유로운 선, 거친 선, 가지런한 선이 서로 겹쳐지며 바둑판이나 다이아몬드 형태를 이루기도 하고 굵고 가는 선이 나란히 정렬하기도 하며 면을 구성하는 등 선의 운용이 화려하다. 면적이 작은 꽃, 구슬, 가방끈이나 넥타이, 양말 등은 알록달록한 색까지 더해진다. 이러한 선의 운용은 확실한 포인트를 주어 화면에 생기를 돌게 한다.

색은 배경에 중간색이 들어가기도 하지만 대체로 맑고 선명하다. 재미있는 것은 선명한 노랑이든 노랑이 섞인 주황이든 연두든 모든 장면에 노랑이 들어간다는 점이다. 심지어 코끼리를 올려놓는 울퉁불퉁한 바위의 표면도, 그림을 그리는 육각형의 파란 연필도 노랑인 듯 연두인 듯한 색이 섞여 있다. 덕분에 들판 한가운데서 잠든 코끼리를 지켜보는 조금 황량한 장면도, 오토바이가 거칠게 지나가는 위험한 장면에서도 따뜻한 분위기를 잃지 않는다. 이러한 색감은 그가 변주하는 '사랑'이라는 주제와 잘 어울린다.

황K의 그림에서 가장 시선을 끄는 것은 이런 선과 색으로 드러나는 인물의 표현이다. 그는 캐릭터를 제대로 살린다. 지금까지 어떤 작품에서도 이런 인물을 만나지 못했다. 『꽃에서 나온 코끼리』에서는 꽃의 수술에서 코끼리를 발견하는 섬세하고 세련된 감수성의 소년을 만날 수 있다. 『아빠 얼굴』에서는 아빠가 속상해할지라도, 친구들이 놀릴지라도 있는 그대로의 아빠를 표현하는 당당하고 고집스러운 소녀를 마주할 수 있다.

이러한 캐릭터는 눈과 머리, 옷차림으로 만들

---

01 본문에 제시된 대로가 아니라 문장 길이의 장단을 보여 주기 위해 문장 단위로 정리했다.

어진다. 파랑과 노란빛이 반짝이는 동그란 눈은 호기심과 경이감으로 들뜬 소년을 드러내고, 눈썹을 살짝 덮을 정도로 가지런히 내려온 머리카락, 노란 땡땡이가 흩뿌려진 하얀 상의와 선이 겹친 노란 바지는 섬세하면서도 세련된 소년의 감수성을 보여 준다. 반면에 오롯이 드러난 굵은 눈썹, 얼굴 중간까지 싹둑 자른 거친 머리카락, 문양이 없는 까만 바지는 소녀의 당당함과 고집스러움을 보여 준다. 또 일자형의 굵은 눈썹, 붉은빛이 감도는 옆으로 긴 눈, 꾹 다문 입술은 소녀의 의지를 표현한다. 이러한 모습은 글이 담아내지 못한 캐릭터를 확실하게 드러낸다.

황K의 작품에서 돋보이는 또 하나는 구성이다. 잘 짜인 단편 소설처럼 서두와 결말의 유기적 관계를 엿볼 수 있다. 그러나 유기적 구성이 모든 작품에서 효과적인 것은 아니다. 『꽃에서 나온 코끼리』는 성공적으로 보이지만 『아빠 얼굴』은 오히려 사족으로 느껴진다. 전자는 같은 의미의 글을 시간의 흐름에 따라 변용하고 그림 또한 마찬가지이다. 첫 장면에서는 꽃을 처음 만나는 소년이 등장하고 마지막 장면의 왼쪽 면에는 꽃 속으로 돌아가는 꽃끼리가, 오른쪽 면에는 첫 장면과 얼굴의 각도와 왼손만 다르게 그려진 소년의 배경에는 하늘이 시간의 흐름을 나타내는 듯 노을에 물들어 있다. 화면 구성과 색에 변용을 준 서두와 결말의 유기적 연결은 서사의 완결성을 높인다. 이러한 구성은 이 작품이 현실 - 상상 - 현실의 세계를 보여 주기에 더욱 효과적이다.

그러나 『아빠 얼굴』은 서두와 결말이 꼭 필요했는지 의심스럽다. 『아빠 얼굴』은 첫 장면에서 왼쪽 면은 글만 제시하고 오른쪽 면에 앉아 있는 아이들, 그 앞에 선생님을 그려 넣었다(그림 2). 유치원 건물이라고 하기에는 건물 오른쪽의 문과 계단이 가팔라 보이고, 지붕 위의 깃발을 보면 초등학교 건물이라고 하기에도 무리가 있다. 마지막 장면에서도 왼쪽 면에는 글, 오른쪽 면에는 첫 장면과 거의 유사한 그림이 제시된다. 다만 주인공으로 보이는 소녀가 친구들에게 그림을 보여 주고 있으며, 아이들의 모습, 지붕 위의 새, 구름의 수와 모양 등에서 미세한 차이가 있다. 처음과 마지막 장면의 글은 이야기를 열고 닫는 역할을 한다.

오늘은 집에 가서 아빠 얼굴을 그려 오세요.
선생님이 숙제를 내 주셨다.
'아빠 얼굴 그리기'.
있는 그대로 자세히 관찰해서 그리라 하셨다.

『아빠 얼굴』 첫 장면의 글

다음 날, 교실 앞으로 나가 내가 그린 그림을 보여 줬다.
"우아!" 친구들이 큰 소리로 박수를 쳐 주었다.
다음번엔 선생님이 엄마 얼굴 그리기 숙제를 내 주시면 좋겠다.

『아빠 얼굴』 마지막 장면의 글

인용문처럼 『아빠 얼굴』은 선생님이 숙제를 내 주시는 것으로 이야기가 시작된다. 소녀는 커다랗고 까만 점이 있는 아빠 얼굴 그림을 보여 주어 친구들의 박수를 받는다. 그리고 다음번에는 선생님이 엄마 얼굴 그리기 숙제를 내 주시면 좋겠다는 생각을 하며 이야기가 끝난다. 구성상으로는 서두와 결말의 연계가 긴밀하다. 그러나 서두 펼침면이

2

『아빠 얼굴』의 첫 장면과 마지막 장면.
『아빠 얼굴』©황K, 이야기꽃

없어도 이야기 시작에는 문제가 없다. 서두 첫 펼침면의 다음 장면에서 집으로 돌아온 소녀가 기쁜 마음으로 그림을 그릴 준비를 하고, 이어지는 장면에서는 숙제로 아빠 얼굴을 그릴 것이라는 이야기가 제시된다. 결말도 마찬가지이다. 소녀가 그린 아빠 그림을 보여 주자 아빠는 아이의 얼굴을 마구 비벼대고, 아이는 "아빠는 뭐가 그렇게 좋은 걸까?"라고 생각하는 장면, 마지막 펼침면의 앞 장면으로 끝났다면 더 좋았을 것이다. 박수 쳐 주는 친구들은 생략하고 독자의 상상에 맡겼다면 어땠을까? "아빠는 뭐가 그렇게 좋은 걸까?"라는 문장으로 끝났다면 작품 속에서 지속적으로 드러난 소녀의 궁금증과 이어져 소녀 캐릭터를 더욱 공고히 할 수 있었다.

작가는 왜 이 같은 서두와 결말을 만들었을까? 구성상의 완결성을 추구하려는 의지였을 수도 있고, 어쩌면 착한 어린이의 면모를 강조하고자 했을 수도 있다. 만약 후자라면 더더욱 지금의 결말은 다시 생각해 봐야 하지 않을까? 아빠를 있는 그대로 인정하는 일을 누군가에게 칭찬을 받기 위한 행동으로 해석할 수도 있고, 또한 실제 상황이라면 생각보다 많은 어린이들이 소녀의 걱정이 기우가 아니었음을 보여 줄 것이기 때문이다.

황K의 그림책에서 더 아쉬운 부분은 그림에서 드러나는 상투적인 표현이다. 인물 얼굴의 홍조가 그것이다. 『꽃에서 나온 코끼리』의 첫 장면에서 소년의 뺨에 나타난 홍조를 보면서 작가는 작중 소년만큼이나 섬세한 사람이라는 생각을 했다. 처음 보는 꽃을 발견하고 호기심으로 설렌 소년을 세심하게 표현했다고 여겼으나 모든 장면에서 빠지지 않았고 다른 두 작품의 모든 인물에서도 홍조를 보였다. 이쯤 되면 뺨의 홍조는 상투적인 표현이라고 볼 수밖에 없다. 상황의 맥락에 어울리지 않는 표현이 꼭 필요한지 생각해 봐야 하지 않을까.

어린이가 처음 접하는 책인 그림책은 교육과 불가분의 관계에 있다. 상상을 형상화하는 그림책을 놓칠 수 없다. 황K는 관찰에서 상상으로, 또 창의력으로 이어지는 과정을 자연스럽게 작품 속에 녹인다는 점에서, 또 대상을 정확하게 겨냥하여 독자가 충분히 이해하고 공감할 수 있는 작품을 생산한다는 점에서 특별하다. 그의 작품을 오랫동안 볼 수 있으면 좋겠다.

8장

생태 그림책에 나타나는 타자 윤리

이루리 글 · 배우리 그림의 『북극곰 코다』

『북극곰 코다』(ⓒ배우리, 북극곰, 2010)

1. 생태학적 인식과 타자 윤리

생태 문학으로서의 그림책에 대한 관심은 2000년대 들어 유년 문학 연구자들로부터 시작되었다. 그러나 생태 그림책 연구는 양적으로나 질적으로 미미한 실정이다. 연구 성과가 나타나기엔 시간이 짧았고, 생태 그림책 장르에 대한 개념이 정립되지 않았기 때문이다. 생태 문학이 무엇인지, 그 범위가 어디까지인지 구체적인 합의나 정의가 이루어지지 않았기에 고유의 특성을 온전히 갖춘 책을 만나기는 쉽지 않다.

훌륭한 생태 문학 그림책은 두 가지 측면을 고려해야 한다. 하나는 그림책 고유의 특성을 잘 형상화하는 것이다. 그림책은 글과 그림의 이중주가 하나의 이야기로 엮여야 한다. 즉 문학적 요소로서의 글과 예술적 요소로서의 그림이 다양한 방식으로 상호 작용하여 의미를 전달해야 한다. 마리아 니콜라예바는 그림책의 다양한 상호 작용을 그림만 있는 서사 텍스트로부터 대응, 보완, 확장 또는 강화, 병행, 대위적 그림책 등으로 유형화했다.[01] 문제는

---

[01] 마리아 니콜라예바 외, 서정숙 외 옮김, 『그림책을 보는 눈』, 마루벌, 2011, 35쪽.

그림이 어떠한 역할도 하지 못하고 단순히 장식적인 의미만을 지니는 경우이다. 이때 그림책이라는 특별한 장르적 특성은 사라진다. 김상욱은 우리 그림책의 한계를 "잘 쓰인 동화에 그림을 잇댄 것이 태반"이라고 진단했는데[02], 그림이 어떠한 역할도 하지 못하고 단순히 장식으로 남는 것은 아직까지 남아 있는 문제이다.

다른 하나는 문학 작품으로서 생태학적 인식을 타당하고 밀도 있게 형상화하는 것이다. 인간과 환경이 불가분의 관계에 있음은 주지의 사실이다. 특히 동심은 "그 자체가 또 하나의 자연"이고 "환경 생태적 세계관은 동화의 세계와도 일치"[03] 한다. 따라서 어린 시절은 생태학적 인식을 함양할 수 있는 최적의 시기이다. 그럼에도 생태 그림책을 표방한 많은 책들이 자연과학 영역의 생태계 관련 정보 전달에 치중하거나 자연의 아름다움을 그리는 데만 초점을 두고, 때로는 생태 질서를 왜곡하기도 한다. 이러한 그림책이 어린이의 바람직한 생태학적 인식 형성에 도움이 되지 않을 것은 자명하다.

생태학적 인식과 타자 윤리는 상통한다. 타자 윤리는 타자에 대해 책임을 져야 한다는 엠마뉘엘 레비나스의 사상이다. 타자 윤리에서 말하는 타자는 주체가 포섭할 수 없고 어떠한 수단으로도 지배할 수 없는 절대적 외재성을 지닌 존재다. 타자가 누구이든 관계없이 그의 절대적 다름을 인정하고 존중하여 그와 윤리적 관계를 맺을 때 '나'는 유한성을 극복하고 무한성으로 나아갈 수 있으며 비로소 주체성을 구성할 수 있다. 이러한 타자와 주체의 관계는 사르트르의 '대자'와 '즉자'의 개념과 근본적으로 다르며 부버의 상호적 인격 관계를 나타내는 '나'와 '너'의 개념과도 다르다. 타자 윤리에서 말하는 타자는 자아 밖에 존재하는 실재로, 환경적 물질세계로서의 타자, 인간 존재로서의 타인인 타자, 그리고 신으로서의 타자로 구분된다. 주체는 이 타자의 부름에 절대적으로 호응해야 한다.

이러한 타자 윤리는 유구한 서구 철학의 전통적인 주체 중심의 사고에 대한 문제의식에서 출발한다. 생태주의 또한 근대의 인간중심주의 사고에 대한 반성과 성찰에서 시작한다. 그 실천 형태로서 타자 윤리는 주체의 외재적 존재인 타자를 환대하고 섬기어 더불어 살아가는 세계를 지향하며 생태주의는 인간과 인간, 인간과 자연 등 모든 생물체가 유기적 관계 속에서 더불어 살아가기를 제안한다.

근대 이후 자연과 인간을 분리하며 자연을 착취의 대상으로 삼았던 인간 중심의 삶의 방식은 자연 파괴와 환경오염 같은 심각한 갈등과 문제를 야기했다. 파괴된 자연은 어떠한 과학 기술의 발전으로도 회복하기 어렵다. 작금의 생태 위기는 인간적 가치와 윤리의 상실로 귀결되고 있다. 이러한 때에 그동안의 자아 중심적 인간의 삶을 반성하고 타자와의 유기적인 관계 속에서 함께 살아가기를 지향하는 생태주의적 혹은 타자 중심의 윤리는 대안이 될 수 있을 것이다.

생태학적 인식을 밀도 있게 그리며 글 서사와 그림 서사 그리고 이 둘의 이중주로 만들어진 서사까지 세 가지 서사가 조화를 이룬 『북극곰 코다

---

02 김상욱, 「그림동화, 참 아름다운 세상」, 『숲에서 어린이에게 길을 묻다』, 창작과비평사, 2002, 91-92쪽.
03 김용희, 「어린이로 돌아가자 : 생태학적 상상력 탐구에 붙여」, 『디지털 시대의 아동문학』, 청동거울, 2005, 67-72쪽.

첫 번째 이야기 : 까만 코』(2010)[04]를 주목할 만하다. 『북극곰 코다』는 자연의 생명들이 서로에 대한 사랑으로 위기를 극복하는 생태학적 상상력을 보여 준다. 더불어 이러한 생태학적 인식 속에 서로가 서로를 섬기고 책임지는 타자 윤리를 형상화하고 있다. 이 그림책은 생태 그림책으로서 그림책의 수준을 한 차원 높였다는 점에서도 자못 의미가 크다.

2. 『북극곰 코다』, 책임의 타자 윤리

1) 요적(謠的) 형식의 글

『북극곰 코다』는 유리의 '그림은 글을 반복하지 않고 글은 그림을 반복하지 않는다.'라는 아주 엄격한 그림책의 정의에 부합하는 흔치 않은 책이다. 글 서사와 그림 서사가 서로 중복되지 않으며 각각의 이야기를 하다가 절정에서 통합되어 하나의 서사를 만든다. 이렇게 하나로 형상화된 이야기는 책임의 타자 윤리로써 현재의 생태 위기를 이겨내야 한다는 것을 보여 준다.

새하얀 북극곰 마을에 사냥꾼 보바가 나타나면서 이야기는 시작한다. 보바는 커다란 총을 들고 북극곰의 까만 코만 찾아다닌다. 까만 코는 하얀 눈 속의 북극곰 마을에서 새하얀 북극곰을 찾는 방법이다. 드디어 까만 코를 발견한 보바는 총을 겨누지만 두 개였던 까만 코가 하나밖에 보이지 않자 총을 내려놓는다. 아기 곰 코다와 눈 목욕을 즐기던 엄마 곰이 깜짝 놀라 코다를 끌어안았기 때문이다. 엄마 곰은 아기를 살려 달라고 기도하고, 아기 곰 코다도 엄마를 따라 기도하며 엄마의 크고 까만 코를 가려 준다. 때마침 눈보라가 날리기 시작하고 더 이상 까만 코는 보이지 않는다. 사냥꾼은 할 수 없이 총을 끌며 눈보라 속으로 사라진다.

『북극곰 코다』는 어린이 그림책에서 흔히 볼 수 있는, 엄마와 아기의 사랑으로 어려움을 이겨내는 이야기이다. 새로울 것이 없다. 하지만 신선하게 다가오는 것은 상징적인 그림 서사의 영향과 함께 글 작가 이루리의 세심한 글쓰기 방식에 힘입은 바 크다. 이루리의 독특하고 세심한 글쓰기 방식은 요적(謠的) 형식과 말의 유희라는 특징을 지닌다. 이 책에선 장면마다 하나 아니면 두 개의 긴 문장이 제시되지만 문장을 몇 행으로 나누어 기술하여 마치 동시를 읽는 듯한 느낌이다. 예를 들면 2쪽에 있는 글은 모두 한 문장이다. 그러나 이를 3행으로 끊고 한 행을 3어절씩 구성한다.

새하얀 북극곰 마을에
새까만 옷을 입은
사냥꾼 보바가 나타났어요.[05]

이처럼 책의 모든 문장은 3어절 혹은 4어절씩 행갈이 되어 노래 부르듯 쉽게 즐길 수 있다. 또한 본문의 각행 첫 음(ㅅ)의 반복과 '무시무시한', '너무

---

[04] 이루리가 쓰고 배우리가 그린『북극곰 코다 첫 번째 이야기 : 까만 코』는 2010년 북극곰에서 출간했다. 이후 2012년 1월에『북극곰 코다 두 번째 이야기 : 호』가 이루리 글, 엠마누엘레 베르토시 그림으로 출간되었고 이어 2012년 9월에 첫 번째 이야기를 엠마누엘레 베르토시가 다시 그린『까만 코다』가 출간되었다. 이 글에서는 자연과 문명의 대비가 선명하게 부각된 배우리 그림의『북극곰 코다 첫 번째 이야기 : 까만 코』(이하『북극곰 코다』로 칭한다.)를 기본 텍스트로 한다.

[05] 첫음절 자음을 굵게 해 놓은 것은 필자의 표기임을 밝힌다.

1, 2 북극곰 마을의 엄마 곰과 아기 곰 코다와 북극곰 사냥꾼 보바.
『북극곰 코다』ⓒ배우리, 북극곰

너무', '이리저리' 등의 반복어, '덩실덩실' 같은 의태어는 자연스러운 리듬을 형성한다. '새하얀', '새까만' 같은 시각적 표현과 쉬운 낱말의 사용은 어린이의 발달 특성을 세심히 고려한 그림책 글쓰기의 전형이다. 이러한 세심한 글쓰기 방식은 말의 유희를 통해서도 잘 드러난다. 책의 제목과 아기 곰의 이름, 북극곰의 코만 찾는 사냥꾼의 "코다"라는 외침은 모두 동일한 '코다'라는 낱말이다. 사냥꾼의 이름 '보바'는 바보를 거꾸로 표기한 것으로 사냥꾼의 어리숙함을 비유하였다. 작가가 얼마나 촘촘하게 글을 구성했는지 잘 드러난다. 이렇게 공을 들인 글은 어린 독자를 끌어들여 작가들(글 작가와 그림 작가)이 말하고자 하는 주제에 귀를 기울이게 하게 한다.

2) 현대 문명을 상징하는 그림

그림 서사는 이야기를 어떻게 풀어내고 있는가? 『북극곰 코다』의 그림은 색과 형상을 극히 절제하고 있다. 흰색과 푸른색, 검은색 외에 어떤 색도 사용하지 않고 곰과 사냥꾼, 발자국과 눈(雪) 외에 어떤 형상도 나타나지 않는다. 이처럼 절제된 색과 형상은 풍부한 상징을 함축하며 지금의 생태 위기의 본질적인 측면, 즉 자연과 인간의 관계에 오롯이 집중하게 한다.

이야기의 배경이 되는 눈 덮인 북극곰 마을은 흰 종이 그대로이고, 눈은 하늘을 푸르게 처리하고 나머지는 흰 여백을 남겨 표현했다. 엄마 곰과 코다는 흰 종이 위에 둥글둥글한 푸른 선으로 부드럽고 자연스럽게 최소한의 형태를 띠고 있을 뿐이다. 흰색이 순수와 순결을 뜻한다는 것은 주지의 사실이다. 푸른색은 무한한 공간의 영원성, 근본적이며 일반적이고 신선하고 순수한 그 어떤 것, 언어에 선행하는 것이라는 의미를 지닌다.[06] 그렇다면 그림 작가 배우리가 드러내고자 하는 북극곰 마을과 북극곰의 의미는 순수하고 근본적이며 영원한 자연과 그 속에서 자연과 하나인 생명체임이 분명하다.

이에 비해 사냥꾼 보바는 현대 문명을 상징한다고 볼 수 있다. 본질적으로 또 실재적으로 인간은 자연에 속한다. 그러나 털옷, 털장갑, 털 장화에 무기까지 지닌 인간은 반자연, 문명을 의미한다. 보바의 모습은 둥글둥글 곡선으로 표현된 북극곰과 달리 직선으로 형상화된다. 포용하고 감싸기보다는 나누고 잘라 내는 현대 문명의 특징을 보여준다. 모습도 우스꽝스럽다. 얼굴이 몸의 절반을 차지하고 눈(眼)은 손보다도 큰데다 눈, 코, 입의 균형도 맞지 않는다. 이름과 어리숙한 행동에 어울리도록 희화화한 것이지만 현대 문명의 특징 중 하나인 불균형한 모습을 의미한다고 볼 수 있다. 자연의 순수성과 영원성이 흰색과 푸른색으로 나타났다면, 여기서의 흑백은 밝음과 어두움이다. 문명을 의미하는 보바가 입은 흰색과 검은색 옷은 밝음과 어두움, 현대 문명의 긍정적인 측면과 부정적인 측면을 뜻한다. 즉 현대 문명의 이중성을 나타낸다고 볼 수 있다.

현대 문명의 특성은 근대 이후 인간이 타자를 대상화하고 착취함으로써 나타났다. 보바의 까만 옷과 소품, 총은 모두 그러한 과정을 통해 손에 넣은 것들이다. 여기에는 인간이 타자의 도움과 희생 없이는 한순간도 존재할 수 없으면서도 깨닫지 못한 채 지속적으로 타자와 자연을 탈취와 교화의 대상으로 삼는 '바보' 같은 존재라는 전언이 담겨 있다.

그림 서사는 이처럼 글이 이야기하지 않는 깊은 속내를 담아내면서 표면적으로는 충실히 글을 따라가며 대응(symmetrical) 관계를 이룬다. 그러나 글의 유형을 하나로 고정하기가 어려운 것처럼, 그림책의 글과 그림의 관계도 하나의 유형만 존재하는 것은 아니다. 『북극곰 코다』는 표면적으로는 글 서사에 대응하며 '사랑으로 위기를 극복하는 엄마 곰과 아기 곰'을 보여 주지만 심층적으로는 불균형하고 이중적인 문명의 폭력으로 위기에 처한 자연과 자연의 생명체를 형상화한다. 이러한 글과 그림의 이중주는 절정에서 통합된다.

3) 글 + 그림 = 그림책

모두 네 장면으로 전개되는 절정 중 세 장면은 엄마 곰과 코다가 끌어안은 채 '서로를 살려' 달라며 코를 가려 주는 장면이고, 마지막 장면은 엄마 곰과 코다 위로 눈이 휘날려 덮는 장면이다. 절정의 장면에서 작가들은 책임의 타자 윤리를 생태학적 상상력으로 풀어내며 주제를 드러낸다.

엄마 곰과 코다의 위기는 '사랑', 레비나스식으로 이야기하자면 '타자에 대한 책임'으로 해결된다. 엄마 곰과 코다가 서로의 코를 가려 주는 행위는 타자에 대한 책임의 실천으로 타자 윤리의 구현이다. 절정에서 엄마 곰은 코다를 온몸으로 끌어안으며 코를 가려 주고, 코다의 행위도 "두 손을 모아 엄마의 크고 까만 코를 가려 주었어요."라는 문장으로 기술되어 있다. 엄마 곰의 행위는 모성으로 쉽게 설

---

[06] 오세영, 『유치환(세계작가탐구 : 한국편 3)』, 건국대학교출판부, 2000, 171쪽.

명되지만 코다의 행동은 간단치 않다. 코다는 자신의 생태적 습성도 온전히 체득하지 못한 어린 곰이기 때문이다. 15쪽에서 20쪽에 이르는 장면을 보면, 눈밭을 구르며 목욕을 즐기다가 엄마가 까만 코를 벌름거리며 벌떡 일어나 "사냥꾼이다!"라고 외치지만 코다는 태평하다. 코다는 동물의 가장 기본적인 생태적 습성인 냄새로 다른 동물의 존재를 알아차리지 못할 정도로 어린 곰이다. 그런데 어떻게 엄마의 코를 가려 줄 수 있을까? "가려 주었어요."라는 말은 '가리다'라는 동사와 '주다'라는 보조 동사를 기본형으로 한다. '가리다'는 손이나 어떤 물체로 신체의 일부나 다른 물체를 보이지 않도록 감추거나 막는 것을 의미하고, '주다'는 연결 어미 '-어' 뒤에 쓰여, 다른 사람을 위하여 어떤 행동을 베푸는 것을 나타내는 말이다. 그렇다면 "가려 주었어요."는 코다가 의식적으로 엄마 곰의 코를 감추려 했다는 말이 된다. 어린 곰이 행하기에는 너무 의도적인 이 행위는 인식이나 판단 이전에 선행하는 타자에 대한 사랑이며 책임이라고 볼 수밖에 없다.

이렇게 상대의 부름에 호응하고 상대를 책임지는 타자 윤리는 나와 너, 인간과 다른 생명체, 인간과 자연으로 확장될 수 있다. 이 시대가 대면한 심각한 생태 문제는 현대인의 지배적 사고 틀이 되어 온 근대적 사고방식의 결과로 볼 수 있다. 레비나스는 "사유 중심적인 코키토의 윤리보다도 타자 중심적인 삶의 윤리"로의 전환을 요청한다. "인간은 이타적인 메시아의 심성을 본성적으로 지녔고 타자 윤리는 그런 보편적인 심성의 실천"이기 때문이다.[07]

그림을 통해 상징적으로 형상화되던 생태학적 상상력은 절정의 마지막에서 대미를 장식한다. 서로의 코를 가리고 있는 엄마 곰과 코다 위로 눈보라가 휘날리는 장면은 앞 장에서 설명된다. 코다가 "두 손을 모아 엄마의 크고 까만 코를 가려" 주자 "때마침 눈보라가 휘날리기 시작했어요."라고 기술하고 있다. 지금까지 침묵으로 일관하던 자연이 어떠한 목적을 가지고 움직이면서 북극곰을 숨겨준다. 이 장면은 자연의 초월적인 힘 앞에서 무기력한 현대 문명을 상징적으로 보여준다. 북극곰의 코를 놓친 보바가 "무거운 총을 질질 끌면서 눈보라 속으로 사라졌"다는 표현이 이를 뒷받침한다. 생태 위기를 불러온 자연과학적 세계관과 달리 생태학적 세계관에서 자연은 식물이 열매를 맺고 동물이 새끼를 낳듯 스스로의 목적을 위하여 움직이는 생명의 세계이다.

이 절정의 마지막 장면에서 자연은 북극곰을 살리기 위해 스스로 움직인다. 목적을 가지고 움직이는 살아 있는 자연, 그 자연과 생명체의 유기적 관계, 그 속에서 서로를 책임지는 생명체의 생태학적 상상과 책임의 타자 윤리를 이보다 더 잘 형상화할 수는 없을 것이다.

그런데 옥에 티라고 할까? 보바가 북극곰의 코 두 개를 발견하고 총을 겨누는 위기 장면은 아쉬움이 있다. 글과 그림은 어떠한 관계 유형을 따지기 이전에 어울리지 않는다. 반복되는 하얀 여백(북극곰 마을)이 식상할 즈음 나타난 새까만 바탕과 총구의 눈금 한가운데 조준된 북극곰의 까만 코는 단박에 시선을 모으며 북극곰의 위기에 몰입하게 한

---

07 윤대선, 『레비나스의 타자철학 : 소통과 초월의 윤리를 찾아서』, 문예출판사, 2004, 20쪽.

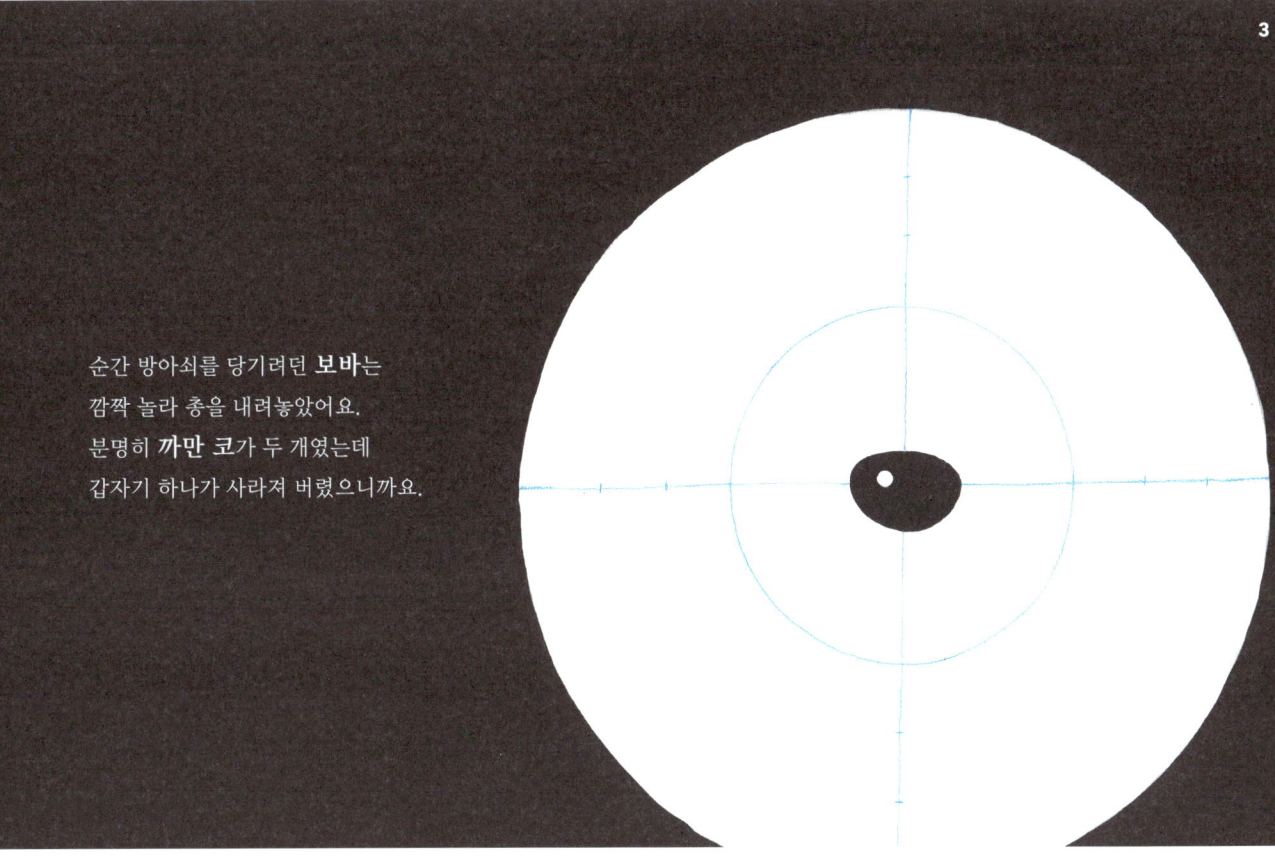

사냥꾼 보바의 총구에 조준된 북극곰의 까만 코.
『북극곰 코다』©배우리, 북극곰

다. 하지만 왼쪽의 글을 읽는 순간 팽팽한 긴장은 흐트러진다. 사격은 하나의 목표만 겨눌 수 있을 뿐인데, 사냥꾼이라는 말이 무색할 정도로 어리숙한 보바는 까만 코가 하나만 보인다고 당황하며 "총을 내려놓았"다고 기술하기 때문이다. 보바의 이러한 행동은 아마도 현대 문명의 어리석음을 드러내기 위한 장치일 것이다. 총이라는 무기의 특성도 모른 채 사용하는 보바나 편리와 폐해라는 문명의 이중성을 도외시한 채 눈앞의 편리만을 보고 달려 온 인간이나 어리석기로는 매한가지이다. 그러나 그런 의도를 십분 이해한다고 해도 이 장면의 글은

화사첨족이다. 이 장면의 글을 삭제하고 이 글을 다음 장면으로 옮긴다면(이 다음 장면의 글은 없어도 크게 무리가 없다.) 그림이 전하는 긴박감이 오랜 여운을 남기고 다음에 그려진 서사의 절정도 더욱 감동을 줄 것이다.

3. 나가며

그림책은 글과 그림, 그리고 둘의 조화로 주제를 형상화한다. 잘 형상화한 그림책은 문학성과 예술성, 효용성을 발휘한다. 『북극곰 코다』는 이러한

그림책의 전범으로 볼 수 있다. 『북극곰 코다』는 긴 문장을 몇 행으로 나누어 기술하는 등 세심한 글쓰기 방식으로 어린이의 흥미를 자극하고 즐겁게 몰입하게 한다. 또한 그림도 상징적인 선과 색, 형상으로 생태 위기를 보여 준다.

『북극곰 코다』는 이러한 글과 그림으로 배려의 생태학적 상상력과 책임의 타자 윤리로 풀어낸다. 위기의 순간에 엄마 곰은 아기 곰을 구하려 애쓰고 아기 곰도 본능적으로 엄마 곰을 지키려 애쓴다. 이때 자연은 생명을 구하기 위한 큰 움직임을 시작한다. 엄마 곰에서 아기 곰으로 다시 자연으로 이어지는 배려는 타자의 고통과 아픔에 응답하는 타자 윤리로 나아갈 수 있다. 『북극곰 코다』는 잘 조직된 글과 그림으로 독자로 하여금 인간과 자연의 관계를 되돌아보게 하고, 작금의 생태 위기를 극복할 수 있는 책임의 타자 윤리를 일깨워 준다.

"한국 아동문학이 모두 친환경 생태 문학을 지향하고 있다고 해도 과언은 아니다."[08] 이는 아동문학이 본성적으로 생태학적 인식을 바탕으로 하며 어린이의 생태적 감수성을 함양하기 위해 노력한다는 의미이다. 그렇다면 훌륭한 생태 그림책은 어떤 책인가? 첫째, 자연을 살아 있는 생명의 세계로 보고, 자연의 모든 생명체를 인간과 동일한 가치를 지닌 존재로 인정하며 진정한 생명중심주의로 나아가야 한다. 둘째, 자연을 섬세하고 정확하게 묘사해야 한다. 대상에 대한 정확한 이해는 관계 맺기의 첫걸음이다. 지나치게 아름답고 순박한 자연의 모습은 숨어 있는 자연의 야생성을 간과하게 하고 그릇된 관계를 맺게 하기 쉽다. 셋째, 『북극곰 코다』와 같이 풍부하게 변주될 수 있는 언어와 이미지 속에 생태학적 인식을 형상화하고 대안을 제시해야 한다. 마지막으로 '글과 그림의 조화로운 공생'이라는 그림책 고유의 특성이 살아 있어야 한다. 유리 슐레비츠가 말한 것처럼 글은 그림을, 그림은 글을 반복하지 않으며 서로를 보완하고 완성해야 한다. 물론 오늘날의 그림책처럼 글 없이 그림으로만 이야기를 전달하는 경우 그림이 서사를 이루고, 다양하게 변주할 수 있을 때 좋은 그림책이라고 할 수 있다.

어린 시절 풍부한 감수성으로 자연을 내면화하면 성인이 되어서도 타고난 생태적 감수성을 일깨울 수 있다. 생태적 감성으로 인간과 자연이 동화되고 모든 생명과 공유하는 삶의 태도는 자연스럽게 다음 세대에게도 이어져 생태적 선순환 구조가 형성될 것이다. 그 속에서 생태적 유토피아를 꽃피울 것이다. 이 과정에서 생태 그림책이 제 몫을 해내리라 믿는다.

---

[08] 신현득, 「자연환경과 아동문학」, 『월간문학』, 한국문인협회, 2010년 9월호, 317쪽.

포스트모던하게 이야기하기

박연철의 『피노키오는 왜 엄펑소니를 꿀꺽했을까?』

『피노키오는 왜 엄펑소니를 꿀꺽했을까?』
(ⓒ박연철, 사계절, 2010)

1. 포스트모던 그림책

여느 문학 영역이 그렇듯 그림책 또한 생성된 시대에 존재 기반을 두고 있다. 현대사회는 컴퓨터와 인터넷을 기반으로 물리적 시공간을 넘나들며 세계를 동시적으로 소비한다. 마리아 니콜라예바는 우수한 아동도서의 번역이 일반화된 상황을 가리켜 "아동문학은 하나의 국제적인 현상"[01]이라고 한 것은 단순히 번역만을 의미하는 것은 아니다. 글과 그림, 그리고 주변 텍스트와의 관계 속에서 완성되는 그림책은 상대적으로 적은 글과 세계 공통의 기호라는 그림의 유연성으로 인해 더욱 쉽고 빠르게 지구촌에서 소비된다. 그 때문에 그림책은 지구촌의 사회·문화적 흐름과 보다 직접적으로 관련되어 있다.

최근 포스트모더니즘이라고 불리는 현대 사회의 특성을 반영한 그림책들이 출판되면서 이에 대한 논의도 활발해졌다. 성인 문학에서 포스트모더니즘 담론은 광풍처럼 불고 지나간 이론이지만

---

01 마리아 니콜라예바, 조희숙 외 옮김, 『아동문학의 미학적 접근』, 교문사, 2009, 295쪽.

그림책의 영역에서는 이제 개화하는 듯 보인다.[02] 2000년대 후반에 시작된 포스트모던 그림책 연구는 다양한 측면에서 이루어지고 있다. 그러나 서구의 그림책을 대상으로 어린이의 반응과 교육적 측면, 일러스트레이션에 대한 것이 연구의 주를 이루고 있어 우리 그림책 연구와 문학 연구의 측면에서 본다면 한계가 있다. 발전을 거듭하고 있는 우리 그림책을 더욱 알차게 다지기 위해, 또 다양성을 위해 이 시대의 사회·문화를 가장 잘 드러내는 포스트모더니즘이라는 분석 도구로 문학적 측면에서 우리 그림책을 연구하는 작업이 필요하다.

박연철은 2006년 첫 그림책 『어처구니 이야기』를 시작으로 2007년 『망태 할아버지가 온다』, 2010년 『피노키오는 왜 엄펑소니를 꿀꺽했을까?』, 2013년 『떼루떼루』, 2015년 『진짜엄마 진짜아빠』까지 글과 그림을 함께 작업한 5권의 책을 냈다. 그의 첫 작품인 『어처구니 이야기』는 비룡소 황금도깨비상을 수상했고, 두 번째 작품 『망태 할아버지가 온다』는 볼로냐 라가치 올해의 일러스트레이터(픽션 부문)로 선정되었다. 2015년에는 『떼루떼루』로 볼로냐 라가치 뉴 호라이즌 부문 우수상(special mention)을 수상했다.

이 책들은 어처구니, 문자도, 꼭두각시놀음과 같은 전통 소재와 넝마주이, '지금 내 부모는 가짜다(난 다리 밑에서 주워 왔다).'와 같은 민간의 전래 이야기를 소재로 한다. 지역성이라는 한계에도 세계적으로 인정받은 것은 작가의 서사 전략에 있다고 생각된다. 박연철이 사용한 포스트모던적 서사 전략은 작품에 지역성을 넘어서는 현대성(contemporary)[03] 곧 21세기 사회의 문화적 특성을 부여한 것으로 보인다. 『떼루떼루』에 대해 2015년 라가치에서 "한국의 전통적인 이야기 방식을 현대적으로 표현"[04] 했다고 평한 것처럼 박연철은 전통과 현대의 조화 속에서 독창적인 작품 세계를 구축하였다.

이 글은 박연철의 "한국적인 것을 현대적으로 표현"하는 서사 전략을 『피노키오는 왜 엄펑소니를 꿀꺽했을까?』를 통해 규명하고자 한다. 이 그림책을 선택한 것은 박연철의 포스트모던적 특징을

---

[02] 최근 서구의 이론가들 사이에서 탈이론 논쟁이 활발하다. 페리 노들먼은 탈이론에 대한 찬반론을 정리하며 탈이론의 시대라고 주장하는 사람들조차 그 주장을 관철하기 위해 이론적인 생각을 한다고 간파하곤 흥미롭게도 지금은 이론 이후의 이론의 시점이라고 말한다. 그는 이론 뒤에 오는 것은 재사고된, 변형된, 풍부해지거나 줄어든 이론이라고 한다. (Perry Nodelman, "What are we after? Children's Literature Studies and Literary Theory Now." Canadian Children's Literature 31.2, 2005, 1-19쪽.) 마리아 니콜라예바 또한 문학의 이론은 맞거나 틀린 것이 아니고, 어느 이론이 다른 이론보다 나은 것도 아니며, 어느 이론도 궁극적 답일 수는 없지만, 이론은 우리가 무엇을 왜 하느냐에 대한 결정적인 질문의 집합체이기에 이론 없이는 적용도 없다고 말한다(조희숙 외 옮김, 『어린이 문학에 나타난 힘과 목소리, 주체성』, 교문사, 2012, 6-14쪽). 이론이 필요하지 않다고 하기 위해 이론이 필요하듯 이론이 문학 연구자들에게 적절한 분석 도구를 제공한다는 것은 이론의 여지가 없다. 때문에 지금 뜨거운 이론이든 아니든 작품을 더 풍부하게 볼 수 있는 적절한 이론에 기대어 작품을 분석하는 것은 중요하다.

[03] 이 글에서는 contemporary를 현대성이라고 말한다. 그러나 이 용어는 주어진 한 시점을 기준으로 '당대'나 '동시대'를 의미하기도 한다. 포스트모더니즘과 관련하여 이 용어를 쓰는 경우 당연히 20세기 중엽부터 예술이나 문화 또는 사회에 걸쳐 지배적으로 나타난 현상을 가리킨다. 그러나 포스트모던은 시대적 구분만을 의미하는 것이 아니라 특정한 가치를 기술하기 위해 사용된다. 다르게 말하면 현대의 각기들이 모두 포스트모던에 포섭되지는 않는다는 말이다(김욱동, 『포스트모더니즘의 이론』, 민음사, 1992, 30-41쪽). 이 글에서 논의하는 박연철은 contemporary와 postmodern에 정확하게 포섭되는 작가이다.

[04] 『떼루떼루』 라가치 심사평: "This book is a contemporary representation of a traditional Korean storytelling method. With careful attention to composition, balance, color and texture, 'Teru Teru' features photographic vignettes that create a theatrical mise en scène." Sohn JiAe, 「Korean picture books win Ragazzi awards」, http://www.korea.net/NewsFocus/Society/view articleId = 125411(Feb 24, 2015)

집약적으로 보여 주기 때문이다. 박연철의 그림책은 작품마다 정도의 차이는 있지만, 기본적으로 선행 텍스트를 환기시키는 패러디 기법을 후경으로 깔고 메타픽션 전략을 전방위적으로 배치하여 포스트모던적 현대성을 지향한다. 그중에서도 『피노키오는 왜 엄펑소니를 꿀꺽했을까?』는 탈정전화, 비선형성, 경계 넘기, 혼성성, 자기 반영성, 유희 등과 같은 포스트모던적 특징이 뚜렷하게 나타난다. 여기서는 이러한 특징을 형상화하는 그의 서사 전략을 고찰한다.

2. 포스트모던하게 이야기하기

『피노키오는 왜 엄펑소니를 꿀꺽했을까?』의 선행 텍스트는 조선 시대 왕실에서 시작되어 민간으로 널리 퍼진 '효제문자도'[05]이다. 효제문자도는 사람이 지켜야 할 여덟 가지 도리, '효제충신예의염치(孝弟忠信禮義廉恥)'라는 문자 각각에 관계있는 고사나 설화의 상징물을 그려 넣은 문자 그림으로, 대개 장식 병풍 그림으로 그려졌다. 박연철은 효제문자도를 새롭게 구성해 각 문자와 관련된 대표적인 고사를 패러디한 이야기 여덟 편을 속 이야기로 안고, 내기를 제안하는 서술자가 등장하는 겉 이야기를 구성해 병풍 책을 만들었다. 이처럼 내용뿐만 아니라 외형 또한 독특한 이 책은 포스트모던 서사 전략을 취하고 있다. 여기서는 크게 세 가지, 실험적인 구성 전략인 이중 액자 구성, 경계 넘기 전략으로 강조한 그림의 선형성과 조형성, 그리고 자기 반영 전략으로 적용한 서술자의 개입과 논평 삽입, 미장아빔(Mise-en-abyme)을 살펴본다.

1) 실험적 구성 전략 : 이중 액자 구성

현대 인쇄 기법의 발달은 그림책의 발달을 이끌었다. 최근 자주 언급되는 포스트모던적 특징을 드러내는 그림책은 대부분 인쇄 기술의 혜택을 입었다고 볼 수 있다. 『피노키오는 왜 엄펑소니를 꿀꺽했을까?』는 물질적 특징에서 이 부분을 역행하는 면이 있다. 바로 병풍 책이기 때문이다. 가로 3644mm, 세로 304mm의 긴 종이를 접어 병풍으로 만들려면 일일이 수작업을 해야 한다. 책값이 비싸지는데도 불구하고 이를 실행한 이유가 궁금하지 않을 수 없다. 우선 선행 텍스트, 즉 옛 문자도 병풍의 형태를 원한 것으로 보이지만, 그렇게만 보기에는 책의 구성이 실험적이다.

표 1은 책의 구성을 도식화한 것이다. 이 책은 이중 액자 구성으로, ①과 ④의 겉 액자 안에 ②와 ③이 들어 있고 다시 속 액자 ② 안에 '효제충신예의염치'에 대한 속 이야기가 들어 있다. 가장 두드러지는 것은 전반적인 서사가 드러나는 ②이다. 그러나 가만히 살펴보면 ③이 이상하다. 펼침 1면에 작가의 얼굴을 합성한 피노키오가 서 있고, 몸통 부분에 왜상 기법[06]으로 "엄펑소니란 의뭉스럽게 남

---

[05] 유홍준에 의하면 효제문자도의 '효제충신예의염치' 여덟 자는 이 땅의 사회·정치·문화에 유학이 영향을 미치면서부터 사회 윤리로 자리 잡게 되는데, 유학을 통치 이념으로 한 조선 사회에 들어 그 의미가 더욱 강화되었다(25쪽). '효제문자도'를 비롯한 문자도는 궁중이나 사대부가의 장식 병풍에서 민화 형식으로 수요가 확대되며 19세기 들어 민간에 널리 퍼졌다(66쪽). 유홍준 글·사진, 『문자도』, 대원사, 1993.

[06] 아나모포시스(anamorphosis)라고도 하는데 상의 형태를 비틀어 놓아 특정한 위치에서 보아야 정상적인 모습으로 비치게 그리는 기법을 말한다. 대표적으로 한스 홀바인이 〈대사들〉에서 해골을 그린 기법이 여기에 속한다.

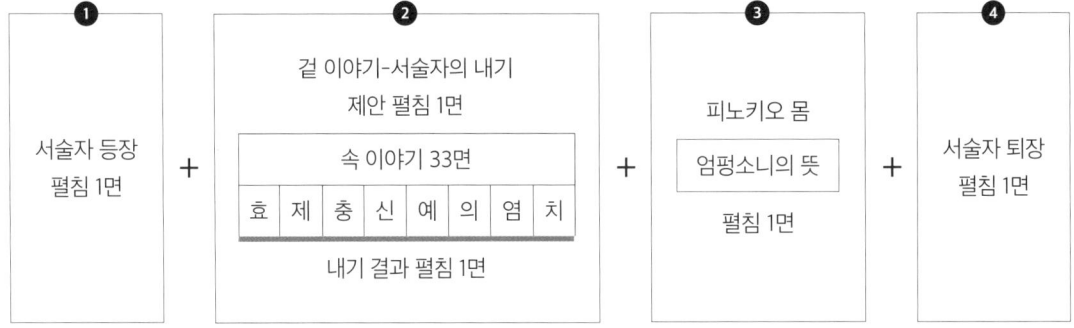

1 책의 구성

을 속이는 짓을 말해."라는 문장이 써져 있다. 엄펑소니의 뜻을 설명하고 있는데, 보통의 경우 ②의 겉 이야기에서 서술자의 내기 제안과 내기 결과가 나왔으니 서사는 종결되고 ③은 부록처럼 맨 마지막에 놓인다. 이 책도 ①과 ④를 빼면 실제 이야기인 ②와 독자의 궁금증을 해소하기 위해 덧붙이는 ③으로 이루어지는 일반적인 구성이 된다. 그런데 굳이 내용상 특별한 역할을 하지 않는 ①과 ④를 넣었다는 것은 ③을 부록으로 넣고 싶지 않았다는 말이 된다. 즉 이 책은 중심 이야기로 보이는 ②만큼이나 ③이 중요하고 조금 더 나아가면 ②는 ③을 위한 도움닫기일 수도 있다.

왜 이런 구성을 취했는지, ③을 부록으로 빼지 않고 ①과 ④의 겉 액자 안의 속 이야기로 넣었는지 살펴보자. 먼저 ③의 피노키오와 유사한 피노키오가 표지부터 지속적으로 등장하고 있음을 주목해야 한다. 피노키오의 의미와 역할, 배치 의도를 파악해 다른 구성 요소와의 관계 속에서 해명해

야 한다. 그럼으로써 이러한 구성이 가진 의미뿐만 아니라 이 작품이 궁극적으로 의도하는 바를 알 수 있을 것이다.

코가 긴 피노키오는 거짓말쟁이의 대명사다. 코가 긴 피노키오는 박연철의 다른 작품에서도 인물의 거짓말을 반영하는 상징물로 등장한다.[07] 박연철은 블로그 글에서 자신의 페르소나가 피노키오라고 밝힌 적이 있다.[08] 이는 거짓말을 상징하는 피노키오가 작가의 분신임을 의미한다.

『피노키오는 왜 엄펑소니를 꿀꺽했을까?』는 표지에서부터 피노키오가 등장하는데, 속 액자 ②의 효제문자도 이야기에서 서술자가 각 문자의 의미를 전도하여 들려줄 때마다 그림 속에 숨어 있다. 따라서 이 피노키오는 글의 의미가 거짓을 말하는 것으로 볼 수 있다. ③에는 피노키오의 상체에 엄펑소니의 의미가 은폐되어 있다. 피노키오의 코가 길면 이 글은 믿을 수 없다. 그러나 유일하게 ③에 나타난 피노키오는 앞선 피노키오와 달리 합성된 긴

---

[07] 『망태 할아버지가 온다』(시공주니어, 2007)와 『진짜엄마 진짜아빠』(Ncsoft, 2015)에서 거짓말을 상징하는 코가 긴 피노키오가 등장한다. 그러나 이 피노키오들은 작가의 얼굴을 하고 있지는 않다.
[08] 박연철, 『진짜 엄마 진짜 아빠 2』, https://blog.naver.com/daymoon70/220356373644(2015. 5. 11.)

코가 없다. 즉 ③의 피노키오는 거짓말쟁이가 아니기에 이 글은 믿을 수 있다는 뜻이다.

이것이 중요한 이유는 서술자의 내기 제안 때문이다. 서술자는 이기면 커다란 엄펑소니를 주겠다고 했는데, ③에서 피노키오의 상체에 나타난 글을 보면 엄펑소니는 남을 속이는 짓을 의미하기에 서술자가 주겠다고 한 엄펑소니는 그 자체가 독자를 속이는 거짓이 된다. 또 속 액자 ② 효제문자도 이야기의 존재 근거가 되는 겉 이야기(서술자의 내기 제안과 결과를 보여 주는 이야기)가 거짓된 내기에서 시작된다는 것은 액자 속 이야기가 거짓이라는 뜻도 된다.

작가는 펼침면 그림마다 피노키오를 지속적으로 등장시킴으로써 자신의 의도를 드러낸다. 즉 코가 긴 피노키오를 반복적으로 배치하여 효제문자도 이야기가 거짓임을 암시하고, 나아가 메타픽션적 장치로써 하나의 대안적 리얼리티 즉 놀이라는 성격을 강화한다. 그 때문에 ③을 부록으로 빼지 않고 ①과 ④의 열고 닫는 장치를 동원해 이야기 안에 포함시킨 것이다.

작가의 의도를 빌려 표현한다면 엄펑소니한 이야기를 엄펑소니하게 한 것으로 보인다. 그러나 여전히 속 액자 ②에 등장하는 피노키오에 대한 해석은 부족하다. ③만 있다면 굳이 속 이야기에서 피노키오가 지속적으로 숨바꼭질하듯이 출현할 필요가 없다. 작가의 블로그에 맥거핀 효과에 대한 글[09]이 있다. 서술자는 독자를 유인하듯 직접적으로 내기를 제안하며 글을 시작하지만, 사실 ②의 효제문자도 이야기는 너무나 뻔한 거짓말을 동일한 패턴으로 반복하여 들려준다. 독자의 흥미를 끝까지 유지하기 위해서는 내기를 지속할 장치가 필요하다. 그것이 맥거핀 효과를 주며 놀이하듯 출현하는 피노키오이다. 표지에서부터 나타난 피노키오는 속 이야기에서 서술자가 거짓말을 할 때마다 그림 어딘가에 숨어 있다. 처음엔 그냥 지나치기 쉽지만 반복하여 등장함으로써 독자의 관심을 끌고, 마침내 독자는 찾기 놀이를 하듯 페이지를 넘기게 될 것이다. 다양한 오브제를 배치해 낯설지만 경쾌하게 조합한 그림도 놀이의 큰 즐거움을 준다.

작가는 이런 실험적인 구성을 통해 궁극적으로 드러내고자 한 것은 무엇일까? 효제문자도 이야기를 들려주는 것은 아닌 듯하다. 혹자는 이 책을 우리 전통문화를 다룬 지식 그림책으로, 문자도에 담긴 고사와 설화를 놀이하듯 자유롭게 재구성해 풍자 코드로 들려준다고 평한다. 문자도라는 우리의 전통문화를 차용한 것은 맞지만, 전통문화를 전도하여 들려주고 있기 때문에 적절한 평이라고 보기는 어렵다. 또 풍자의 주된 속성을 공격성이라고 할 때, 이 책의 코드는 선의의 웃음을 유발하여 풍자보다는 유희가 적절한 것으로 보인다. 요컨대 작가는 그림책에서는 드문 이중 액자라는 실험적인 구성을 취해, 일반적으론 부록으로 빼 간과하는 진실을 말하는 피노키오를 속 액자 이야기에 포함하여 서술자의 내기 제안이 거짓임을 드러낸다. 또한 거짓을 상징하는 피노키오를 표지부터 지속적으로 등장시켜 속 액자의 속 이야기가 거짓임을 보여 주며 작품의 유희성을 강화한다.

이 같은 전략으로 작가는 속 액자 속 효제문자

---

[09] 박연철, 『피노키오는 왜 엄펑소니를 꿀꺽했을까? 3』, https://blog.naver.com/daymoon70/114633779(2010. 12. 20.)

도 이야기를 탈정전화하면서 작품의 유희적 성격을 강조한다. 독자가 놀이하듯 재미있게 책을 읽도록 하는 것이다. 효제문자도와 같은 정보는 그가 닿고자 하는 곳으로 가는 수단이자 놀이 과정에서 얻는 부산물이다.

2) 그림의 경계 넘기 전략 : 선형성과 조형성

일반적으로 글은 선형성과 인과성을, 그림은 전체성과 확산성을 특징으로 한다. 이를 바탕으로 그림책의 글은 시간의 흐름을, 그림은 공간의 변화를 보여 주며 고정(혹은 정박, anchoring)과 중계(혹은 지연, relaying)로 서로가 서로를 보완하며 최종적인 의미를 만들어 간다. 이렇게 글과 그림의 상호 작용 관계를 "분리될 수 없는 하나의 단위 작용"[10]으로 보는 것이 아이코노텍스트(iconotext)로서의 그림책이다.

박연철은 아이코노텍스트로서의 그림책의 글과 그림의 관계 양상에 주의를 기울이는 작가이다.[11] 『피노키오는 왜 엄펑소니를 꿀꺽했을까?』는 아이코노텍스트로서의 글과 그림의 관계가 미미하다. 글만으로 서사가 완결되기 때문이다. 한편 그림은 그림책에서 그림이 담당하던 전통적인 역할을 넘어서 두 가지 역할을 하고 있다.

첫째 글이 맡아 왔던 서사의 선형성을 그림이 담당한다. 속 액자 속 효제문자도의 여덟 가지 이야기는 분절된 채 동일한 패턴으로 반복된다. 이는 각 문자에 얽힌 이야기를 나열한다는 태생적 특성에서 기인한다. 하지만 서술자가 이야기를 들려준다고 했으므로 이야기를 기대하던 독자는 속 이야기 33쪽을 넘길 동력을 상실하기 쉽다. 그림이 그 동력을 마련한다. 그림이 서사의 진행을 유도하는 것이다. 이를테면 형제가 두들겨 맞든 말든 모르는 척하는 착한 마음을 제(悌)라고 하는 제자도(悌字圖)에서 그림은 사나운 물수리 사이에서 떠는 동생을 나몰라라 하고 도망치는 형을 보여 준다. 그림의 상단을 보면 형이 나가는 문밖으로 오른쪽에 화살표가 있고 하단에는 비상구를 뜻하는 픽토그램이 색과 방향 등을 변용해 오른쪽으로 나열돼 있다. 이처럼 그림은 이야기의 진행 방향으로 독자를 이끌어 책장을 넘기게 한다. 비선형적으로 반복되는 글의 선형성을 그림이 대신하는 것이다.

둘째, 이 책의 그림은 독자성을 주장하듯 조형성을 강조한다. 그림책의 그림은 글 서사의 한순간, 긴장과 불균형의 한순간을 보여 주고 또 앞뒤로 이어진 다른 그림과의 관계 속에서 존재한다. 이는 조형성을 기반으로 미적 완결을 추구하는 시각 예술로서의 그림과 크게 차별되는 부분이다. 물론 이 책의 그림은 기본적으로 인물이 등장하며 글의 선형성을 대체하니 글과 완전히 분리되지는 않는다. 그러나 아이코노텍스트로서 글과 유기적인 관계를 맺기보다는 글과 그림 속 이미지 간의 부조화와 모호성을 추구한다. 특히 각 화면 속 다양한 이미지들이 이질적으로 결합되어 만들어 내는 혼성성이 두드러진다. 그림은 알프레드 히치콕, 병마

---

10 현은자 외, 『그림책의 그림 읽기』, 마루벌, 2004, 37쪽.
11 박연철은 자신의 블로그에 그림책 제작 과정 및 관심 분야를 기록하고 있는데, 「아이코노텍스트(iconotext) 1·2」를 비롯해 『어처구니 이야기』, 『망태 할아버지가 온다』, 『피노키오는 왜 엄펑소니를 꿀꺽했을까?』 등과 관련해서도 아이코노텍스트에 대한 그의 관심과 실험을 알 수 있다.

제자도(悌字圖)의 두 번째 그림. 아래쪽 비상구 이미지에서 피노키오를 발견할 수 있다.
『피노키오는 왜 엄펑소니를 꿀꺽했을까?』©박연철, 사계절

3, 4 정의의 여신과 <행복한 눈물>의 결합. 의자도(義字圖) 펼침 1면과 유성기와 손의 결합. 효자도(孝字圖) 펼침 1면.
『피노키오는 왜 엄펑소니를 꿀꺽했을까?』ⓒ박연철, 사계절

용, 스페이드 킹, 국회의사당 등의 사진과 마그리트의 <겨울비>와 <백지 위임장>, 다빈치의 <비트루비우스 비례>, 리히텐슈타인의 <행복한 눈물>, 김홍도의 <서당> 등 매우 다양한 오브제[12]를 이용한 콜라주 기법이 주를 이룬다.

예를 들어 의자도(義字圖)는 오른손에는 칼을, 왼손에는 저울을 들고 있는 정의의 여신과 리히텐슈타인의 <행복한 눈물>이 결합되어 있다. 안대를 한 단호하고 엄숙한 정의의 여신 얼굴 대신 눈물을 흘리며 웃는 붉은 머리의 여인이 있다. 이지적이고 단정한 형태를 명암에 의해 구축한 신고전주의 화풍의 신체에 팝 아트적인 얼굴을 결합하여 형식상 이질적이고 의미상 모호하다. 또 효자도(孝字圖)에는 지시하는 손가락과 결합한 유성기가 나타나고, 신자도(信字圖)에는 우리나라 고지도를 배경으로 한 동해 바다 위에 '박연철 만세'라는 한자 오브제를 배치하였다. 의자도(義字圖)에서 의(義)와 정의(正義)로 연결되던 의미의 조합이 효자도와 신자도의 오브제에서 관계성이 더욱 멀어진다. 요컨대 이 책의 그림은 글과의 의미 연결이 미약하고, 같은 화면의 다른 오브제와도 의미적으로 또 형식적으로 부조화하며 혼성적이다. 그러나 그림 자체의 조형성으로, 이를테면 오브제의 형태와 크기, 색, 무게 중심, 전체 구도 등에서 조화를 이룬다.

작가는 이 같은 그림을 통해 첫째, 같은 패턴으로 반복되는 글의 식상함을 상쇄하며 흥미를 유발하였다. 낯선 조합이 만들어 내는 혼성성으로 말미암아 독자는 놀라움과 호기심 속에서 텍스트에 흥미를 느끼게 되는 것이다. 둘째, 호기심과 흥미로 인해 독자는 오브제를 다시 살펴보며 해석을 위해 자신의 지각과 인식을 활성화할 수밖에 없다. 그림과 글의 의미 연결이 미약하고 모호하기에 독자는 자신의 배경지식을 바탕으로 그림을 읽어 가며 해석을 위해 텍스트와 놀이를 벌이게 된다. 셋째, 이 과정에서 텍스트는 다양한 해석이 가능하기에 독자를 자극하고 격려한다. 독자는 자신의 배경지식에 따라, 또 초점을 어디에 두느냐에 따라 다양한 해석을 할 수 있다.

3) 자기 반영 전략 : 서술자의 개입, 논평, 미장아빔

자기 반영성은 텍스트가 "텍스트 자신이나 그 제작자 또는 독자를 지시하는 능력"[13]을 가리킨다. 로버트 스탬(Robert Phillip Stam)이 주장하듯, 모든 예술은 환영주의(illusionism)와 자기 반영성(reflexivity) 사이의 긴장 관계를 통해 발달해 왔다[14]. 예술적 재현은 스스로 '현실'임을 자처할 수 있고, 스스로의 지위를 솔직하게 시인하기도 하기 때문이다. 환영적 예술이 재현을 실체라고 주장한다면 자기 반영적 예술은 가면성(~인 체하기)에 주의를 기울여 그 인공적 성격을 환기시킨다. 이러한 자기 반영적 예술은 스탬의 주장에서도 드러나듯 예술 자체만큼이나 오랜 연원이 있다. 모더니즘에서의 자기 반영성이 "재현을 손상 및 탈인간화시키는 예술"을 말한

---

12 이를 혼성 모방이라고 불리는 패스티시(pastiche)로 볼 수도 있다. 그러나 패스티시가 목적의식 없이 다른 작품들의 요소를 단순 모방한다면, 이 책에서 사용한 이미지는 본래의 의미나 용도에서 분리되어 상징적 의미나 기묘한 효과, 낯선 즐거움을 유발한다는 점에서 오브제이다.
13 허정아, 『트랜스 컬처를 향하여』, 연세대학교 출판부, 2006, 105쪽.
14 로버트 스탬, 오세필·구종상 옮김, 『자기 반영의 영화와 문학』, 한나래, 1994, 14-17쪽.

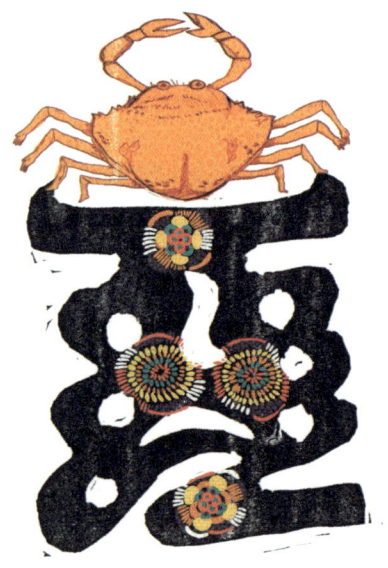

5, 6 염자도(廉字圖)의 염과 신자도(信字圖)의 신 문자도.
『피노키오는 왜 엄펑소니를 꿀꺽했을까?』ⓒ박연철, 사계절

다면, 포스트모더니즘에서의 그것은 재현으로서의 예술, 즉 "투명성 및 현실 모사성 개념들"에 부정하는 것을 핵심 개념으로 한다.[15] 포스트모더니즘은 나라마다, 학자마다 '인공물로서의 소설의 지위', '소설에 관한 소설', '자기 지시성', '텍스트적 자기 인식' 등으로 불리며 의미 맥락에서 조금씩 차이가 있지만, 그 모든 의미에는 자기 반영성이 내재한다.

『피노키오는 왜 엄펑소니를 꿀꺽했을까?』는 선행 텍스트인 문자도를 표면에 내세운 것에서도 드러나듯 스스로의 인공성에 주의를 기울이게 하는 자기 반영의 서사 전략이 두드러진다. 그중 대표적인 세 가지는 내기를 제안하는 서술자의 개입, 논평 삽입, 미장아빔(mise-en-abyme)이다. 이 장치들은 하나하나가, 또는 서로 어우러져 예술적 재현으로서의 작품의 위상을 부정하며 독자의 몰입을 방해한다. 독자로 하여금 끊임없이 텍스트의 진위(서술자의 이야기)를 의심하게 하고 이야기에서 한 발짝 떨어져 그 작위성을 상기하게 하는 한편 이야기로부터 멀어진 거리를 놀이하는 즐거움으로 상쇄하는 것이다.

속 액자에 등장해 이야기를 시작하는 서술자는 독자를 상대로 내기를 제안한다. 지금부터 들려줄 이야기에 거짓이 있으니 속으면 지는 것이고, 속지 않으면 이긴 것이니 엄펑소니를 주겠다고 한다. '들려줄 이야기에 거짓이 있다.' 이 자체로 이야기의 환영성은 의심받게 되고 독자는 의아함과 주저

---

15 로버트 스탬, 앞의 책, 17-18쪽.

함 속에서, 한편으로는 호기심 속에서 서사를 읽어 나가게 된다.

서술자는 이야기의 중간에 다시 등장해 속았는지 안 속았는지를 확인하며 내기를 지속하도록 독자를 격려한다. 이 부분은 지면 구성상의 필요로 만들어졌다고도 볼 수 있다. 병풍이 책으로 구성되는 과정에서 이야기가 앞면에서 뒷면으로 넘어갈 때 매개되는 1면이 나타날 수밖에 없다. 이 면에 펼침 2면으로 구성된 문자도 이야기를 넣는다면 전체 구성이 흐트러지기에 내기를 계속하도록 고무하는 서술자가 등장하는 1면을 넣었다고 볼 수 있다. 이렇게 서술자를 등장시킴으로써 이야기의 작위성을 다시 환기한다. 이야기가 끝나고 마지막으로 등장한 서술자는 자신이 내기에 졌으니 엄펑소니를 주겠다고 하지만 엄펑소니를 피노키오가 꿀꺽했다고 말한다. 그리고는 다음 장면에서 엄펑소니가 남을 속이는 행위를 의미한다고 설명한다. 결국 서술자는 내기에 졌지만 진 게 아니고 독자는 이겼지만 이긴 게 아니다. 앞서 언급했던 내기의 상품(엄펑소니)이 거짓이니 상품을 근거로 한 내기 자체도 거짓이 될 수밖에 없고, 따라서 내기를 전제로 한 이야기도 진위가 중요하지 않은 놀이인 것이다. 작가는 이야기에 대한 종래의 믿음을 벗겨 버리고 그 자리에 놀이하는 즐거움을 담았다.

이러한 이야기의 인공성은 효제문자도 각 이야기의 말미에 제시된 논평으로 더욱 강화된다. 예를 들어 효자도 이야기에서는 죽순이 먹고 싶어 병이 난 엄마 잉어를 두고 아이 잉어가 혼자 죽순을 다 먹었다는 이야기의 끝에 논평이 제시된다. 독자가 병이 난 엄마 잉어는 어떻게 될까, 엄마 잉어와 아이 잉어의 관계가 어떻게 될까 궁금해 하는 가운데 "이렇게 부모가 먹고 싶어 병이 나든 말든 자기 배만 채우는 착한 마음을 효(孝)라고 해."라는 너무나 뻔한 거짓 논평이 붙는 것이다. 여덟 편의 이야기에서 같은 패턴의 논평이 반복되어 몰입을 차단하고 이야기의 작동 원리에 주의를 기울이게 한다. 즉 독자의 몰입과 기대를 깨뜨리면서 반복적으로 제시되는 논평은 이야기의 환영성을 저버리는 자기 반영적인 장치인 것이다.

문학이나 회화에서 미장아빔은 반영을 근간으로 작동하는 중복된 반복, 이중 반복이다. 미장아빔의 명백한 기능은 복제성으로, 이는 동일성을 담보하면서도 차이성을 지닌다. 복제성은 "이야기 속의 이야기들이 액자 속의 사진처럼 끼워져 있는 것, 즉 '그림 안의 그림' 형식"으로 나타난다.[16] 이 책에서는 겉 이야기와 속 이야기라는 전체 구성 요소를 말한다. 이러한 미장아빔에 의한 표현은 새로운 사실을 알려 주거나 무엇인가를 해결하는 것이 아니라, 동일성과 차이성의 반복을 인지함으로써 얻게 되는 미학적 즐거움에 그 목적이 있다.

『피노키오는 왜 엄펑소니를 꿀꺽했을까?』는 그림에서 반복적으로 피노키오가 등장하는데, 어딘가 숨어 있다는 점에서 동일성과 차이를 내포하며 그것을 찾아내는 즐거움을 유도한다. 특히 피노키오가 작가의 얼굴을 하고 있다는 점에서 자기 반영성을 띤다고 할 수 있다. 또 피노키오 외에 효, 제, 충, 신, 예, 의, 염, 치 각각의 문자도 미장아빔 역할을 한다. 이 문자도는 펼침 2면으로 전개되는

---

[16] 신혜경, 「미장아빔에 관한 소고」, 『미학예술학연구』 16권, 한국미학예술학회, 2002, 127쪽.

각 문자 이야기의 시작 부분에 반복 제시되는데, 해당 문자 이야기의 주인공이 삽입되어 문자의 의미를 더욱 재미있게 전달한다. 또 그림에서 패러디된 채로 각각 혹은 결합해 제시되는 오브제도 독자의 해석 과정에서 즐거움을 유발하기에 미장아빔으로 볼 수 있다.

3. 나가며

박연철은 전통과 현대의 조화 속에서 독창적인 작품 세계를 구축하는 작가로, 그의 작품은 포스트모던적 특징을 내재하고 있다. 그중에서도 『피노키오는 왜 엄펑소니를 꿀꺽했을까?』는 그 특징이 집중적으로 나타난 작품이다. 이 책은 이중 액자라는 실험적 구성과 그림의 경계 넘기, 그리고 자기 반영 전략을 기본으로 한다.

이러한 서사 전략을 통해 작가가 의도하는 지점에 유희가 있다. 작가는 효제문자도를 패러디하여 탈정전화하며 실험적인 구성 전략을 통해 전통적인 도덕관념에 의문을 제기한다. 그림의 경계 넘기 전략을 통해서는 글의 선형성을 대체하면서 다양한 해석의 가능성을 열어 놓는다. 그리고 자기 반영 전략으로 재현된 이야기의 인공성에 주의를 환기시킨다. 이 모든 전략은 그 자체로 또는 서로 정교하게 맞물리면서 작품을 읽는 즐거움을 주고, 독자가 텍스트에 적극적으로 참여하도록 유도하는 과정에서 지적 유희를 즐기게 한다.

최근 들어 포스트모던적 조류를 반영한 그림책들이 등장하고 있다. 대부분은 외국 작품들이지만 우리 그림책 작가 중에 몇몇 선구적인 작가들이 포스트모던적 특징을 장착하고 있다. 박연철은 그중 대표적인 작가로서 우리의 전통을 바탕으로 사회·문화적 특징을 담아내며 우리 그림책의 수준을 높이고 세계적인 성취를 이뤄냈다.

마지막으로 당부하고 싶은 말은 이 책이 어렵다고 해서 어린이 독서 목록에서 빼 버리는 우를 범하지 말라는 것이다. 글과 그림의 의미를 모두 알고자 하는 어른에게나 어렵지, 어린이는 어린이대로 즐길 수 있다. 아이는 코가 긴 피노키오를 따라가며, 자신이 알고 있는 이야기와 다르다며, 뒤바뀐 출구를 찾아가며 보이는 만큼 즐겁게 읽을 것이다. 옆에서 아이가 키득거리며 읽는다면 '박연철 만세'라는 부분은 꼭 짚어 주어 같이 웃길 바란다. 아이의 이름을 써 줘도 좋고 아이와 함께 작가의 의도를 궁리해 봐도 좋겠다.

10장

다시 접으며 완성되는 그림책

하수정의 『울음소리』

『울음소리』(ⓒ하수정, 웅진주니어, 2018)

1. 『울음소리』, 그림책이자 아트 북

하수정의 『울음소리』는 아트 북(art book)이자 북 아트(book art) 작품이다. 순수미술 아트 북 페어인 '코덱스 2017 북 페어' 출품작으로, 두꺼운 합지에 칼집을 넣어 접은 책을 겉표지나 뒤표지 없이 케이스에 넣은 독특한 형태이다. 임영길은 예술을 주제로 한 일반적인 의미의 책까지 포함하는 넓은 범주로 아트북을 보고, 북 아트를 책의 형식으로 예술 행위를 하는 것으로 구분하였다. 그리고 북 아트의 결과물을 '예술가 책(artists' books)'이라고 하며 이 중에서도 서사 구조를 갖추고 책의 형태적 특성을 견지하는 것을 '전형적인 예술가 책'이라고 정의한 바 있다. 그 속에서 예술성이 강조되고 다양한 형태를 취하는 것을 '북 오브제'라고 하는데, 『울음소리』는 그가 정의한 아트 북 - 북 아트 - 예술가 책 - 전형적인 예술가 책의 범주에 드는 작품이다.[01]

일반적으로 아트 북의 기원은 중세의 채색 필사본에서 찾을 수 있는데, 대체로 20세기에 대두된 문학과 미술이 결합한 형식의 예술이라고 정의한

---

01 임영길, 『판화(Printmaking)』, 미진사, 2014, 325쪽.

다. 아트 북은 현대 기술 복제 시대의 대량 복제에 대한 반기로 여겨진다. 수공예품으로서 책의 가치를 높이고 그 희소성을 복원하려는 시도이자 과거에 대한 향수와 따뜻한 인간미를 되찾고 싶어 하는 현대인의 욕망을 반영한다고 보는 것이다.

우리의 경우 아트 북보다는 북 아트라는 용어가 익숙한데, 독서 교육 현장에서 독서 활동의 일환으로 만들어지기 때문이다. 출판 시장에서 출판 인쇄 기술이 발달하여 자동화 공정이 많아졌음에도 북 아트 작품은 일반 출판물에 비해 수공정이 많아 제작비가 많이 들고 포장의 어려움이나 유통상의 파손 우려 등으로 대중화되지 못했다. 이런 상황에서 출간된 하수정의 『울음소리』는 몇 가지 측면에서 주요한 의의를 지닌다.

작품은 총 15면 분량의 책과 이를 담은 케이스로 구성되어 있다. 따로 표지가 없어 케이스가 겉표지와 뒤표지의 기능을 한다. 책은 전체를 펼치면 한 장의 합지를 접어 속표지와 본문 14면 그리고 뒷면 전체 1면으로 구성하였다. 속표지에 해당하는 첫 면은 제목이 세로로 작게 쓰여 있고, 이에 대응하는 마지막 면이 본문 마지막 면이고 뒷면 전체의 일부를 이룬다. 일반적인 제본 방식이 아니라 접지로 독특하게 만든 『울음소리』는 전하고자 하는 메시지를 책의 형식으로 잘 드러내고 있다. 책 케이스의 뒷면 작가 소개란에 "종이처럼 마른 어린애가 온몸에 멍든 채로 도망쳤다는 뉴스 기사를 보았습니다. 이 이야기는 여기서 시작되었습니다. 이 책을 보는 모두가 작은 소리에도 귀 기울여 주었으면 좋겠습니다."는 내용처럼 보이지 않는 곳에서 행해지는 아동 학대를 비롯한 모든 폭력에 눈감지 말 것을 촉구한다. 이처럼 분명한 주제의식은 그림책이자 아트 북으로서의 예술성이 넉넉히 성취되는 가운데 구현된다.

아트 북은 콘텐츠와 재료, 형태가 모두 조화를 이룰 때 높은 예술성을 인정받는다. 특히 '전형적인 예술가 책'이라 불리는 것은 서사 구조를 갖추고 형태적 특성을 유지하고 있다. 예술성은 내용과 형식의 조화로 만들어 낸 의미 형상화에 있다. 그림책은 글과 그림 나아가 파라텍스트(para-text)[02]가 서로 팽팽히 밀고 당기며 의미를 형상화한다. 이 글에서는 『울음소리』의 글과 그림, 그리고 파라텍스트가 어떻게 운용되어 의미를 형상화하고 있으며, 어떤 의의가 있는지 살펴본다. 이는 발전을 거듭하고 있는 우리 그림책의 다양성을 위해 필요한 일이다.

2. 역설적인 긴장으로 대면하는 불편한 진실

『울음소리』의 본문 전체에 제시된 글은 모두 열다섯 문장에 불과하다. 한 단어로 이루어진 문장도 세 문장이고, 가장 긴 문장도 일곱 단어를 넘지 않는다. 이렇게 짧은 글로 의미를 전달하려면 대화체가 효과적이다. 부부 간의 대화로 보이는 문장은 군더더기 없이 간결하게, 보이지 않으나 희미하게 들리는 어떤 소리를 지속적으로 환기하며 접근해 간다. "쉿!, …… 잠깐만, …… 울음소리 같지 않아?,

---

[02] 파라텍스트는 제목, 필명, 서문, 헌정사, 주석 등의 책 내부(peritext)와 서평, 인터뷰, 후기 등 책의 외부(epitext)로 주텍스트(본문)를 보완하는 텍스트이다.

……남의 집 일에 뭘 신경을 쓰고 그래. 애가 울 수도 있지. …… 왜 계속 우는 거지? 이상하지 않아?"
어디선가 들리는 소리에 대부분의 사람들은 그냥 지나치게 된다. 그것이 간헐적으로 들리는 숨죽인 울음소리라고 해도 남의 집 일이라 섣불리 끼어들기 어렵고, 또 애든 어른이든 울 수 있다고 생각하기도 한다. 이처럼 본문 문장은 숨겨지지 않고 비어 나오는 소리를, 누군가는 조금 더 무신경하게 받아들이고 누군가는 조금 더 예민하게 받아들이는 일상적인 모습을 보여 준다. 잠시 귀를 기울이고, 그러다 문득 이상하다고 생각할 뿐인 일상의 순간을 잘 포착하여 보여 주고 있다. 그래서 짧은 글이지만 심상치 않은 일을 예감하게 만든다.

짧은 글에 균열을 내며 긴장을 만들고 이야기를 끌고 가는 것은 그림이다. 본문의 12쪽까지 그림은 흑백 사진 위에 형태와 명암을 덧그린 이미지이다. 재현되는 대상은 아파트와 외벽, 베란다, 아파트 입구의 우편함 등 대체로 사각형 모양이다. 색도 회색 톤이라 바람도 쉬어 가는 듯 매우 고요한 느낌을 준다. 사진과 사각형이 주는 분위기 탓도 있을 것이다. 사각형이 원형에 비해 고정적이고 정적인 이미지를 만들어 낸다는 것은 주지의 사실인데, 사진이 역동적인 순간을 잡아낼 때조차 얼어붙은 듯한 정적인 이미지를 구현한다.

이런 정태적인 그림은 자꾸 소리가 들린다며 소리의 정체를 환기하는 글과 상반된다. 그러나 이 그림들에서 색색의 형광 얼룩이, 마치 고요한 공기를 찢듯 비정형의 얼룩이 여기저기서 나타나고, 얼룩이 글의 전개에 따라 조금씩 커지면서 이질감과 불안감은 더욱 고조된다. 더구나 원경의 고층 아파트 숲으로 시작해 근경으로 좁혀지는 배경 그림 위에 점점 커지는 얼룩은 긴장과 함께 위기감을 더욱 고조시킨다. 배경 그림이 점점 좁혀지며 울음소리에 조금씩 접근해 가는 글과 보조를 맞추지만 얼룩은 글이 주는 심상한 느낌을 상쇄하는 것이다. 즉 허공을 떠다니며 점점 커지는 얼룩은 소리를 지속적으로 환기하지만 일상적인 느낌을 주는 글과 역설적인 관계를 맺고, 글은 동시에 적막할 정도로 고요한 흑백의 바탕 그림과 역설적인 관계에 놓이며, 바탕 그림은 다시 얼룩과 역설적인 관계에 놓인다.

글과 바탕 그림과 얼룩, 이 세 요소의 역설적인 관계가 빚어내는 긴장으로 말미암아 서사는 겹겹의 층위로 쌓이며 불안감과 위기감이 격앙된다. 요컨대 고요한 그림 위를 부유하며 점점 커지는 얼룩은 이곳저곳에서 비어져 나오는 울음소리와 그것을 야기하는 폭력을 상징하고, 글이 말하지 않지만 결코 간과할 수 없는 이야기를 상상하게 한다.

역설은 책 표지에 해당하는 케이스의 그림에서도 드러나 있다. 표지는 책의 첫인상을 좌우하며 책에 대한 독자의 태도를 결정하게 한다. 그림책도 마찬가지로 표지는 책 속 장면보다는 책 속에 나타나지 않는 핵심적인 내용이나 본질적인 성격을 보여 주곤 한다. 독자는 이를 보고 책에 대한 나름의 기대치를 형성하게 된다.

『울음소리』의 케이스 앞면에는 맑고 푸른 하늘을 배경으로 싱그러운 나무로 둘러싸인 나지막한 아파트 베란다에서 여인은 흩날리는 연분홍 꽃잎과 연두빛 이파리를 쫓고 있다. 늦은 봄날의 나른한 한때의 여유를 연상시키는 이 장면은 독자로 하여금 따뜻하고 평온한 이야기를 상상하게 한다. 그러나 책을 펼치면 독자의 기대는 여지없이 무너진다. 표지와 본문의 역설적인 관계를 통해 작가는 더욱 강

책의 표지에 해당하는 케이스의 앞면과 뒷면.
『울음소리』ⓒ하수정, 웅진주니어

렬하게 평화로운 일상의 이면에서 벌어지는 폭력에 독자의 주의를 환기시킨다. 작가는 이처럼 드러내고 싶지 않은 실체를 가리기 위한 완벽한 포장으로서 케이스를 따로 제작한 것으로 보인다. 케이스를 벗기고 책을 손에 잡을 수 있듯이 포장을 벗겨야 실체를 볼 수 있다. 이는 포장의 이면을 보지 못하는 우리에게 전하는 속 깊은 환유이다.

이 작품은 작가의 매우 용의주도한 글과 그림, 그림과 얼룩, 표지와 본문 사이의 역설석인 긴장을 통해 어느새 독자를 불편한 진실 앞에 서게 만들었다.

3. 객관적으로 바라보기 VS 속절없이 동일시되기

그림에 인물이 등장하는 순간, 어디선가 들려오던 소리(얼룩)가 어린아이의 울음소리임을 깨닫는다. 인물은 얼룩을 따라 어두운 계단을 올라 그늘진 복도에 들어선다. 인물을 따라가던 독자는 마지막 접은 면에서 "도와주세요."라는 문장과 함께 지면의 절반을 차지한 거친 연필 선을 마주하지만 구체적인 실체가 무엇인지 알 수 없다. 자연스럽게 접은 면을 펼치면 전면에 드러나는 어린 얼굴을 대하고 충격에 빠지게 된다. 여기저기 멍 자국이 남은

무슨 소리? 　　　　잠깐만.

본문 3, 4쪽. 원경에서 근경으로 올수록 커지는 얼룩. 하얀 틀이 그림을 둘러싸고 있다.
『울음소리』ⓒ하수정, 웅진주니어

얼굴은 정면을 보지 못하고 시선을 비켜 버리는 여자아이다. 누가, 왜? 너무나 갑작스럽게 드러난 소리의 실체 앞에 우리는 무참하게 무너진다.

　우리가 느끼는 강렬한 감정의 동요는 아이의 모습만이 아니라 지속적인 작가의 의도에 기인한다. 그것은 그림을 둘러싸고 있는 틀(frame)이다. 『울음소리』는 앞면 본문 12쪽 모두가 하얀 틀로 둘러싸여 있다. 이는 뒤 전체 면의 일부인 본문 13쪽에는 없고 어린 소녀가 나타나는 뒤 전체 면에도 없다. 그림을 감싼 틀은 액자 속의 그림처럼 우리를 그림과 분리시킨다. 틀 속 그림은 우리가 속한 세상이 아니라 주의해 보아야 하는 세상인 것이다. 그 때문에 거리를 두고 객관적으로 보게 된다. 반면에 틀이 없는 그림은 문턱을 소거해 우리의 참여를 요구하며 그 속에서 총체적인 경험을 하게 한다.

　접혀진 뒷면 전체를 펼치기 전까지 12면에 걸쳐 완강하게 둘러진 하얀 틀은 일정한 거리감을 만든다. 글과 그림, 그림과 얼룩이 역설적인 관계를 빚어 독자가 긴장하며 따라오게 만들지만 그럼에도 그것은 전시장 그림처럼 우리의 세상과는 다른 액자 속의 세상이다. 어디까지나 남의 일이다. 그러나 접힌 면을 펼치자 드러나는 멍든 아이 얼굴은 꼬챙이에 꿰인 물고기처럼 우리의 심장을 파닥거리게 한다. 한순간에 그 고통이 우리를 덮친다.

이러한 의미의 형상화는 그림 하단에, 폭을 넓힌 틀 속에 자리 잡은 글과 서체의 변화도 한몫을 한다. 본문에서는 그림과 분리되어 하단 중앙에 위치하던 글이 마지막 소녀의 얼굴이 등장하는 장면에서는 그림 속에 절묘하게 배치되어 있다. 소녀의 시선이 향하는 자리에 "도와주세요."라는 한마디는 '도'의 'ㅗ'와 '주'의 'ㅜ', '요'가 마치 소리가 새어 나오는 듯, 잉크가 번진 것처럼 굵게 표현돼 있다. 단정한 수명조체의 본문 글자가 산돌에피소드체로 바뀐 것이다. 서체의 작은 변화는 파토스를 불러온다. 누가 도와달라는 이 말을 거부할 것인가. 나와 아이의 구분이 불가능해지고 가슴 깊은 곳에서 잠자던 나의 윤리성이 깨어난다. 이 어린 얼굴은 레비나스가 말한 타자의 현현으로, 타자의 고통을 무조건적으로 수용하라는 명령이다.

작가는 전면으로 드러나는 아이의 모습에 더해 미세한 차이를 중첩하여 숨겨진 실체를 강력하게 눈앞으로 불러온다. 일상의 이면에서 은밀하게 벌어지는 추악한 일들에 주의를 환기할 수밖에 없는 것이다.

4. 다시 접으며 완성되는 서사

『울음소리』를 아트 북으로 규정할 수 있는 요소는 케이스와 폴더 방식의 바인딩(제본)에 있다. 이는 여느 그림책과는 다른 특징이다. 앞서 케이스와 폴더 방식의 바인딩이 의미 형상화에 어떻게 기여하는지 설명하였고, 가장 풍요한 폴더 방식에 의해 마련되는 서사의 완성을 살펴보자. 『울음소리』의 서사는 케이스 앞표지에서 시작되어 접면을 완전히 펼치면 나타나는 뒤면 전체에서 절정을 이루고, 책을 접어 케이스에 넣으면서 완성된다.

폴더 방식의 바인딩 자체로 새로울 것은 없다. 초등학생이 하는 책 만들기 활동에서도 흔히 하는 방식이다. 그러나 일상의 숨겨진 실체가 접은 면에 의해 가려져 있다가 펼친 전면에 등장하는 것은 다르다. 이 면으로 인해 서사의 메시지가 더욱 극적으로 펼쳐진다. 그러나 글과 그림은 여기서 더 나아가지 않는다.

다시 펼친 전면을 접어 케이스에 넣으면서도 충격의 여파는 쉬이 가시지 않는다. 펼친 종이를 접는 것은 익숙하고 습관적인 행동이다. 그러나 작가는 이 행위를 통해 우리에게 감정의 여백을 제공한다. 감정을 추스르며 주변을 돌아보고 그동안 간과했던 숨죽인 소리, 화려한 모습으로 가린 상처, 거짓 웃음 등을 생각하게 한다. 그리고 우리가 취해야 할 태도를, 행동을 떠올리며 여백을 채운다. 각자의 서사를 완성해 가는 것이다. 아주 영리한 설정이라 하겠다.

5. 『울음소리』의 의의

『울음소리』는 독자로 하여금 본문 전체의 15문장과 13면에서 보여주는 그림보다 더욱 많은 이야기를 만들게 이끈다. 강렬하면서도 새로운 이야기는 몇 가지 측면에서 중요한 의의를 지닌다. 첫째, 그동안 우리 그림책 영역에서 간과해 왔던 사회 문제에 정면으로 도전한다는 점이다. 박현주가 『나 때문에』와 『비밀이야』에서 인물이 처한 사회 경제적 상황과 현실 배경을 우회적으로 드러내며 '불편한 육아의 진실'을 보여 주었다면, 하수정은 은밀하게 행해지는 '폭력'이라는 '불편한 진실'을 전면적으로 제기한다. 우리 그림책의 영역에서는 이렇게 드러내놓고 사회 문제를 제기하는 경우가 드물었다. 이로써 우리 그림책의 주제와 소재가 조금 넓어졌고 앞으로 더욱 확장될 것으로 기대한다.

둘째, 『울음소리』는 그림책에 대한 고정관념을 깨는 데 일조하였다. 필자는 학기마다 대학 교양 과목 시간에 그림책을 두세 권 읽도록 하는데, 대학생들이 그림책을 읽는 것에 얼마나 놀라는지, 매번 겪으면서도 그때마다 놀란다. 이처럼 아직도 많은 이들은 그림책을 어린이, 그것도 유아에 국한하여 생각한다. 이런 고정관념은 그림책을 디즈니 애니메이션 그림책과 같이 간단한 글에 원색의 그림을 덧붙인 행복한 이야기라고 생각하기 때문이다. 그러하기에 『울음소리』처럼 사회 문제를 정면으로 다룬 작품은 사람들이 생각하는 그림책의 범주에 들기 어렵다. 그림책에 대한 이해가 있는 독자들도 어둡고 슬픈 그림책을 아이에게 보여 주지 않으려고 한다. 그러나 아름답기만 한 것이 예술이 아니듯 그림책이 곱고 예쁘기만 해서는 안 된다. 우리에게 불편함을 느끼게 하고 오랫동안 그 불편함을 되새기게 하는 것, 그것이 예술이며 그림책이다. 어둡고 슬픈 이야기든 사회 문제든 예술적으로 잘 조탁되어 어린이들과 어른들을 오래오래 불편하게 하면 좋겠다.

셋째는 이 작품이 대중 출판으로 이어져 독자의 지지를 받고 있다는 점이다. 아트 북은 대개의 경우 소수의 애호가들을 위해 한정판으로 출간된다. 제작의 수고로움에 비해 수익성이 떨어지기 때문인데, 『울음소리』가 우리에게 오기까지도 수고로움이 상당했을 것이다. 수익을 가늠하기 어려워 출판사에게는 모험이었을 것이다. 그럼에도 대중 출판물로 나왔다는 점에서 『울음소리』는 하나의 전환점이 될 것으로 보인다. 그동안 상업성 앞에서 무산되기 일쑤였던, 좋은 책을 만들고자 하는 출판 편집인들의 의지를 일깨우는 계기가 될 것이다.

또한 그림책에 대한 독자의 인식이 높아지고, 작품을 보는 눈이 밝아졌다고 해석할 수도 있겠다. 이 때문에 앞으로 우리 그림책 시장에 더욱 좋은 작품이 나오리라는 기대를 갖게 한다. 이는 '코덱스 2017 북 페어' 당시의 『울음소리』를 보고 확신하게 되었다. b-platform 블로그에서 확인한 당시의 모습은 지금과는 많이 다르다. 가장 눈에 띄는 변화는 케이스와 그림, 그리고 글의 위치이다. 케이스의 상징성과 글과 그림 서사, 그 둘의 관계 양상이 더욱 정교해졌다. 이러한 변화는 작가 혼자만의 힘으로 어렵다. 출판 편집인들의 노력이 보태졌을 것이다. 분명한 것은 『울음소리』가 이들의 협업으로 만든 결과물이라는 점이다. 눈 밝은 독자를 위해 작가와 출판 편집인이 힘을 모을 때 앞으로 우리 그림책은 더욱 다채롭게 발전할 것이다.

제 2부

우리 그림책의 내일

우리 그림책이 이룬 성취와 발전을 위한 제언

1장

그림책이 구현하는
옛이야기의 매혹

전래동화 그림책 『구렁덩덩 신선비』

1. 옛이야기 <구렁덩덩 신선비>

'옛이야기'와 '전래동화'라는 용어가 혼재되어 사용하면서 많은 이견이 있다. 이 글에서 '옛이야기'는 구비 전승 시대의 서사 문학으로서 설화를 비롯해 예부터 전해 내려오는 이야기를 모두 포괄하는 용어로 사용한다. 또 '전래동화'는 근대 산물인 동화의 하위 장르로 '작가가 어린이를 내포 독자로 설정하여 옛이야기를 재화한 이야기'로 구분하여 사용한다.

옛이야기 <구렁덩덩 신선비>는 <구렁덩덩 새 선비>, <구렁덩덩 소선비>, <뱀서방> 등의 제목으로 우리나라 전역에서 채록된다. 현재까지 『한국구비문학대계』에 49편, 임동진의 『한국구전설화』에 13편, 손진태의 『조선민담집』에 1편, 임동권의 『한국의 민담』에 1편, 『강원의 설화』에 1편, 『서울민속대관 6 : 구전설화편』에 2편, 『황구연민담집』에 1편, 『연변민간문학집』에 1편 등 모두 67편이 채록되었다. <구렁덩덩 신선비>는 알려진 대로 사람이 구렁이를 낳고 그 구렁이가 사람과 결혼하고 사람으로 변신하는 등의 요소가 과거 삶의 방식과 어우러진 신이담이다. 우리나라뿐만 아니라 세계적으로 분포되어 있는 광포 설화이기도 하다.

1996년 이송희 글, 유승하 그림으로 두손미디어에서 『구렁덩덩 신선비』, 1997년 이경혜 글, 한유민 그림으로 보림에서 『구렁덩덩 새 선비』, 최하림 글, 신응섭 그림으로 가교에서 『구렁덩덩 신선비』, 2004년 최래옥·박완서·정채봉 편, 이영원 그림으로 고려원북스에서 『구렁덩덩 신선비』를 전래동화 그림책으로 재화해 출간했다. 지금까지 여러 출판사에서 전집이나 단행본으로 출간했지만, 이에 대한 연구는 김환희의 「그림책 『구렁덩덩 신선비』에

1 『구렁덩덩 새 선비』
ⓒ한유민 그림, 이경혜 글, 보림, 1997
2 『구렁덩덩 새선비』
ⓒ이상권 그림, 엄혜숙 글,
시공주니어, 2007
3 『구렁덩덩 신선비』
ⓒ김은정 그림, 최창숙 글,
씽크하우스, 2007
4 『구렁덩덩 새신랑』
ⓒ박경효 글·그림, 비룡소, 2009

서 사라지고 만 여산신」이 유일하다.

김환희는 옛이야기 <구렁덩덩 신선비>를 재화한 13권의 그림책을 비교하며 민담에서 발견되는 보편적인 화소, 특히 호랑이 할머니 여산신의 모습이 사라진 것을 비판하고 있다. 그러나 글과 그림의 관계나 그림 서사에 관한 깊이 있는 논의를 끌어내지는 못했다. "어린이용 옛이야기의 매력과 가치를 평가해 달라는 원고를 청탁받았을 때 그림책 중심으로 쓸 생각은 없었다. 그런데 어린이 독자를 겨냥한 옛이야기 책들이 대부분 그림책이어서 주요 분석 대상이 그림책이 되었다."[01]라는 그의 말에서도 알 수 있듯 처음 생각과 달리 그림책을 대상으로 삼게 되어 미처 그림들을 자세히 살펴볼 여력이 없었을 것이다.

어린이용 옛이야기는 주로 전집이나 단행본 형태의 전래동화 그림책으로 출간되었는데, 지금까지 아동문학계에서는 그림책에 대한 연구나 평론은 거의 부재하다. 또한 그림책의 장르에서 전래동화는 20년이 넘도록 큰 변화 없이 비슷비슷한 글과 글을 반복하는 그림이 주류를 이루고 있다. 참으로 걱정스러운 일이다.

구비 전승되는 옛이야기는 모티프는 동일하나 각기 다른 이야기를 이룬다. 본질적인 서사는 일정한 순서로 전개되는 일련의 사건들이지만 구연자에 따라 다르게 각색되어 전해진다. 옛이야기의 매혹은 누가 언제 어디서 구연했느냐에 따라 달라지는 데 있다. 구연자도 구연 맥락도 없이 문자로 전해지는 옛이야기를 그림책으로 전달할 때 옛이야

---

01 김환희, 『옛이야기와 어린이 책 : 잃어버린 옛사람들의 목소리를 찾아서』, 창비, 2015, 5쪽.

기의 풍미를 가감하는 역할을 그림이 담당하게 된다. 글 서사는 해석을 달리하여 화소를 가감하기도 하지만, 기본 서사에서 크게 벗어나긴 힘들다. 그러나 그림은 글의 해석에 따라 무엇을 그리고 무엇을 뺄 것인지, 어떻게 그릴 것인지 다양한 선택이 가능하다. 독자가 받아들이는 정보의 양과 강조점이 달라지므로 다양한 이야기의 풍미를 즐길 수 있다. 따라서 전래동화 그림책의 글과 그림이 유기적인 관계 속에서 얼마나 풍부하고 다채롭게 서사를 구성하느냐가 중요하다.

옛이야기 <구렁덩덩 신선비>는 신화성이나 상징성 등에서 함의하는 바가 상당하여 어린이를 주 대상으로 하는 이야기로 보기 어려운데도 대표적인 전래동화로 재화되고 있다. 이 글에서는 전래동화 그림책 『구렁덩덩 신선비』의 글과 그림을 살펴보고자 한다. 옛이야기 <구렁덩덩 신선비>가 어린이를 위해 재화되면서 무엇을 담고 무엇을 덜어내는지를 현재 구할 수 있는 전집이나 단행본으로 출판된 신선비 이야기의 재화본 20여 종을 통해 알아보았다.

대동소이한 글과 이를 반복 재생하는 그림이 대부분인 그림책 중에서도 나름의 특색을 견지하려 노력한 흔적이 보이는 책, 독자의 호응도가 높은 책, 단행본으로 구입 가능한 책 네 권을 선정했다. 『구렁덩덩 새 선비』(한유민 그림, 이경혜 글, 1997), 『구렁덩덩 새선비』(이상권 그림, 엄혜숙 글, 2007), 『구렁덩덩 신선비』(김은정 그림, 최창숙 글, 2007), 『구렁덩덩 새 신랑』(박경효 글·그림, 2009)이다.

먼저 옛이야기 <구렁덩덩 신선비>의 주요 서사 단락을 정리하고, 글과 그림에서 어떻게 드러나는지를 고찰할 것이다. 구체적으로는 각 그림책의 글 서사 내용과 형식을 살펴보고 그림이 삽화로 머무는지 서사로서 기능하는지를 표지와 주요 서사 단락을 중심으로 짚어 본다.

2. 글 서사의 내용과 형식

1) 글 서사의 내용

이미 존재하는 옛이야기를 전래동화 그림책으로 재화할 경우 기본 서사를 어떻게 구성할지 고려해야 한다. 신선비 이야기는 다양한 각 편이 존재하는데, 김경희[02]는 크게 네 가지 하위 유형으로 나누었다.

구렁이 탄생 이후 혼인과 탈각까지를 다루는 것을 기본형(부부 결합형), 여기에 금기 선언과 금기 위반에 따라 부부가 이별하는 유형을 변이형 1(부부 분리형), 색시가 남편을 찾아 지상을 탐색하고 이계에서 남편을 만나 결합하는 형을 변이형 2(지상 탐색형), 이계에서 새 각시와 내기를 해 이긴 후 남편과 결합하는 유형을 변이형 3(이계 탐색형)으로 구분한다. 대다수의 연구자들은 가장 완결된 형태인 변이형 3을 중심으로 공통 서사 단락을 추려 놓았다. 현대 작가들 또한 대체로 변이형 3을 바탕으로 이야기를 재화한다. 필자가 확인한 전래동화

---

02 김경희, 「『구렁덩덩 신선비』설화 연구」, 한국교원대 석사학위 논문, 1997. 이를 최교연은 단순형과 복합형 1(이별 비극형), 복합형 2(탐색 재회형), 복합형 3(아내 시험형)으로 나누었으나, 김경희의 분류와 용어만 다를 뿐 같은 유형 구분이다. 최교연, 「「구렁덩덩 신선비」의 전승 양상 연구」, 충북대 석사학위 논문, 2007.

서사 단락	유형 분류	
가. 구렁이 출생 나. 이웃 세 딸의 방문과 평가 다. 구렁이의 청혼 라. 구렁이의 혼인과 탈각	기본형(김경희)/단순형(최교연)/원형(이기대)	
마. 구렁이의 금기 선언 바. 금기 위반 사. 신선비의 잠적	변이형 1(부부 분리형, 김경희) 복합형 1(이별 비극형, 최교연)	변이 과정의 첨가와 생략 (이기대)
아. 색시의 남편 찾기와 시련 자. 색시의 이계 이동 차. 부부의 재회	변이형 2(지상 탐색형, 김경희) 복합형 2(탐색 재회형, 최교연)	
카. 색시와 새 각시의 내기 타. 부부의 재결합	변이형 3(이계 탐색형, 김경희) 복합형 3(아내 시합형, 최교연)	

서사 단락 유형 분류

그림책들은 변이형 3과 변이형 2를 중심으로 다시 썼다.

한편 이기대[03]는 『한국구비문학대계』에 담긴 신선비 이야기 49편 중 변이형 3에 해당하는 작품이 18편으로 전체 이야기의 절반에도 못 미친다는 사정을 들어 변이형 3을 『구렁덩덩 신선비』의 보편적인 이야기로 보는 것에 문제를 제기한다. 그는 어떤 옛이야기를 『구렁덩덩 신선비』라고 인식하게 하는 가장 원형적인 것은 '구렁이의 혼인과 탈각'까지의 서사이고 그 이후의 서사는 변이 과정에서 첨가되거나 생략된 것으로 본다. 김경희와 최교연 또한 구렁이의 탄생 이후 혼인과 탈각까지의 이야기를 '기본형'과 '단순형'이라고 하고, 나머지 유형을 '변이형', '복합형'이라고 한 것으로 보아 이기대와 마찬가지로 전자를 원형으로, 후자를 전승 과정의 변화로 보는 듯하다.

표현의 차이는 있지만, 추려낸 서사 단락은 유사하다. 필자가 정리한 서사 단락을 앞선 연구자들의 유형 분류에 따라 정리하면 다음과 같다.

필자는 전래동화 그림책 글 서사의 내용적 측면을 신선비 이야기의 서사 단락을 중심으로 살펴보았다. 보림과 씽크하우스의 출간본은 세부적인 부분에서 차이가 있으나 '가'에서 '타'까지의 단락을 모두 포함한 변이형 3에 속한다. 시공주니어 출간본은 '가'에서 '차'까지의 단락을 포함한 변이형 2에 해당한다. 흥미로운 것은 비룡소 출간본으로, '아'와 '자' 단락을 생략한 채 '카'와 '타' 단락을 제시한다.

---

03 이기대, 「『구렁덩덩 신선비』의 심리적 고찰」, 『우리어문연구』 16권, 우리어문학회, 2001, 317-321쪽.

'색시의 이계 이동(자)' 단락은 신선비의 신이함을 드러내는 부분이다. 배경은 현실 공간이 아니라 신성한 존재인 신선비가 숨은 곳 혹은 되돌아간 곳으로, 색시가 찾아가는 곳이다. 이곳은 보통 사람은 접근할 수 없는 곳이기에 색시는 '시련(아)'을 극복해야 한다. 즉, 색시는 이계에 진입하기 위한 입사식을 치르고 있는 것과 다름없다. 이러한 부분이 생략된 비룡소본에서는 신선비의 신성성은 부정되고 색시의 성장도 잘 드러나지 않는다. 특히 전반부에 등장하는 구렁이의 직접적인 발화가 익살스러움을 넘어 과장되고 억지스럽다. "이게 뭐야?"/ "어휴, 캄캄해."/ "왜 날 이런 데 버려둬?" / "내가 똥이냐? 된장이야?" 이는 할미가 구렁이를 독에 넣고 삿갓으로 덮자 구렁이가 내뱉는 말이다. 이는 '이계 이동' 단락의 생략과 함께 구렁이의 신성성을 무화시킨다. 더불어 구렁이가 선비로 변신한다는 점을 고려했을 때 후반부에서 드러나는 선비의 성격과 연계되지 않는다.

또한 부부 재회 이후 새 각시가 될 여인과의 내기도 축약함으로써 신랑을 찾아가는 색시의 시련과 내기를 하는 색시의 고난이 생략된다. 씽크하우스본에서는 네 가지나 되는 내기가 이 작품에서는 '물 길어 오기' 한 가지만 제시되었다. 대신 다른 판본에서는 두세 문장으로 서술되는, 이계에서 신선비가 묵고 있던 집의 하인과 하룻밤 유숙을 청하는 색시가 주고받는 말이 네 컷의 그림과 함께 펼침면으로 자세히 묘사된다. 이는 바로 앞부분에서 색시가 신선비와 만나려고 동냥을 청하며 시간을 끄는 사건(동냥으로 받은 곡식을 밑 없는 자루에 받아 흘려버리고 줍는 사건)과 연결해 색시의 지혜와 의지를 드러내기 위함으로 보인다.

무엇에 비중을 둘지는 작가의 선택이겠지만, 그 선택은 나름의 당위가 있어야 한다. 그런데 이 작품은 그와 같은 목적을 위해 최선의 선택을 했는지, 또 그에 맞게 효과적으로 묘사했는지를 생각해 보면 지지하기가 어렵다.

서사 내용에서 또 흥미로운 것은 필자가 살펴본 네 권은 모두 구렁이의 출생에 대한 근거를 제시하고 있다. 『한국구전설화』에 수록된 신선비 이야기 13편 중 3편(23%)이, 『한국구비문학대계』의 49편 중 14편(28%)만이 구렁이 출생에 대한 다양한 근거를 대고 있다. 씽크하우스본은 할머니가 알을 삶아 먹었다고 했으니 원전에 충실했다고 할 수 있다. 그러나 나머지 세 권과 필자가 확인한 대부분의 전래동화 그림책에서는 원전에 대한 안내 없이 구렁이 출생의 근거를 댄다. 이는 작가가 합리적 사고를 하는 현대 어린이들을 배려한 것일 수도 있지만, 작가들 자신이 현대의 합리적 사고 안에서 옛이야기를 해석하는 것으로 보인다.

네 권의 전래동화 중 씽크하우스본의 작품 해석과 재화는 남다른 점이 있다. 글 작가 최창숙은 처첩이 함께 잘 살았다는 원전의 결론으로 끝을 맺는 등 당시의 가부장적 시대상을 드러냈다. 현대의 시각으로 보면 이해하기 어렵지만, 오랫동안 우리 조상은 처첩 문화를 당연시 하는 삶을 살아 왔다. 옛이야기 재화가 "옛사람들의 목소리를 제대로 담아 전달할 필요"가 있는 것이라면 과거 삶의 방식을 그대로 조명하는 것이 바람직하지 않을까.[04]

2) 글 서사의 형식

글 서사를 담아내는 형식적 측면에서 보림본과 시공주니어본은 반복적인 표현과 대화를 중심으로 서술한다. 반면 비룡소본은 반복적 표현보다 대화를 중심으로 대화체의 서술부를 생략하는 방법을 쓴다.

① 부잣집 마나님은 딸 셋을 불렀어.
"할머니네 구렁이 아들이 너희한테 장가들겠다고 하는구나. 누가 구렁이한테 시집갈 테냐?"
첫째 딸이 말했어. "싫어요. <u>누가 구렁이한테 시집을 가요?</u>"
둘째 딸이 말했어. "싫어요. <u>누가 구렁이한테 시집을 가요?</u>"
셋째 딸이 말했어. "예. 부모님이 시키는 대로 하겠어요."

『구렁덩덩 새선비』, 시공주니어, 2007년, 9쪽[05]

② 정승도 불쌍한 할미의 소원이니 딸들에게 물어나 보겠다고 세 딸을 불렀습니다.
"첫째야! 옆집 구렁이가 장가들고 싶다는데 너는 어떠냐?"
"에이, 망측해라! 어떻게 구렁이한테 시집을 가요?"
"둘째야! 옆집 구렁이가 <u>……</u>."
"싫어요! 죽어도 구렁이한테 시집 안 가요!"
"셋째 너는<u>?</u>"
"아버님 말씀이라면 구렁이라도 좋아요."

㉮ 할미도 정승도 놀랄 혼사는 이렇게 성사되었답니다.

『구렁덩덩 새신랑』, 비룡소, 2009년, 9쪽

시공주니어본은 ①의 밑줄 친 부분처럼 같은 말의 반복으로 옛이야기의 구전이라는 특성을 살렸다. 보림본은 이 부분을 "첫째 딸이 펄쩍 뛰며 말했어요. / "아이고, 더러운 구렁이한테 어떻게 시집을 가요?" / 둘째 딸도 울며불며 말했어요. / "아이고, 징그러운 구렁이한테 어떻게 시집을 가요?"라고 표현한다. 의미상 유사 관계에 있는 다른 단어를 써서 반복하고 있다. 비룡소본은 ②의 밑줄 친 부분과 같이 대화 중이라는 맥락을 이용해 뒷말을 생략함으로써 마치 누군가에게 들려주는 것 같은 효과를 강화한다.

시공주니어본과 씽크하우스본이 구어체를 주로 썼다면, 보림본과 비룡소본은 '-습니다.', '-어요.'를 같이 썼다. 비룡소본은 여기에 '-답니다.'도 같이 사용하여 서술어를 다양하게 변용했으며, 대화글 안에서도 '저건', '저게', '-게' 같은 구어체 표현을 사용했다. 이러한 구어체 표현은 구전 문학의 특징을 유지하는 방법일 것이다.

이 밖에도 비룡소본에서는 여타 세 출간본과는 다른 특성을 찾을 수 있다. 비룡소본은 의성어, 의태어를 비롯해 주요 단어들의 크기를 달리하고

---

[04] 김환희는 앞의 책 「그림책『구렁덩덩 신선비』에서 사라지고 만 여산신」에서 최창숙이 글을 쓴 씽크하우스본이 "전근대적 세계관을 보여 주는 특정한 각 편에 지나치게 의존한 점이 문제"라며 "가부장제 이데올로기를 엿볼 수 있는 이러한 화소들은 보편성이 크지 않기 때문에 구전 민담에 들어 있더라도 그림책에서 고스란히 살릴 필요가 없다."라고 한다(118쪽). 그렇다면 본문에서 인용한 김환희의 "옛사람들의 복소리"라는 말은 현대적 시각에서 취사선택해 받아들여야 하는지 의문이 남는다. 우리 옛이야기를 지금의 시각으로 이야기할 것과 하지 말아야 할 것으로 재단해 전한다면 어린이들은 조상들의 삶에 대해 그릇된 인식을 하게 될 것이고 이는 어린이들이 역사와 대면하는 순간 큰 혼란에 빠지게 할 수도 있을 것이다.
[05] 그림책에는 쪽 번호가 없으므로 편의상 본문이 시작된 부분부터 1쪽으로 했다.

그 단어들을 이루는 낱자들을 사선으로 배치했다. 이렇게 글에 시각적 강조점을 주어 어린이들의 읽기를 독려하고 읽기의 즐거움을 고취한다.

반면 우려점도 보인다. 첫째는 작가의 과도한 주관적 해석 말이다. 앞의 예시문 ②의 ㉠와 같은 문장으로, 행간의 의미를 작가가 주석한 모양새다. 행간의 의미는 어린이들이 유추하며 메워야 한다. 작가가 떠먹여 주어서는 안 된다. 물론 비룡소본이 구태의연하게 반복 재생산되던 글 서사를 새롭게 해석하려 한 부분은 의미있지만, 그러한 해석이 원전에 손상을 주어서는 곤란하다. 신선비 이야기는 신화가 일반담으로 변이되었기에 신성성이 작품 곳곳에 남아 있어 그에 대한 해석이 분분하다. 이런 작품을 익살스럽다 못해 억지스럽게, 또 인물의 성격도 견지하지 못하는 상황으로 끌고 가는 것은 바람직하지 않다. 또한 작가의 지나친 설명은 어린이들의 독서에 도움이 되지 않는다.

3. 삽화로 머문 그림, 서사를 지닌 그림

그림책의 그림이 글의 삽화에 머문다면 그림책으로서 의미는 반감된다. 글로 상상할 수 있는 이미지가 글을 반복하는 그림으로 인해 제한될 수도 있기 때문이다. 좋은 그림책은 그림과 글이 서로 밀고 당기며 각각의 서사를 구축해야 한다. 이 글에서 다루는 네 권의 책은 글에 비해 그림이 좀 더 개성있고 다양하다. 비룡소본과 시공주니어본의 그림이 글의 삽화 역할에 좀 더 충실하다면, 보림본과 씽크하우스본은 상대적으로 글의 이면을 이야기하는 그림 서사의 역할이 좀 더 크다.

그림 서사가 어떻게 나타나는지 알아보기 위해 먼저 각 책의 전반적인 분위기를 살펴보고, 작품의 성격과 주제를 함축하는 표지를 비교해 본다. 그런 다음 신선비 이야기의 원형적인 서사 단락인 '구렁이의 혼인과 탈각'과 그림책 재화 과정에서 중요하게 부각되는 '색시의 남편 찾기와 시련' 단락을 중심으로 그림이 어떻게 기능하는지 살펴본다.

앞서 언급했듯 비룡소본의 그림은 삽화로서의 역할이 크다. 다른 책들과 달리 배경을 대부분 비워둔 채 글을 펼침면에 나누어 제시하고 그림은 글의 서사를 반복한다. 글 사이에 놓인 그림으로 인해 인물의 행위에 초점이 모아지면서 움직임의 연속성은 강조되나 삽화 같은 느낌은 더 강화되어 만화와 같은 효과도 낸다. 글과 그림이 때로는 가볍고 때로는 지나치게 익살스러워 옛이야기 <구렁덩덩 신선비>의 분위기와는 상당한 거리가 있다.

시공주니어에서 글은 한 장면에서 한두 가지 상황을 이야기하면, 그림은 그중 한 가지 상황만 묘사한다. 이러한 선택은 그림의 특성 때문으로, 비룡소본처럼 연속적인 장면으로 나누어 처리하지 않는 이상 동시에 두 장면을 보여 줄 수는 없다. 선택된 그림은 대체로 글이 이야기하는 바를 조금 더 구체적으로 제시할 뿐이다.

한편, 위의 예시문 ①의 장면에서 그림은 글이 이야기하는 것 이상을 강렬하게 환기하는 것처럼 보인다. 이 장면에서 글은 할머니가 찾아와 구렁이 아들의 청혼을 전달하자 어머니는 딸들을 불러 혼인 의사를 묻는다. 그림은 전자의 상황은 생략한 채 어머니가 구렁이와의 혼인 의사를 묻자 싫다고 방을 나가는 언니들과 다소곳이 앉아 있는 셋째(색시)를 묘사한다.

그림 1에서 볼 수 있듯 등을 보이며 방을 나가

어머니가 딸들에게 구렁이와의 결혼 의사를 묻는 장면.
『구렁덩덩 새선비』, 시공주니어본, ⓒ이상권

면서 한껏 불쾌함을 드러내는 언니들에게 초점을 맞추고 있다. 한쪽 면의 절반을 넘게 차지하고 있는 방문 틀이 시선을 끄는데 방문 틀을 넘어서며 고개를 돌려 동생을 흘겨보는 언니의 표정이 강렬하다. 이 때문에 뒷모습만 보이는 또 다른 언니의 표정도 궁금해진다. 글에는 나타나지 않는, 동생에게 불쾌감과 경멸을 한껏 드러내는 언니들의 모습은 다양한 이야기를 환기시킨다.

이처럼 시공주니어본에서는 전반부에 등장하는 언니들의 모습이 인상적이다. 표정과 행동이 적나라한 데다 동생보다 크게 그려졌기 때문이다. 고대부터 그림 속 등장인물의 크기는 인물의 중요도 평정의 척도였다. 언니들은 크기와 얼굴 표정에서 주인공인 셋째보다 더 시선을 끈다. 후반부에서도 두드러지지 않는 셋째는 상황의 일부로 있을 뿐 상황을 주도하거나 장악하지 못한다. 이는 이 책의 그림이 삽화로 머물고 있음을 보여준다.

이와 달리 보림본은 언니들보다 셋째(색시)를 크게 표현하여 시선을 고정시키고 이야기의 흐름을 쫓아가게 한다. 이로써 이 작품에서 전달하고자 하는 시련을 극복하는 용기와 포기하지 않는 의지를 보여 준다. 또한 신이한 배경에 대한 묘사를 반복해 고유의 분위기를 촉발하고 유지한다. 신선이 살고 있는 것처럼 보이는 구름에 둘러싸인 아득히 높은 산의 모습은 본문 첫 장의 밭매는 할머니가 등장하는 현실적인 배경에도, 새신랑이 먼 길을 떠나는 모호한 배경에도, 색시가 잠적한 신랑을 찾아가는 신이한 배경에도 등장한다. 현실 속에 환상이, 환상 속에 현실이 혼재하는 신선비 이야기의 성격을 잘 드러내는 배경이다.

다만 몰입을 방해하는 과잉과 서툶도 발견된다. 민화풍의 꽃 그림과 다양한 소품이 과잉되게 표현되었다. 정승이 세 딸을 불러 구렁이와의 혼인 의사를 묻는 장면에서, 이계에서 새로 장인 장모가 될 집주인과 선비가 문답하는 장면에서 글이 놓인 배경을 꽃들이 장식하고, 다양한 소품을 이용해 옛 분위기를 조성한다. 의미 없이 과한 것은 장식일 뿐 읽기에 도움이 되지 않는다. 그리고 대체로 댕그랗기만한 눈과 어색한 입 같은 서툰 인물 묘사가 몰입을 방해한다. 인물의 표정은 글이 담지 못하는 감정을 드러내기에 특히 세심하게 표현해야 한다.

씽크하우스본은 앞서 언급했듯 원전의 출처를 밝히고 있다. 이 원전에서는 다른 각 편과 달리 "굉장히 긴 구렝이를 만났는데, 귀가 돋치구 (……) 금빛이 번쩍번쩍"[06]한 특이한 구렁이가 나온다. 작품은 특이한 구렁이로부터 빚어지는 몽환적이고 환상적인 분위기를 잘 묘사하고 있다. 표지에서 신이한 구렁이를 몽환적으로 보여 주고, 이어진 앞뒤 면지는 색시가 남편을 찾아가는 신비한 시공간을 보여 준다. 해와 달이 결합되어 밤인지 낮인지 알 수 없는 시간 속에 하나의 수관을 이고 비스듬히 서 있는 나무 네 그루, 둥근 선으로 겹겹이 쌓아 올린 듯한 산, 그 산을 흰 구름이 나른하게 두어 겹 감싸고 있는 배경은 금빛 구렁이(남편)가 숨을 법한 황금빛 시공간이다. 이렇게 작품의 인물과 배경을 안내하는 표지와 면지의 그림을 통해 독자는 낯설고 신기한 세계로 들어간다는 인식을 확실히 한다.

이런 분위기는 본문의 검은색 계열의 색과 집 형태의 변화를 통해 촉발되고 유지된다. 본문 첫 장에서 글의 배경으로 펼쳐진 검은 색은 함지를 인 할머니와 초가집, 밭두렁 같은 현실적인 대상에도 불구하고 검은색 그 자체로 비현실적인 시공간을 슬쩍 밀어 놓는다. 신비하면서도 매력적인 검은색 계열은 딸들에게 구렁이와의 혼인 여부를 묻는 부모의 뒷모습에서, 한 덩어리로 뭉쳐 신방을 훔쳐보는 마을 사람들의 모습에서, 신선비를 찾아 길을 떠나는 색시의 배경에서, 새 각시와 물 길어 오기 내기를 하는 공간 등에서 다양한 질감으로 드러난다. 검은색은 구렁이 없이 사람들이 등장하는 장면에서 주로 나타난다.

그런데 어딘가 이상하다. 전래동화 그림책에서 사람들만 등장하는 장면이라면 당시의 삶을 보여 주는 현실적인 시공간이 두드러져야 하는 것 아닌가. 그러나 씽크하우스본은 원전이 내포한 분위기처럼, 현실과 환상이 혼재하는 시공간을 표현하기 위해 매혹적인 검은색을 과감하게 배치한다. 현실에 균열을 내며 현실과 비현실의 경계에 머물게 하는 것이다.

집 형태의 변화는 특히 구렁이가 나타나는 장면에서 두드러진다. 구렁이가 살고 신방을 차리는 집의 벽, 기둥, 방문 등은 사선으로 기울어지고 휘어져 있어서 현실적인 주거 공간을 비현실적으로 만들어 버린다. 이 책의 그림 서사는 이야기의 신이함을 지속적으로 환기시킨다.

또 하나 글 서사에 드러나지 않는 그림 서사는 인물의 표정이다. 익숙하고 사실적인 표정이라 친근하게 다가갈 수 있는데, 인물의 표정은 글이 말하지 않은 깊숙한 속내를 드러낸다. 그림 2에서 자기가 낳은 구렁이를 바라보는 노파의 모습에는 안쓰러움과 착잡함 그리고 흐뭇함이 함께 있다. 그리고

---

[06] 한국정신문화연구원, 『한국구비문학대계』, 4-6, 2002, 179쪽.

할머니와 구렁이의 모습.
『구렁덩덩 신선비』, 씽크하우스본 ©김은정

노파를 등지고 서서 먼 곳을 바라보는 구렁이의 모습에서는 여타의 판본에서 볼 수 없는 구렁이의 위엄과 무언가에 대한 희구가 느껴진다. 이렇게 인물의 표정은 깊은 감정을 드러내며 글 이면의 이야기를 들려준다.

1) 작품의 성격과 주제를 함축한 표지

책 표지는 작품의 성격과 주제를 함축한다는 의미에서 중요하다. 보림본은 표지 테두리를 초록색 구렁이가 둘러싼 가운데 검은색 글씨로 '구렁덩덩 새 선비' 제목을 배치하여 한 편의 문자도처럼 보인다. 검은색 제목 글씨도 구불구불한데다 흰색 비늘무늬로 장식하여 더욱 구렁이를 연상하게 한다. 글자 주변을 장식한 꽃과 새 등 민화풍의 삽화들 또한 과거의 어느 시대를 연상시키며 한눈에 작품의 분위기를 느끼게 한다. 제목 아래에는 동양화풍 바위산을 앞에 두고 한복을 곱게 차려입은 색시가 앉아 있다. 두 손을 모은 색시는 내면의 중심이 확고하고 의연해 보인다. 색시의 이런 모습은 여타의 그림책에서는 볼 수 없는데, 표지에서 '시련을 이겨내는 색시의 용기와 지혜'라는 작품의 주제를 잘 살렸다.[07]

시공주니어본은 열린 대문 사이로 갓을 쓰고 책을 읽는 구렁이의 모습이 방문에 비쳐 보인다. 뒤 표지도 똑같은 배경에 구렁이 대신 선비가 앉아 있다. 이 책이 말하고자 하는 것이 시련을 극복하는 색시의 "주체적이고 당당한 한 인간으로서의 모습"이며 "약속과 믿음의 중요성"(시공주니어본 해설 :

---

[07] 이후 보림은 개정판을 내며 표지와 속표지를 바꾼다. 본문에 나오는 색시와 구렁이의 혼인식 장면으로 대체하는데, 처음의 표지가 작품의 성격과 주제를 더 효과적으로 드러낸 것으로 보인다.

우리 옛이야기 20 「구렁덩덩 새선비」)이라고 할 때 표지는 이를 담아내지 못했다. 그러나 표지와 뒤표지의 대비된 모습에서 작품의 특성과 분위기가 한눈에 드러나며 더불어 독자의 호기심을 끌어낸다. 다만 표지에서 구렁이 앞의 책이 정면으로 어색하게 놓여있는데, 뒤표지에서는 선비의 옆모습을 묘사하면서 앞에 놓인 책은 여전히 정면으로 그린 것이다. 전래동화 그림책은 과거 어느 때의 일상을 배경으로 하기에 그 당시의 삶의 모습을 정확하게 표현해야 한다. 여기서 구렁이가 속한 세상은 환상의 세계이지만 선비의 세계는 현실의 세계이다. 현실을 살아가는 선비의 일상을 제대로 묘사해야 한다. 어린이들은 우리의 전통문화를 전래동화 그림책을 통해 처음으로 접하기 때문이다.

씽크하우스본의 표지는 뒤표지와 연결해 원전에서 표현한 황금빛 구렁이의 모습을 표현한다. 눈과 콧구멍, 이빨과 혀 등 디테일을 잘 살린 구렁이 머리와 선비의 얼굴이 나란히 있고 주위를 구름이 감싸고 있어 신이한 구렁이의 존재를 강화한다. 그러나 약속의 소중함과 시련을 이겨내는 색시의 용기와 지혜를 강조하는 주제를 생각할 때 표지는 주제를 함축하기보다는 신이한 구렁이와 작품의 환상적인 분위기를 드러내는 데 집중하였다.

비룡소본의 표지는 행복한 세계, 즉 모든 시련이 끝나 더 이상 삶의 의문이 없는 세계, 구렁이에서 사람으로 돌아오는 원환적인 세계를 보여 준다. 환하게 웃으며 둥그렇게 몸을 말고 있는 구렁이를 중심으로 동물과 사람이 앞서거니 뒤서거니 어울려 살아가는 세계는 동물과 사람의 구별이 없는 옛이야기의 세계이기도 하다. 박경효는 표지에서부터 남다른 해석을 통해 작품의 성격과 분위기, 주제를 드러낸다. 그러나 이 떠들썩한 흥겨움을 신선비 이야기의 성격이나 분위기로 보기에는 어렵다. 다른 판본에 비해 새로운 해석을 했음에도 불구하고 원전이 내포한 구렁이의 신성성이나 색시의 고난은 간과했다.

2) '구렁이의 혼인과 탈각' 단락

이기대에 따르면, 옛이야기에서 <구렁덩덩 신선비>라고 인식하게 하는 가장 원형적인 서사 단락은 구렁이의 혼인과 탈각[08]이다. 전래동화 그림책에서도 독자들이 강한 호기심을 보이는 장면이다. 보통 혼례 → 탈각 → 변신으로 이루어지는 이 과정은 놀라움과 당혹스러움에서 은밀함과 신이함으로, 다시 놀라움으로 감정을 변화시키는 작품의 핵심이다. 이 장면에서 비룡소본과 씽크하우스본을 주목할 필요가 있다.

그림 3에서 보이듯 비룡소본의 혼인 장면은 비룡소본은 한 편의 익살극으로 치환한다. 초례상을 사이에 두고 마주한 색시와 구렁이, 왼쪽에는 이를 지켜보는 사람들이 있다. 김홍도의 풍속화에서 튀어나온 듯한 구경꾼들의 모습에는 시골 장의 흥겨움과 수선스러움이 가득하고, 구렁이는 물론이고 색시 또한 만면에 웃음을 짓고 있다. 구렁이를 익살극의 주인공으로 표현하여 신성성을 무화하고 부정해 온 것을 상기한다면 구렁이와의 혼례가 색시에게 즐거운 일만은 아닐 터이다. 그런데도 색시는 수줍은 미소를 머금고 있다. 구경꾼들의 모습도

---

[08] 이기대, 앞의 글, 320-321쪽.

"구렁덩덩 새신랑 장가가네! 허허."

"연지 곤지 새색시도 웃고 있네! 히히."

동네 사람들은 신기한 듯 웃고 떠들고,
막내둥이 셋째 딸의 언니들은 비웃고,
할미와 정승, 정승 부인은 부끄러워했지만
구렁이는 무척이나 행복했습니다.

이윽고 날은 저물고 첫날밤이 되었습니다.

혼례 장면.
『구렁덩덩 새신랑』, 비룡소본, ⓒ박경효

드디어 셋째 딸과 구렁이 총각의 혼례날이 되었어.
"세상에, 참 별일 다 보겠네."
"그러게나 말이야, 구렁이가 장가를 가다니!"
구경 온 사람들이 수군대었지.
언니들은 셋째 딸의 신방에다 침을 퉤퉤 뱉으며 말했어.
"어떻게 더러운 구렁이랑 신랑?"
"이제부터는 옆에 오지도 못하게 할 테야."
밤이 깊어 사람들이 돌아가고 주위가 조용해지자
가만히 엎드려 있던 구렁이 신랑이 일어섰어.
그 때 찬란한 황금빛이 구렁이 몸을 감싸더니
방 안에 안개가 자욱이 서리더래.

혼인날 밤 탈각 직전의 구렁이.
『구렁덩덩 신선비』, 씽크하우스본, ⓒ김은정

염려스럽다거나 불안한 기운은 없다. 구렁이의 탈각 과정을 담은 장면은 마법적인 존재에 대한 신이함이나 외경심, 강렬한 분위기 없이 익살스러운 글을 반복하는 삽화만 있을 뿐이다.

반면 그림 4의 씽크하우스본은 구렁이의 탈각 직전과 변신한 모습을 보여 준다. 그림은 혼인날 밤에 탈각하기 직전의 모습이다. 신방을 훔쳐보는 언니들과 사람들의 표정 아래 펼쳐지는 거칠고 검은 덩어리는 너와 나의 구분도 없이 뒤섞인 사람들의 몸뚱이이면서 그들의 놀라움, 미심쩍음 그리고 혼란과 불안까지 모두 흡수한 감정의 블랙홀이다. 이 검은 덩어리는 방안의 황금빛과 대비되어 더욱 강렬하게 구경꾼들의 감정을 환기하게 한다. 그림 자체로는 매혹적이나 그림책의 그림이 글과의 관계 속에서 존재한다는 사실을 상기하면 아쉬운 부분이다. 초점을 두어야 할 변신 직전의 구렁이나 색시의 모습이 잘 드러나지 않기 때문이다.

다음 장면은 탈각 이후 변신한 모습이 묘사된다. 황금색 바탕에 비정형의 무늬가 가득하고 아래에는 구렁이 허물이 깔려 있다. 원전에 나타난 구렁이가 썼던 금사(金絲)망을 표현한 것으로 보인다. 그 한가운데 신선비가 색시를 안고 있다. 고개를 숙이고 색시를 지그시 내려다보는 신선비의 얼굴과 신선비에게 살짝 기댄 색시의 얼굴에선 안도감과 흐뭇함 그리고 따뜻함이 묻어 나온다. 인물들의 감정에 초점을 맞추어 글을 넘어 이야기의 지평을 넓히는 것이다.

3) '색시의 남편 찾기와 시련' 단락

신선비 이야기를 재화한 대부분의 그림책은 '색시의 남편 찾기와 시련' 단락을 중요하게 다룬다. 어린이를 주 독자로 하는 현대의 작가들은 신선비 이야기를 '시련과 고난을 이겨내는 색시'에 초점을 맞추고 있고, 이 글에서 다루는 네 종류의 그림책 해설에서도 공통적으로 언급되는 주제이다.

시공주니어본은 6면을 할애하여 색시의 시련을 그리지만, 색시가 각각의 상황을 주도하기보다는 상황에 묻혀 있다. 각각의 장면에서 색시는 까마귀나 멧돼지 또는 아주머니와 비슷하거나 오히려 작게 그려지고, 힘든 일을 하는 색시의 표정은 여상스러워 고통을 극복하려는 의지가 드러나지 않는다. 글의 서사를 평면적으로 보여 줄 뿐이다. 감당하기 어려운 과업에 직면하여 적극적이고 강한 의지를 드러내는 주인공으로서의 면모가 보이지 않는다.

비룡소본에는 이 부분이 아예 빠져 있다. 대신 이계에서 새 각시가 될 사람과 내기하는 장면으로 대체한다. 펼침 1면으로 색시와 새 각시의 물 길어오기 내기를 그리는데, 색시를 두드러지게 나타내기보다는 새 각시의 이기려는 욕심과 부주의함으로 비롯된 파국을 과장하여 보여 준다. 상대를 희화화하고 비하하여 주인공의 정당성을 확보하는 것이다. 어린이 책에서 이러한 방식의 형상화는 숙고해 보아야 한다.

주목을 끄는 것은 보림본과 씽크하우스본의 그림이다. 보림본은 이 장면을 6면으로 구성했는데, 그림 5에서는 글에서 서술한 대로 색시가 까마귀와 멧돼지, 할머니를 만나는 장면을 그대로 보여 준다. 주목을 요하는 부분은 이 장면들의 상단에 펼쳐진 배경이다. 글에는 이 배경에 관한 언급이 전혀 없다. 하얀 보따리를 안고 걸어가는 색시가 있고, 신이한 분위기를 조성하는 높은 산이 멀리 보인다.

산등성이를 넘는 색시와 까마귀를 만나는 색시.
『구렁덩덩 새 선비』, 보림본, ©한유민

그 위에 노란 달이 시간의 흐름을 표현하듯 보름달에서 반달로 다시 그믐달로 떠 있다. 이렇게 신비한 분위기를 풍기는 배경으로 인해 색시의 머나먼 여정을 유추할 수 있고, 그 아래에서 펼쳐지는 신기한 만남과 시련이 당위성을 얻는다. 하지만 어색한 눈과 입으로 박제된 색시의 표정은 글을 넘어선 배경 서사에의 몰입을 방해한다.

씽크하우스본에서 이 장면은 길 떠나는 색시의 모습으로 시작된다. 찡그린 눈, 꼭 다문 입술에 한 손은 삿갓을 잡고 다른 한 손은 바랑 끈을 꼭 잡은 색시의 모습은 글에 나타난 색시의 의지와 각오를 효과적으로 보여 줄 뿐만 아니라 이 작품의 메시지도 잘 전달한다. 그러나 이 장면에서 더욱 눈길을 끄는 것은 색시의 배경으로 그려진 검은 숲이다. 유령처럼 드러난 나무들 뒤로 새까만 어둠이 펼쳐진다. 검은색은 이 작품의 신이한 분위기를 나타내는 그림 서사의 중요한 한 축이다. 이 장면에서는 신이한 분위기뿐만 아니라 인물의 의지와 각오 뒤에 숨어 있는 검은 그림자, 즉 두려움과 불안을 함축한다.

자신의 부주의로 인해 사라진 남편을 찾아 나서는 길은 평범하지 않다. 더구나 남편은 구렁이에서 사람으로 변신한 신이한 존재이다. 그를 찾아가는 길이 아무리 의지와 각오가 각별하다고 해도 두려움과 불안이 있게 마련이다. 이 심연의 감정을 글로 표현한다면 구구절절해진다. 그림은 이를 검은 숲으로 간단하면서도 참신하게 해결한다. 이 장면에 이르면 씽크하우스본의 그림 서사가 인물의 감정과 검은색의 운용에 크게 빚지고 있다는 것이 확실해진다.

4. 좋은 전래동화 그림책이 되려면

전래동화 그림책은 오랫동안 전해 내려오는 옛이야기와 옛 문화의 중요한 현대적 전승 통로이다. 옛이야기의 전승이라는 측면에서 전래동화 그림책은 그 어떤 영역의 그림책보다 공을 들여야 한다. 전래동화 그림책은 어린이들이 옛 문화를 접할 수 있는 기회를 제공하고, 원전에 대한 깊은 이해와 해석을 바탕으로 다양하게 각색된 이야기를 통해 독서의 흥미를 유발할 수 있다. 특히 독서 흥미 발달 단계에서 어린이들이 옛이야기에 흥미를 느끼는 시기가 그림책을 보는 때와 맞닿아 있기 때문이다.

좋은 전래동화가 되기 위해서는 첫째, 재화된 옛이야기에 대한 깊은 이해가 있어야 한다. 이때 원전 표기는 필수이다. 원전 없이 재화된 이야기는 무엇을 기준으로 어떻게 바뀌었는지 알 수 없다. 독자 입장에서도 하나의 옛이야기가 작가와 출판사에 따라 달리 재화된 작품들이 여럿이어서 혼란스럽다. 작가라면 우리의 전통을 처음 접하는 독자들에게 어디에서 채록된 이야기인지, 과거의 조상들이 어떻게 살았는지 제대로 알게 해 주어야 할 책임이 있다.

둘째, 원전을 충실히 살리는 것과 함께 고유의 그림 서사를 갖추고, 글 서사가 표현하지 못하는 부분을 그림 서사를 통해 더욱 풍부하게 만들어야 한다. 서사의 어느 단락을 중심으로 그림책을 구성할 것인지도 고려해야 할 부분이다. 글 서사의 내용을 살펴보았을 때 시공주니어본은 변이형 2를, 나머지 세 권은 변이형 3의 공통적인 서사 단락을 주요 내용으로 재화했다. 그중 비룡소본은 '색시의 남편 찾기와 시련', '이계 이동' 단락을 생략했다. 형식적 측면에서는 모든 판본이 구어체 표현을 중요하게 운용하며 구전 문학의 특징을 유지했다. 서술 방식에 차이가 있을 뿐이다.

셋째는 전래동화 그림책에서 그림이 글의 삽화로 머무는지, 서사로 서 있는지도 중요한 부분이다. 비룡소본과 시공주니어본은 삽화로서의 성격이 강하고, 보림본과 씽크하우스본은 서사로서의 역할이 크다. 후자의 경우 <구렁덩덩 신선비>의 신이한 분위기를 그림의 배경으로 묘사한 부분이 뛰어나다. 씽크하우스본은 인물의 감정 표현과 검은색의 운용이 뛰어나고, 보림본은 표지에서부터 고난을 극복하는 의연한 색시의 모습을 잘 표현했다. 보림본이 1997년 출판 이후 표지를 바꾼 지금까지도 독자의 지지를 받는 이유는 무엇보다 이야기의 주제를 잘 견인했기 때문일 것이다.

좋은 전래동화 그림책은 100년, 200년 뒤에도 어린 독자들이 조상들의 삶의 모습을 이해하고 우리의 문화를 귀하게 여기도록 해 줄 것이다.

2장

2010년대 우리 그림책 형식의 변주와 확장

1. 2010년대 우리 그림책

동서양을 막론하고 그림책의 첫 독자는 어린이였다. 그림책은 교육적인 의도를 직접적으로 드러내면서 문자 인식에서 읽기로 나아가는 전환 과정의 매개체 역할에 충실했다. 근대화 시기에 외부로부터 유입되어 80년 남짓의 역사를 지닌 우리 그림책 역시 마찬가지였다. 그러나 한편으로 우리 그림책은 교육 제도의 정비, 경제 상황, 출판 인쇄 기술의 발전 등으로 숨 가쁘게 발전하고 있다.

특히 최근 20여 년 동안 눈부신 결실을 보여주고 있는데, 일차원적인 교훈성을 벗어나 즐거움과 상상을 불러일으키고, 소재와 주제가 확장되었다. 그림책이라는 매체가 가진 형식을 변주하고 확장한 새로운 작품들도 나타났다. 이러한 움직임 속에서 우리 그림책은 독자층을 확대하고 있다.

현대의 책은 디지털 기술과 만나며 고유의 물성을 해체하고 있다. 종이와 제본, 글과 삽화, 작가와 독자가 새로운 형식으로 통합되었고 상호 작용성(interactivity)을 확대해 나가고 있다. 신동희에 따르면 인터랙션(interaction)은 개체가 취한 행동이 다른 사용자나 컴퓨터에 영향을 미치는 행동을 의미하고, 상호 작용성은 매체의 속성이 아닌 가변적인 특성(variable)을 지닌 커뮤니케이션 과정의 구성물로 인터랙션의 정도를 나타낸다. 이러한 개념은 학문 분야에 따라 조금씩 다르게 이야기된다.[01]

기본적으로 모든 예술은 예술과 감상자 간에

---

[01] 신동희, 『휴머니타스 테크놀로지』, 커뮤니케이션북스, 2013, 16쪽.

의사소통이 이루어진다는 점에서 상호 작용성이 있다고 할 수 있다. 이 글에서 상호 작용성은 그림책이 물성을 변주하고 확장하는 만큼 독자의 적극적인 참여가 이루어지는 의사소통 과정의 구성물로, 독자의 참여 정도를 말한다.

일례로 종이책 사전을 보는 사람을 찾기 어렵지만, 그림책의 경우는 사정이 다르다. 글에 비해 그림의 역할이 점점 커지고 있고, 그림의 형태와 크기, 질감 등은 종이와 디지털 매체에서 같을 수 없다. 이는 그림책이 종이책의 물성을 지속하는 이유이기도 하다. 반면 디지털 매체에 익숙한 현대의 독자들은 직접 참여할 수 있는 상호 작용성을 요구한다.

이런 시대적 요구에 따라 그림책 작가와 편집자의 고민이 깊어졌다. 또한, 예술의 영역에서 새로움에 대한 갈망은 언제나 크다. 그림책의 형식에 대한 새로운 실험이 미약할지라도 꾸준히 있어 온 이유이다.

이 장에서는 우리 그림책을 중심에 두고 그림책 형식의 새로운 실험을 보여 준 작품을 살펴본다. 그리고 형식의 변주와 확장으로 내용을 통합하며 독자와의 상호 작용성을 강화한 2010년대 우리 그림책의 양상을 고찰한다. 제본과 표지 및 지면 형식이 어떻게 내용과 주제의 형상화를 견인하는지를 '더하기 제본으로 소통 강화하기', '빼기 제본으로 주제 심화하기', '나누어 접기 제본과 홀(hole) 형식으로 내면 탐색하기'로 나누어 살펴본다. 이러한 구분은 논의의 깊이와 편의를 위한 것이다. 한 작품이 여러 범주에 속할 수도 있으나 작품의 특장점을 가장 잘 드러내는 범주에 위치시키고자 한다.

종이를 세로로 접어 마고할미의 거대한 모습을 보여 줬다.
『마고할미』, 정근 저, ⓒ조선경 그림, 보림, 2006

2. 그림책 형식의 새로운 실험들

그림책은 글과 그림의 조화로 완성되는 책이다. 일반적으로 두꺼운 종이 표지에 32면 안팎의 지면으로 이루어진다. 본문에는 대체로 짧은 글과 지면을 꽉 채운 그림이 있다. 그러나 작가의 의도에 따라 글이 없는 경우도 있고 그림을 컷으로 나누는 등 다양한 방식으로 구성된다. 속장을 묶고 합지된 튼튼한 종이 표지를 씌우는 양장 제본은 여전히 주류를 이루는데 이는 우리 그림책의 기본적인 형식이라 할 수 있다.

1995년 출간된 조선경의 『마고할미』는 당시로서는 놀라운 형식의 변주를 보여 줬다. 스프링 제본에 본문은 가로로 접어 폭을 넓혔고 일부는 세로로 접어 길이를 확장하였다. 스프링 제본은 종이를 쉽게 접고 펼 수 있는 최적의 방식이다. 이로써 독자들은 우리나라 천지개벽 신화의 주인공인 마고할미를 신비롭고 강렬하게 만날 수 있었다.

2011년에 출간된 조은영의 『달려 토토』는 같은 해 BIB(Biennale of Illustrations Bratislava)에서 대상을 수상하였다. 할아버지를 따라 경마장에 간 손녀의 눈에 비친 경마장 풍경을 담았는데, 작가의 언술과 손녀의 시선에 포착된 풍경의 엇박자가 빚어내는 재미와 씁쓸하고 서늘한 뒷맛이 오래 남는 책이다. 이 책은 다양한 재료와 기법으로 벌거벗은 인간의 욕망을 드러냈는데, 양면 펼침으로 지면의 좌우

2 『달려 토토』 표지 펼침면.
ⓒ조은영 글·그림, 보림, 2011
3 접지 형식으로 경주마의 역주를 나타냈다.
『달려 토토』 ⓒ조은영, 보림

에 접지를 붙여 경주마의 역주를 강렬하게 보여 주었다.

다양한 본문 편집도 시도되고 있다. 가로 편집 중 일부분을 세로 편집한 『심청전』(유은실 글, 홍선주 그림, 2010년)과 『비밀이야』(박현주, 2016년) 등이 그것이다. 『심청전』은 심청이가 인당수에 빠지는 장면을 세로 편집하여 바다의 깊이를 드러냈으며, 심청이의 두려움도 함축했다. 『비밀이야』는 아이들의 상상 놀이가 아랫집엔 층간 소음이 되어 아랫집 할머니가 우산으로 천장을 두드리는 장면을 세로로 편집했다. 이 작품들에서 접지를 이용한 책장과 편집의 변주는 장면의 분위기를 독자들에게 효과적으로 전달하는 방법으로 쓰였다.

그림책 형식의 변주 기법으로 나누어 접기 제본[02]을 빼놓을 수 없다. 나누어 접기 제본의 책은 독자가 자유롭게 펴고 접을 수 있어 책이 놀잇감처럼 기능한다. 1부 9장에서 상세히 언급한 『피노키오는 왜 엄펑소니를 꿀꺽했을까?』는 주목할 만한 그림책이다. 이 책은 제본 방식을 변주함으로써 독자의 임의성을 확장하며 상호 작용성을 강화했다.

이러한 그림책 형식의 실험은 소수의 작품이지만 꾸준히 있어 왔다. 그리고 독자의 읽기에 개입하며 상호 작용성을 확대하고 있다. 2010년대 중후반부터 그림책 매체가 가진 구조를 해체하고 재구축한 새로운 형식의 작품들이 등장하고 있다. 이전까지의 책장 확장, 편집이나 제본 방식의 변주를 넘어 새로운 형식으로 예술성과 작품성을 확보했다. 이는 보다 직극직인 독사의 참여를 유도한다는 점에서 의의가 있다.

3. 2010년대 그림책 형식의 변주와 확장

1) 더하기 제본으로 소통 강화하기

더하기 제본은 두 권의 책을 한 권으로 엮은 것이다. 대표적인 작품으로 조선경의 『Kiss』와 조수경의 『나』가 있다. 『나』는 1부 3장에서 자세히 언급하였고, 여기서는 그 형식적 특성만 설명한다.

『Kiss』는 따로 제본한 책 두 권의 뒤표지를 연결하여 한 권으로 만들었다. 따라서 책은 모두 세 권이다. 뒤표지를 연결함으로써 따로 제본한 책 두 권은 좌우에 배치된다. 각각은 속표지를 제외하고 양면 펼침 7면씩으로 구성돼 있다. 왼쪽에 제본된 책에는 유인원, 새, 문어, 멧돼지, 뱀, 물고기, 사자가, 오른쪽에 제본된 책에는 쥐, 악어, 개구리, 상어, 사람, 늑대, 바위가 미색 바탕에 검은 실루엣으로 담겨 있다. 독자는 각각의 책을 볼 수도 있고 연결하여 한 권으로 볼 수도 있다. 두 권을 나란히 놓고 한 권으로 볼 경우 양쪽에서 제본한 책의 책장들은 중앙으로 모이게 된다. 즉, 좌우에서 제본된 책 두 권의 책장을 따로 또 같이 넘길 수 있는데, 양쪽에서 책장을 넘기면 각 화면의 인물들이 중앙에서 마주 보는 구조가 된다.

각 책의 다양한 인물들은 책장을 어떻게 넘기느냐에 따라 자유롭게 조합되며, 제목처럼 중앙에서 '키스'를 하게 된다. 여기에 더해 흥미로운 점은 온통 까만 인물들의 하얀 눈이 마주 보는 상대를 향하고 있다는 것이다. 인간과 비인간의 구분 없이 세상의 모든 존재들이 서로를 응시하며 키스하는 세계는 소통하는 세계, 궁극적으로는 작가가 전

---

02 나누어접기 제본은 병풍(아코디언 북) 제본을 말한다. 한 장의 종이를 동일한 크기로 나누어접어 책을 만드는 방식이다.

4 『Kiss』 ⓒ조선경, 썸북스, 2015
5 『Kiss』 왼쪽 제본 그림책의 첫 면. ⓒ조선경
6 두 권을 나란히 놓고 좌우에서 책장을 넘기며 볼 때의 모습.

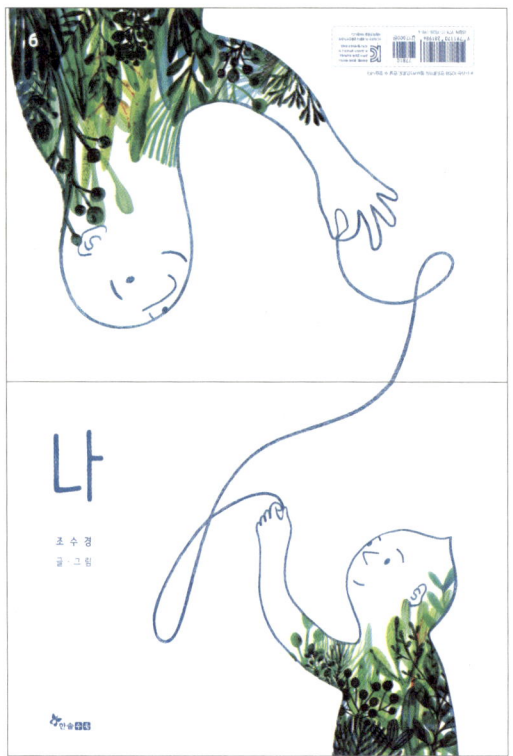

(위) 뒤표지, (아래) 앞표지
『나』, ©조수경 글·그림, 한솔수북, 2018

를 이루며 전개된다. 아이와 어른이 각각 학교생활과 사회생활로 인해 본모습을 잃어 간다는 설정 아래 내면의 여정과 돌아온 현실의 장면이 유사하게 진행된다.

이 책은 결국 한 사람의 이야기이며 하나의 이야기임을 강변한다. 아이가 만나는 미래의 나(어른)와 어른이 만나는 과거의 나(아이)는 자신을 들여다 보며 본모습을 찾아가는데, 이를 자신과의 소통이라고 표현해도 무방할 것이다. 이러한 이야기가 위아래 두 권의 책으로 묶이며 누군가와 마주 앉아 읽는 환경까지 마련해 준다. 누군가와 마주 앉아 한 권이자 두 권인 책을 읽으며 서로의 책을 넘어다보고 대화를 나눈다면, 『나』는 상대방과의 소통은 물론이고 나와도 소통하며 읽는 책이 된다.

2) 빼기 제본으로 주제 심화하기

빼기 제본이란 본문과 표지를 분리한 제본을 말한다. 대표적인 작품으로 『물이 되는 꿈』과 『울음소리』를 들 수 있다. 『울음소리』는 1부 10장에서 다루었으므로 여기서는 형식적 측면만 언급한다.

『물이 되는 꿈』은 루시드 폴의 노래 <물이 되는 꿈>의 가사에 이수지가 그림을 그린 작품이다. 이 책은 무선제본이 아니라 표지와 본문이 분리되어 있고, 아코디언식으로 나누어 접기를 한 본문 전체를 따로 제작된 표지가 감싸는 방식이다. 속장 34면, 5미터가 넘는 종이의 앞면에 하나의 그림이 이어져 있고, 뒷면에는 루시드 폴이 그린 악보가 있다.

이수지는 이른바 경계 삼부작[03]에서 책이라는 매체의 제약이기도 한 펼침면 중앙의 제본 선을 역이용해 하나이면서 다른, 현실과 환상의 두 세계를

하고자 하는 유토피아일 것이다. 근대를 지배해 온 인간 중심의 이분법적 사고가 해체된 것이다. 이렇게 독자의 조작에 따른 다양한 그림 읽기는 글이 없어 오히려 종횡무진 연결되며 독자의 상상을 확장한다.

그림책 『나』도 더하기 제본으로 읽기 상황을 소통의 공간으로 만들고, 독자로 하여금 자신의 내면과 교류하게 하는 작품이다. 두 권의 책을 위아래로 마주 보게 엮어 한 권의 책을 이루는데, 한쪽에는 아이의 이야기와 다른 쪽에는 아이의 미래인 어른의 이야기가 담겨 있다. 두 이야기는 동일하게 현실 - 환상 - 현실의 구성으로 이루어지며 서로 대구

『물이 되는 꿈』, 루시드 폴 글, ⓒ이수지 그림, 청어람미디어, 2020

효과적으로 표현했다. 『물이 되는 꿈』은 여기서 나아가 본문을 표지와 분리함으로써 주제를 더욱 심화했다.

이 책의 글, 루시드 폴의 노래 가사는 서사적이라기보다는 반복되는 주문 같으며, 막힘없이 유랑하는 느낌이다. 여기에 이수지는 그림으로 서사를 담았다. 본문 첫 펼침면(그림 8)을 보면 왼쪽에 수영 장비와 휠체어가 있고, 오른쪽에는 수영장에 걸터앉아 있는, 단단히 무장을 한 아이가 있다. 휠체어의 주인인 듯한 아이는 물속에 들어가는 것을 망설이고 있다.

마침내 아이가 물에 들어가 몸을 맡기고, 글은 나직이 읊조린다. "물, / 물이 되는 꿈 / 물이 되는 꿈 / 물이 되는 꿈." 아이가 물이 되기를 주문하는 것이다. 아이는 서서히 물을 타고 어느덧 모든 보호 장비를 벗어던진 채 자유롭게 흘러간다. 노래 가사를 따라 아이는 강이 되고, 바다가 되고, 분수가 되었다가 다시 별이 되고, 새가 되고, 바람이 되었다

---

03 이수지의 경계 삼부작은 『파도야 놀자』(비룡소, 2009), 『거울속으로』(비룡소, 2009), 『그림자놀이』(비룡소, 2010)를 말하는데, 이수지는 『이수지의 그림책』(비룡소, 2011)에서 이 작품들의 작업 과정을 소개하며 '현실과 환상의 경계 그림책 삼부작'이라는 부제를 달았다.

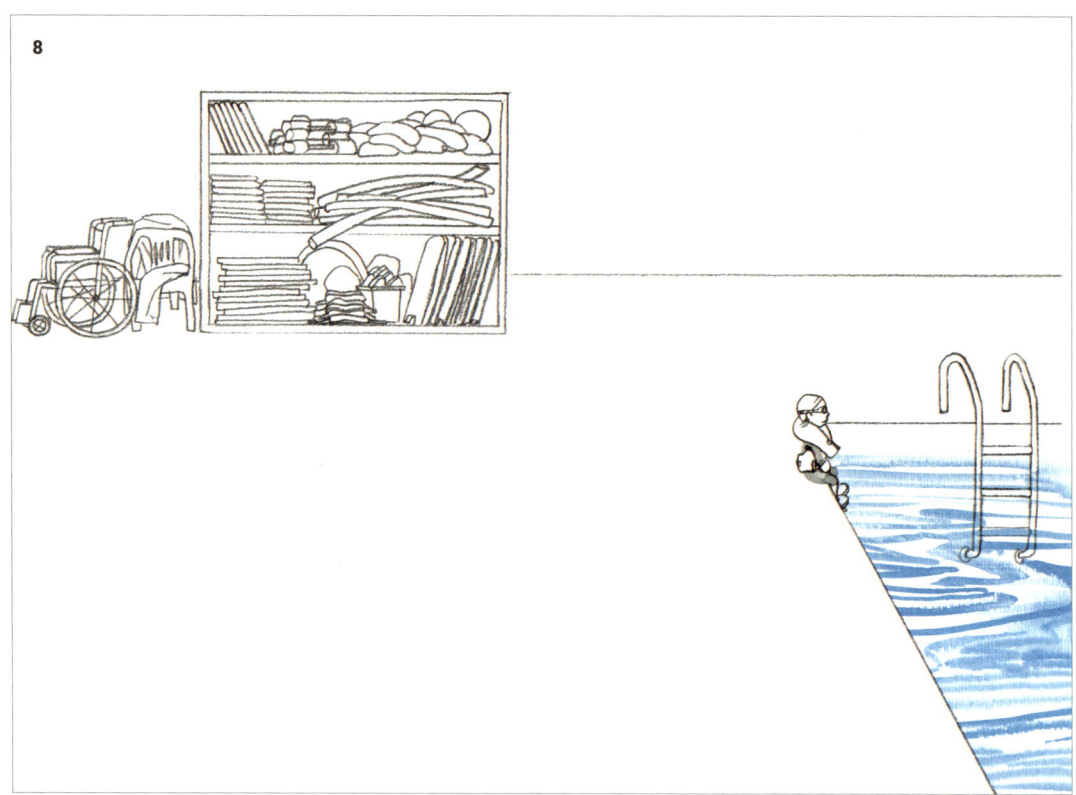

『물이 되는 꿈』의 첫 펼침면.
ⓒ이수지, 청어람미디어

가 다시 물이 된다. 이렇게 물과 하나가 되어 한없이 자유로웠던 아이는 편안하게 보호자의 품으로 돌아오는 장면이 마지막이다(그림 9).

이를 한 편의 그림으로 풀어낸 이수지는 이야기를 표지로 꽁꽁 묶고 싶지 않았을 것이다. 본문과 표지를 엮는 무선제본은 본문이 표지에 종속되어 자유롭지 못하다는 의미도 있을 것이다. 이 책의 작가들은 표지를 분리하여, 본문을 싸안는 형식으로 만듦으로써 그림 속 아이와 보호자, 본문과 표지를 유비 관계로 통합했다. 아이가 물속에서 자유로웠던 것처럼 본문도 자유롭기에 그 둘은 상통한다. 여기에 더해 독자는 자유롭게 책을 조작하는 기회를 얻게 된다. 이 책은 빼기 제본으로 서사를 내포하고 표지와 분리된 본문이 자유로움을 상징적으로 드러내도록 구현했다.

이 외에 하수정의 『울음소리』도 주목할 작품이다. 이 책은 '코덱스 2017 북 페어' 출품 작품의 케이스[04]를 대폭 수정하고 본문을 정교하게 다듬

---

04 BOUND, 「울음 소리 Drying sound_하수정」. 이 블로그(https://blog.naver.com/boundzine/220955747931(2019. 4. 20))에서 '코덱스 2017 북 페어' 출품 당시의 작품을 볼 수 있다.

『물이 되는 꿈』의 마지막 펼침면.
ⓒ이수지, 청어람미디어

어 출판했다. 일명 '스네이크 북'이라고 하는 이 제본 방식을 이 글에서는 '주름 접기'라고 부른다. 종이 한 장에 칼집을 넣고 접어 만든 책의 형태 자체도 주름이 져 있다. 이러한 형태로 인해 접힌 앞면의 서사가 펼침 뒷면의 절정에 귀속되며, 지각(울음소리)을 따라 마주하는 존재의 전체(아이의 얼굴)가 구체화된다. 이 때문에 접기, 펼치기, 다시 접기라는 이 책의 제본 방식은 펼치기가 접기의 반대 개념이 아니라 행위의 연속이라는 의미를 지니게 된다. 이런 연속성 속에서 "지각하는 자와 지각되는 것, 잠재성과 현실성, 내부와 외부, 주체와 대상 간의 구별이 존재하지 않는다."라는 의미 또한 생성되기에 '주름 접기'라고 일컬을 수 있을 것이다.[05]

표지를 케이스로 대체하고 주름 접기 방식으로 제본한 이 책이 전하려는 바는 표지 - 케이스 뒤쪽에 안내된 작가의 말에서 찾을 수 있다. '보이지 않는 곳에서 행해지는 모든 폭력에 눈감지 말라.'는 이야기는 평화롭고 느긋한 분위기의 표지 - 케이스와는 분명히 상반된다. 즉, 표지 - 케이스는 주제를 담고 있는 본문을 감추는 포장인 것이다.

---

[05] 클레어 콜브룩, 한정헌 옮김, 『들뢰즈 이해하기 : 차이 생성과 생명의 철학』, 그린비, 2007.

표지 앞 뒷면.
『하이드와 나』, ⓒ김지민 글·그림, 한솔수북, 2017

　어디선가 들려오는, 들릴 듯 말 듯한 소리를 쫓아가 만나는 것은 그동안 우리가 간과했던 숨죽인 소리, 화려한 치장으로 가린 상처, 거짓 웃음 등이다. 빼기 제본, 표지와 본문의 분리 그리고 주름 접기는 일상에 감추어진 불편한 진실을 상징화하며 주제를 심화한다.

3) 홀 형식으로 내면 탐색하기

　2017년 BIB 황금사과상, 2017년 나미 콩쿠르 퍼플아일랜드상, 2016년 영국 일러스트레이션상(AOI World Illustration Awards) 도서 부문 신인상과 최고상을 동시에 받은 김지민의 『하이드와 나』(한솔수북, 2017)는 책의 형식적 측면에서 볼 때 기존의 실험에서 한걸음 더 나아갔다. 이 작품은 『피노키오는 왜 엄펑소니를 꿀꺽했을까?』와 『물이 되는 꿈』처럼 나누어 접기 제본을 하고 책장에 홀을 냈다. 구멍(cut out)이라고 할 수 있지만, '블랙 홀(black hole)' 같이 무언가를 빨아들이는 느낌을 주기에 홀이라고 칭한다.

　책의 표지(리커버)는 검고 거칠다. 내 속에 있는 또 다른 나를 보여주듯 타원형에 좌우 대칭이 되는 인물이 보이고 그 사이 중앙에 기다랗게 뚫린, 홀을 통해 내다보는 듯한 한 소년이 있다. 소년을 보노라면 오히려 홀 사이로 소년이 나를 보는 것 같

좌우로, 상하로, 대각선으로 대칭되는 소년.
『하이드와 나』, ⓒ김지민, 한솔수북

분할된 면에 흩어져 응시하는 소년의 눈.
『하이드와 나』, ⓒ김지민, 한솔수북

은 느낌을 준다. 그림은 에칭 기법으로 섬세하고 정교하다. 에칭은 산의 부식 작용을 이용하는 판화의 일종인데, 펜이나 연필로 종이 위에 직접 그린 것 같은 자연스러운 선의 효과를 낼 수 있다. 나누어 접기 제본은 한 장의 종이를 동일하게 나누어 안으로 접고 밖으로 접는 것으로, 책장은 오른쪽 면과 다음 쪽의 왼쪽 면이 붙어 있는 형태로 이어진다. 이렇게 붙어 있는 종이에 홀을 뚫으면 오른쪽 면과 왼쪽 면에 같은 홀이 나타나는데, 이 오른쪽 면과 왼쪽 면은 한 장으로 앞면과 뒷면이 된다. 펼침면에서는 앞면과 이어진 앞장 왼쪽 면과 뒷면과 이어진 뒷장 오른쪽 면에 다른 홀이 나타날 수 있다.

이렇게 총 13면 중 다섯 면에 크기가 다른 사각, 삼각 홀이 하나 혹은 두 개가 있다. 펼침면은 왼쪽 면과 오른쪽 면의 홀이 다르다. 놀라운 점은 이 홀들이 다른 홀과 겹치지 않는 것이다. 앞의 홀을 비켜나 또 다른 홀을 뚫어, 펼침면 왼쪽 면의 홀을 통해 바로 앞 펼침 왼쪽 면의 한 부분이 보이고, 오른쪽 면의 홀을 통해 다음 펼침 오른쪽 면의 한 부분이 보인다. 한 치의 오차도 없이 펼침면의 그림과 홀로 보이는 그림이 서로 조응한다.

서사는 간결하다. 어느 날 한 소년이 낯선 집 대문의 틈으로 본, 낯설지만 익숙한 자신의 모습에

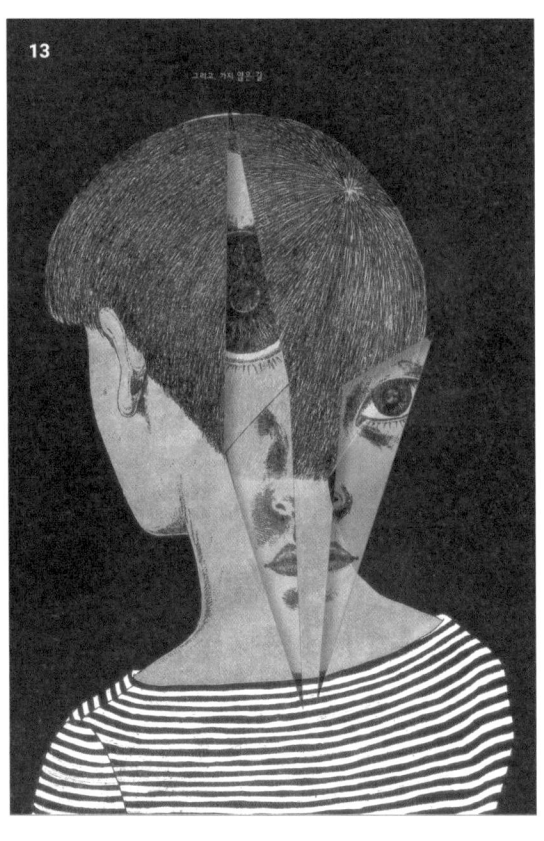

13 직시하는 소년의 눈.
『하이드와 나』ⓒ김지민, 한솔수북
14 뒷면에서 홀로 보이는 기괴한 그림
『하이드와 나』ⓒ김지민, 한솔수북

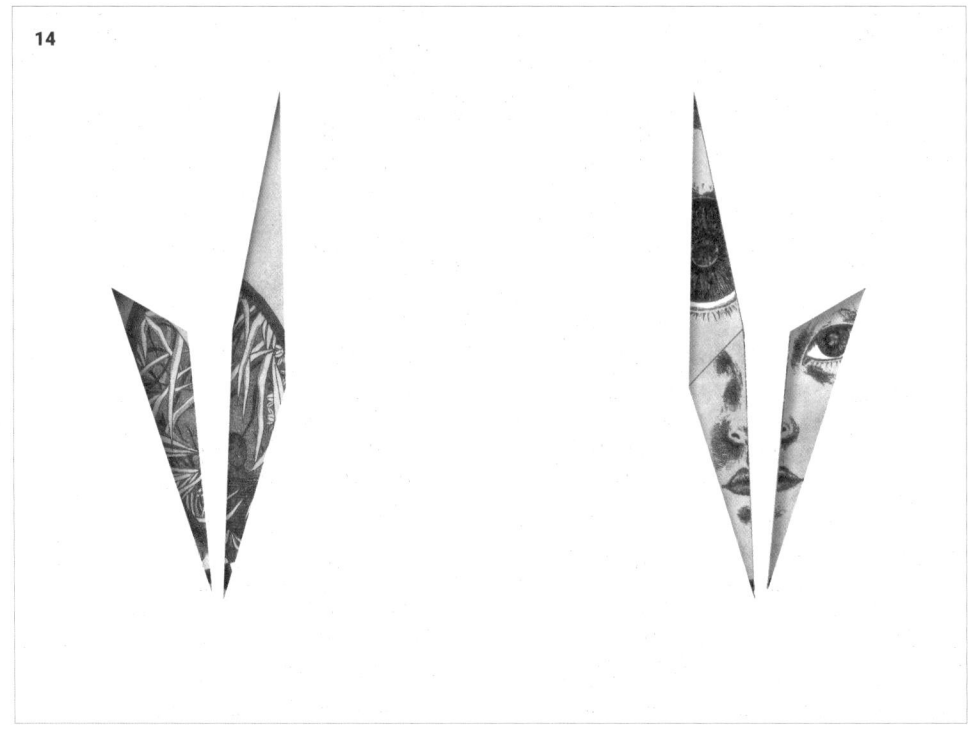

끌려 집 안으로 들어가고 그곳에서 자신의 또 다른 모습과 만나고 돌아온다는 내용이다. 그러나 '하이드와 나'라는 제목이 암시하듯 나인 듯 내가 아닌, 하나인 듯 하나가 아닌, 긍정적인 듯 부정적인, 부정적인 듯 긍정적인 모호한 이야기가 이어진다.

특히 앞면에서 변주되며 제시되는 주인공 소년의 모습은 매혹적이면서도 기괴하다. 좌우, 상하, 대각선으로 대칭을 이루는 소년의 모습은 의아하면서도 호기심을 유발한다. 기다랗게 뚫린 삼각 홀에 유사하게 분할된 면을 응시하는 소년의 눈은 조각난 거울 파편에 비치는 그의 모습처럼 보이고, 뚫린 홀 속에서 정면을 직시하는 소년의 눈은 신비하고 서늘하다.

뒷면은 하얗게 비어 있고 홀에 비친 앞면의 그림만 보인다. 독자의 읽기 방식에 따라 표지부터 왼쪽에서 오른쪽으로 흐르던 이야기는 나누어 접기 제본 방식으로 마지막 면에서 다시 책장을 넘겨 뒷면은 왼쪽에서 오른쪽으로 읽을 수 있게 된다. 날카로운 홀에 비친 앞면의 그림은 이야기를 알고 있음에도 괴이하다. 소년의 앞모습과 뒷모습이 양옆에 함께 드러나며, 마치 우리를 보고 있는 것 같아 혼란은 가중된다. 이러한 형식과 흑백의 그림으로 인해 이 책은 내면의 또 다른 나의 모습을 반복하며 점점 심연으로 빨아들이는 것 같은, 혹은 심연의 또 다른 나에게로 인도하는 것 같은 미장아빔적 특징을 보인다. 이를 통해 독자는 자신 안의 무수한 또 다른 자신을 만나는 느낌을 받게 된다. 또한 나누어 접기 제본에 홀 형식을 더해 형식을 변주하며 확장하여 매우 낯선 형식이지만 그 정교함에 감탄할 수밖에 없다.

4. 형식의 변주와 확장의 의의

디지털 매체에서 하나의 세계를 만들고 지우는 것을 충분히 경험한 어린이나 젊은 세대에게 종이책의 특성에 묶여 있는 그림책은 답답하고 고루할 수 있다. 그림책 형식의 변주와 확장은 필연적이며 앞으로 발전해 나아가야 한다. 소수의 작품들이 그 길을 닦고 있지만, 시대적 요구에 따라 점점 더 많은 작품들이 같은 방향을 향할 것이다. 지금까지 살펴본 작품들이 확보한 그림책으로서의 의의를 정리해 보자.

첫째, 변주와 확장을 통해 내용까지 담보한다. 자르고 접고 홀을 내는 등 종이의 물성을 활용하고, 더하고 빼고 나누어 접는 등의 제본 방식으로 이리저리 넘기고 펼치며 책을 마음대로 조작하는 행위는 겉으로 드러나는 그림책의 형식이자 표현의 도구인 동시에, 그 자체로 내용을 구성하기도 한다. 『Kiss』와 같은 더하기 제본, 『물이 되는 꿈』의 빼기 제본, 『하이드와 나』의 홀 형식은 각각 그 구조와 형식 자체로 모든 이가 소통하는 유토피아, 자유로움, 내면의 탐색이라는 주제를 뚜렷하게 형상화하였다.

둘째, 그림책의 놀이성을 강화하고 독자의 참여를 유도하여 상호 작용성을 확장한다. 상호 작용성은 디지털 시대에 그림책이 확보해야 할 중요한 기능 중 하나이다. 『Kiss』와 『울음소리』가 보여 주듯 그림책의 형식을 변주하며 확장하는 자리에서 독자의 조작성은 커진다.

셋째, 출판된 곳에서만 구입할 수 있는 『Kiss』를 제외하고, 나머지 책들은 대중 출판물로 출간되어 새로움에 대한 독자의 갈증을 충족시켰고, 독자층의 확대로 이어졌다. 그림책의 형식을 변주하며 새롭게 구축되는 작품들은 제작상의 수고로움이 크고 가격 경쟁력이 약해 상업성을 장담하기 어렵다는 문제가 있다. 이러한 문제는 그림책의 형식을 변주하는 작품들의 태생적인 한계이기도 하다.

그럼에도 필자가 언급한 작품들은 이런 어려움을 이겨내고 독자의 지지를 얻고 있다. 눈 밝은 독자가 그만큼 늘었다는 증거이자 좋은 책, 새로운 책을 만들고자 하는 출판 편집인들의 의지가 투영된 결과라고 보인다. 이들이 힘을 모을 때 우리 그림책은 더욱 다채롭게 발전할 것이다.

넷째, 이 작품들은 형식의 변주와 확장으로 예술성을 획득했다. 국내외 유수의 그림책 일러스트레이션 공모전에서 수상했다는 점(『하이드와 나』, 『나』), 아트 북 페어에 참여했다는 점(『울음소리』), 출판된 곳에서만 판매하는데도 불구하고 출간 이후 꾸준히 독자들이 찾고 있다는 점(『Kiss』), 더 나아가 대중의 열렬한 호응까지 이끌어 내고 있다는 점(『물이 되는 꿈』, 『울음소리』)은 예술성을 확보했다는 증거이다. 그러나 예술성이 높다는 것과 그림책으로서의 작품 완성도가 높은 것은 차이가 있다. 일러스트레이션 공모전은 말 그대로 일러스트레이션과 장정 및 제책 방식을 평가한다. 그림책에서 중요한 것은 글의 서사인데 글 서사의 완성도 면에서 고개를 갸웃하게 하는 작품들이 있다. 글이 없는 그림책이 아닌 이상 글 서사는 그림만큼이나 중요하다. 단기간에 글쓰기 역량을 키우기 어렵지만 실력을 꾸준히 갈고닦아야 한다.

이상 살펴본 그림책은 형식을 변주하고 확장하여 형식이 내용을 담보하면서 예술성까지 확보하여 그림책 독자층을 확대하고 있다. 이제 더 이상 그림책은 어린이만을 대상으로 하는 책이라 할 수 없다. 독자와의 소통을 강화하고 주제를 심화하며 내면의 탐색을 요하는 그림책은 어린이와 성인 모두에게 환영받고 있다. 또한 우리의 불편한 진실을 밝히는 중요한 역할을 맡기도 한다. 이 글에서 살펴본 그림책들은 타자와 소통하지 못하고, 사회의 어두운 면을 간과하고, 자신의 내면을 들여다볼 줄 모르는 현대인에게 불편감을 느끼게 만들고, 내면의 세계로 향하게 할 것이다.

개인의 어둡고 슬픈 이야기, 사회 문제를 다룬 이야기들이 예술적으로 잘 조탁되어 어린이와 어른들이 오랫동안 생각하게 만들고 불편하게 하는 책이 필요하다. 그런 의미에서 디지털 시대, 그림책 형식의 변주와 확장은 앞으로도 계속 탐구해야 할 우리 그림책의 과제이다. 바바라 베이더가 이야기한 것처럼 그림책은 자신의 방식에 의해 가능성이 무한해지기 때문이다.[06]

---

[06] Bader, B., American Picturebooks from Noah's Ark to The Beast Within, New York: Macmillan, 1976, p1.

3장

2015 라가치 수상작과 그 의미

1. 2015년 라가치 수상작

2015년 새해 벽두에 낭보가 터졌다. 한국 그림책이 볼로냐 라가치 전 부문을 수상한 소식이었다. 세계 최대 규모의 볼로냐 어린이 도서전이 주관하는 볼로냐 라가치상은 전 세계에서 출품한 그림책 중 그림과 편집 디자인(graphic and editorial design)이 우수한 책에 수여한다. 2015년도에는 세계 40여 개국의 1,000여 권 중에서 26권을 선정했는데, 우리 그림책이 여섯 권 포함되었다. 전 부문(fiction, non-fiction, new horizons, opera prima, books & seeds)에서 비록 대상이 아니지만 우수상(special mentions)을 수상했다는 점에서 우리 그림책의 탄탄한 기반을 확인하기에는 충분했다.

픽션 부문에서는 정유미의 『나의 작은 인형 상자』와 지경애의 『담』이, 논픽션 부문에서는 김장성·오현경의 『민들레는 민들레』, 뉴 호라이즌 부문에서는 박연철의 『떼루떼루』, 오페라 프리마 부문에서는 정진호의 『위를 봐요!』가 수상했다. '2015 밀라노 엑스포'를 기념해 신설한 북 앤드 시즈 부문에서도 안영은·김성희의 『세상에서 가장 큰 케이크』가 쾌거를 올렸다. 정유미는 2014년 오페라 프리마 부문에서 『먼지아이』로 대상을 받았고, 박연철은 2007년 『망태 할아버지가 온다』로 올해의 일러스트레이터로 선정된 바 있다.

그림책은 작가의 노력만으로 만들 수 없다. 작가와 출판 시스템의 오랜 협업으로 이루어지는 작업이다. 창비가 완간한 '우리시그림책(15권)'의 경우 11년 만에 결실을 보았다. 1990년대 들어 본격적인 창작 그림책이 등장한 우리 그림책의 짧은 역사에 비추어 보면 괄목할 만한 성장을 이루었다고 할 수 있다. '그림책의 요람'이라고 불리고, 그림책의 역사가 150년이 넘는 영국은 2015년에 한 권도 수상하지 못했고, 예술적인 창작 그림책으로 유명한 프랑스가 일곱 권(대상 두 권 포함) 수상한 것을 볼 때 우리 그림책은 대단한 성취를 이뤄냈다. 척박한 환경에서도 꾸준히 노력해 온 작가들과 출판계의 노고로 이룬 성과이다. 그러나 이제부터가 중요하다.

지난 몇 년 동안 우리 출판계의 불황이 깊어지고 있다. 2000년대 들어 활황세를 이어 가던 아동 출판계의 자장 안에서 시장을 확대했던 그림책 분야는 사회 전반의 불황 속에서 점차 시장을 잃어 가고 있다. 이러한 상황에서 볼로냐에서 날아온 낭보는 기쁜 소식이고 쾌거이지만 마냥 좋아할 수만은 없다. 지금, 여기의 우리 그림책을 대표하는 여섯 권의 빛나는 성취가 어디에서 기인한 것인지, 허와 실은 무엇인지, 앞으로의 과제는 무엇인지를 꼼꼼히 따져 봐야 한다. 그래야 이 아름다운 열매가 보기 좋은 열매로만 끝나는 것이 아니라 잘 삭은 씨앗이 되어 또 다른 열매를 맺게 할 터이다.

2. 전 세대를 아우르다

픽션 부문에서 우수상을 받은 정유미의 『나의 작은 인형 상자』는 2006년 단편 애니메이션으로 제작돼 작품성을 인정받은 작품을 그림책으로 옮긴 것이다. 세상으로 나아가고 싶지만 동시에 두려움을 가진 소녀 유진이 인형 놀이를 통해 자신의 두려움과 직면하고 마침내 극복하는 과정을 담았다. 겉 이야기 속 똔 이야기라는 액자 구성을 취하는데, 어떠한 안내도 없이, 심지어 속표지도 없이 바로 작은 인형 집이 나타나며 시작된다.

실제 집의 축소판인 인형의 집의 침실, 화장

『나의 작은 인형 상자』ⓒ정유미 글·그림, 매치컷, 2015

대, 주방, 거실을 보여 주고 인형이 깨어나 하루를 시작하는 모습을 묘사한다. 그때 교복을 입은 여자아이 세 명이 나타나 "애! 너 뭐하니?" 하고 묻는다. 놀라고 당황한 유진은 인형의 집을 급히 닫아 자신의 놀이를 감추고 제대로 답하지 못한다. 이 부분이 중요한데, 이 책은 최소한의 글과 그림이 핵심적인 요소만을 묘사하기에 장소에 대한 어떤 지시도 없다. 하지만 독자는 유진이 자신의 집 입구에서 인형의 집을 가지고 놀고 있었음을 알 수 있다. 집의 입구에서 논다는 것은 집 밖의 세상에 호기심과 동경을 가지고 있지만 한편 두려움을 느끼고 있음을 이야기한다. 여자아이들의 물음에 놀이를 멈추고 제대로 답을 못한 것은 유진이 세상과의 관계 맺기에 서툴다는 것을 암시한다. 이어지는 쪽에 속표지가 나오므로 지금까지의 이야기는 서두 혹은 프롤로그임을 알 수 있다.

이후 본격적으로 두려움에 맞서 세상으로 나아가는 유진의 모습이 나타난다. 서두에 인형이 일어나 하루를 시작하는 모습이 그대로 재현된다. 유진은 침대에서 일어나 화장대, 주방, 거실, 현관으로 나아가며 안주하려 하고 불안과 두려움에 떠는 자신의 분신들을 만난다. 침대에서 만난 분신은 따뜻하고 아늑한 곳을 떠나기 싫다고 하고 화장대에서 만난 분신은 유진을 예쁘게 꾸며 주며 자신은 아직 준비가 덜 되었다고 한다. 주방에서 만난 분신은 자신이 떠나면 모든 것이 무너질 것이라고 하고 거실에서 만난 분신은 바깥세상의 위험을 이야기한다. 유진은 그들을 다독이며 나아가 마침내 현관문을 열고 세상과 마주한다.

여기까지가 본 이야기, 이야기 속의 이야기라면 이어지는 내용은 에필로그이며 프롤로그와 연결되는 바깥 이야기이다. 닫혔던 인형의 집이 열리며 인형이 나온다. 인형을 맞는 세상은 밝고 햇살은 따뜻하며 바람은 선선하다. 정리해 보면 본 이야기 속의 유진은 유진이 투사된 인형이며 유진은 자신의 심리를 투영한 인형 놀이를 하고 있었던 것이다. 이는 다음 장면, 떠났던 여자아이들이 호기심으로 가득한 채 유진을 만나고 유진이 인형의 집을 보여 주는 모습에서 확인할 수 있다. 인형의 손을 잡아 흔들며 아이들에게 "안녕!" 하고 인사를 건네는 유진은 인형 놀이를 통해 자신의 두려움과 마주했으며 이제는 극복했음을 보여 준다.

이 작품에서는 흑백의 색채가 중요한 분위기를 만들고 있다. 검은 종이 그대로의 앞뒤 면지, 검은 연필 선으로만 형상화한 정교하고 사실적인 그림은 새로운 세상으로 나아갈 때의 불안과 두려움을 드러내는 듯 깊고 강렬하다. 양면 펼침면의 한 장면 한 장면은 최소한의 요소를 묘사해 군더더기 없이 압축된 서사를 펼친다. 이로 인해 인간의 본질적인 감정을 드러내며 보편성을 획득한다.

이 책은 몇 가지 새로운 시도를 통해 그림책에 대한 독자의 통념을 깼다. 첫 번째는 이야기 구성으로, 프롤로그와 에필로그로 연결되는 겉 이야기와 속표지부터 시작되는 속 이야기의 액자 구성을 취했다는 점이다. 동화나 그림책에서는 흔치 않은 구조이다.

두 번째는 전체 분량이 154쪽에 이르는 것이다. 보통의 그림책이 32쪽 내외인데 반해, 액자 구성으로 내면의 두려움을 인형 놀이를 통해 직면해 가는 과정을 깊이 있게, 그러면서도 보편적으로 형상화하다 보니 자연스럽게 지면이 늘어났을 것이다. 2014년 오페라 프리마 부문에서 대상을 받았던 『먼지아이』가 228쪽인 것에 비하면 적지만 그림책에서는 이정도의 분량도 흔치 않다. 세 번째는 독자를 어린이에서 어른까지 확장한 점이다. 이 책에 대한 온라인 서점의 리뷰를 보면 유진에게 자신의 어린 시절이 대입돼 공감했다는 내용이 주를 이룬다. 그림책이 어린이용이라는 통념을 깨고 많은 어른 독자들의 호응을 이끌어 냈다. 다만, 주요 온라인 서점에서 설정한 이 책의 분류는 혼란스럽다 못해 어이가 없다. '어른을 위한 그림책'이라는 제대로 된 분류부터 '어른을 위한 동화', '동화/우화 소설', '한국 단편 소설', '사진/그림 에세이'까지 다양하게 분류해 놓았다. 그림책 장르에 대한 출판 유통업계의 인식이 아직은 부족함을 보여 주는 예라 하겠다. 그럼에도 이 그림책이 성인 독자로 확장되어 읽히고 있다는 것은 틀림없다.

한편 픽션 부문에서 나란히 우수상을 받은 지경애의 『담』은 『나의 작은 인형 상자』와 상반되면서도 닮았다. 전자의 그림이 맑고 담백하다면, 후자는 어둡고 깊다. 전자의 글이 시적이면서 편안하고 따뜻한 분위기라면 후자의 글은 산문적이고 불편

『담』ⓒ지경애 글·그림, 반달(킨더랜드), 2014

하고 무겁다. 하지만 두 작품은 그림이 아름답고 글이 짧고 간결하다는 점에서, 또 지나 온 시간을 돌아보게 한다는 점에서 닮았다.

『담』은 화자가 친구, 놀이터, 낙서장, 노래하는 손가락, 엄마를 기다리는 등대이다. 글의 스토리는 없지만 담이 화자의 생활 근간이며 우리 모두를 안고 밤에는 쏟아지는 별들까지 안는다고 설명한다. 시 같기도 하고 에세이 같기도 한 짧은 글이 문자 그대로의 의미를 넘나들며 다소곳이 놓여 있을 뿐이다. 그 가운데 그림이 있다.

보통 그림은 그림 작가가 부여한 시각으로 보이는 대로 의미가 고정된다. 그런데 이 책의 그림은 다각적으로 의미가 변주된다. 하얀 여백을 존중하는 듯한 낮은 회색 톤의 담은 어느 한 장면도 똑같지 않다. 긁어내고 덧바르고 찍고 아이들의 낙서까지 얹어내면서 장면마다 나른 모습으로 이야기를 한다. 여기에 더해 장면마다 기억의 명암을 보여 주듯 선명하게 또는 아련하게 가미되는 한두 가지 색은 그림의 서사를 더욱 촉촉하고 풍요롭게 만

든다. 글의 화자는 그림 속 단발머리 소녀로 보인다. 이 소녀는 그림 이야기도 들려주는데 거기에는 또 다른 화자이자 주인공인 까만 고양이가 등장한다. 고양이는 첫 장부터 등장하여 독자를 이끈다. 소녀의 이야기 배경이 되기도 하고 소녀와 담을 배경으로 자신의 이야기를 만들기도 한다. '고요하지만 놀랄 만큼 아름답고 풍부한(the quiet but stunning, expansive) 그림'이라는 심사평은 여기서 기인했을 것이다. 다양한 장치로 그림 서사를 변주한 『담』은 우리 그림책의 그림 수준을 한층 끌어올렸다.

또한 『담』은 독자의 지평을 확장한다. "다시 옛날로 돌아가기를 바라고 펴낸 책이 아니"라는 작가의 말과는 달리 자녀를 위해 이 책을 펴든 성인은 20~30년 전의 어린 시절로 돌아가 담과 담으로 이어지던 골목길을 떠올리고 그 시절을 되돌아보게 된다. 반면 담을 보기 힘든 요즘 어린이들은 책의 주조를 이루는 회고적 정서를 이해하기 힘들기에 이 책과의 라포를 형성하기 어려울 것이다. 어린이를 주 대상으로 하는 어린이 그림책에서 작가 자신의 어린 시절을 회고한 작품은 어린 독자를 끌어안기 어렵다.

논픽션 부문에서 우수상을 받은 김장성·오현경의 『민들레는 민들레』도 그림에 회고적 정서가 깔려 있다. 이 책은 민들레의 한살이를 간결한 글과 사실적이면서도 서정적인 수채화로 담았다. 글과 그림이 웅숭깊은 울림을 준다. 보이는 것은 민들레의 일생이지만 내가 어디에 어떤 모습으로 있는지를 자꾸 생각하게 하며 성인 독자까지 아우른다.

절제되고 간결한 글은 한 편의 시 같다. 마지막 구절에 마침표가 찍히는 총 18구절의 글은 "싹이 터도 잎이 나도 꽃이 피고 지고 씨가 맺혀 바람

『민들레는 민들레』 김장성 글, ⓒ오현경 그림, 이야기꽃, 2014

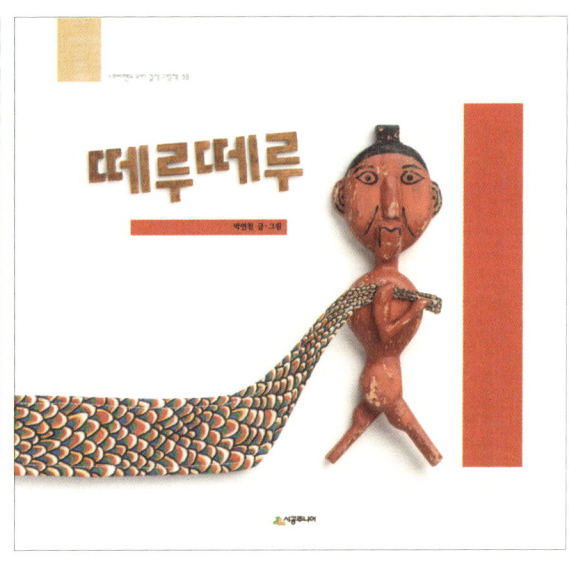

『떼루떼루』ⓒ박연철 글·그림, 시공주니어, 2013

에 날아가도 민들레는 민들레"라고 읊조리는 주문처럼 보인다. 이 18구절은 어디에 있든 어떻게 있든 무엇을 하든 민들레는 민들레인 것처럼, 끊임없이 나답게 살라고 일깨운다. 이 가슴 서늘한 깨달음의 비밀은 "~도 민들레(는 민들레)"라는 반복되는 구절에 있다. 이는 한 번에 써진 글도, 그렇다고 끊임없는 수정을 통해 나온 것도 아니다. 세상을 보는 따뜻한 시선이 곰삭은 시간과 만나 나온 글이다.

담백하면서도 섬세한 그림은 글을 너무 앞서가지도 뒤처지지도 않은 채 딱 고만큼에서 글의 여백을 아름답게 채운다. "여기서도 민들레 / 저기서도 민들레 / 이런 곳에서도 민들레"라는 글과 함께 보도블록 사이의 가로수 밑동에 피어 있는 민들레, 콘크리트의 경계막 틈에 피어 있는 민들레, 기와지붕 사이에 피어 있는 민들레를 보여 준다. 여기, 저기, 이런 곳을 구체적으로 설명하며 그 힘찬 생명력과 환경에 굴하지 않는 당당함을 하늘을 향해 꼿꼿이 핀 노란 꽃으로 드러냄으로써 존재의 아름다움

을 보여 준다.

그림을 보면서 독자들은 자연스레 어렸을 때 살던 곳을 떠올리게 된다. 전깃줄과 기와지붕을 비롯한 그림에 깔린 회고적 정서 때문일 것이다. 성인에게는 반갑겠지만 어린이가 수용하기에는 쉽지 않은 정서이다. 작가의 초기작에서 주로 나타난 이런 회고적 정서는 어린 독자를 주 독자로 상정했다면 문제가 있다. 조금 더 세심하게 이들을 살피거나 자신의 이야기를 면밀히 검토해야 할 것이다.

3. 소재의 확장으로 풍성한 세계를 구축하다

박연철의 『떼루떼루』는 뉴 호라이즌 부문에서 우수상을 받았다. 박연철은 전승되는 유일한 인형극, 꼭두각시놀이(전체 2마당 7거리 중 박첨지마당 이시미거리)를 현대적인 시각으로 재현했다. 꼭두각시놀이는 포장을 두른 공중 무대 위에서 인형들을 놀리며

풍자와 해학으로 민중의 삶에 한바탕 단비를 뿌렸던 민속 인형극이다.

박연철은 전통 놀이를 여러 장치를 가감하여 평면의 그림책으로 만들었다. 인형극의 시작과 끝을 알리던 흥겨운 풍물 소리 대신 커튼을 드리운 무대에 사람이 등장하여 놀이의 시작과 끝을 알린다. 그는 전통극의 산받이로, 극 속에서 등장인물과 이야기를 나누는 사람인데 이 책에서도 같은 역할을 하며 등장인물을 희화화하기도 하고 인물의 모순을 꼬집기도 한다. 놀이가 시작되면 차례로 인물이 나와 자신의 이야기를 한다.

박 첨지와 그의 가족은 모두 허세가 심하며 가식적이다. 인간의 부정적인 속성을 드러내는 것이다. 여기서 풍자와 해학이 발생하는데 박연철은 이를 천연덕스럽게 인물과 산받이의 대화를 통해 그려내며 선악의 구분을 넘는 한바탕 놀이로 전통의 계보를 잇는다.

『떼루떼루』의 글은 전통 인형극의 대사를 바탕으로 하기에 문장의 길이나 낱말이 어린 독자들에게는 친숙하지 않아 받아들이기가 만만치 않다. 그러나 반복 구절, 똥구녕, 너당(서당)과 같은 말의 유희, 의태어와 의성어, 떼루떼루, 우여우여 같은 인형극의 추임새 등을 적절히 장치하여 독자의 흥미를 붙잡는다.

그림 또한 전통 인형극의 분위기와 작가의 현대적 시각이 결합돼 장면마다 풍부한 의미를 찾게 한다. 목각인형과 반입체의 인물들은 천연 염색 천을 배경으로 등장하고 특성이나 상황을 상징하는 기호들도 같이 배치된다. 작가가 붉은 소나무를 깎아 만든 인형, 딘둥이는 등장부터 웃음을 자아낸다. "나 똥 눈다."라며 나타나는 딘둥이는 갈비뼈가 드러난 붉은 몸뚱이가 그대로 보이며(전통극에서도 딘둥이는 벌거벗고 나온다) 중요 부위는 진입 금지 가로 막대가 가리고 있고 얼굴 옆에는 남녀 화장실 표지판이 찍혀 있다. 이처럼 『떼루떼루』는 인물, 배경, 상징 기호의 구성과 색의 조합 및 균형이 절묘하다.

전통과 현대의 조화는 박연철 작품의 키워드다. 『어처구니 이야기』(2006)에서부터 『망태 할아버지가 온다』(2007), 『피노키오는 왜 엄펑소니를 꿀꺽했을까?』(2010), 『떼루떼루』(2013)에 이르기까지 그는 전통의 현대적 계승이라는 주제에 천착해 왔고 이를 효과적으로 형상화해 사랑을 받았다. 전통을 탐구하며 새롭게 보고자 한 그의 실험 정신이 2007년 라가치 올해의 일러스트레이터 선정과 2015년의 수상으로 이어졌다.

그러나 이는 작가의 일부만을 보는 것일 지도 모른다. 그의 작품의 힘은 어린이를 바라보는 시선에 있다. 그는 어디로 나아갈지 모르는 무한한 상상력, 누르면 튕겨 오르는 탄력성, 언제 어디서나 놀이를 찾아 즐기는 유희성을 가진 어린이를 누구보다도 잘 이해한다. 박연철의 작품에서 어린이는 본성대로 살아 움직인다. 이는 작가가 자신을 푸른 수염의 못생긴 예술가, 먼 별의 왕이라고 지칭하는 부분과 닿아 있다. 그의 작품에는 도덕적인 설교도, 교훈적인 가르침도 없다. 박연철은 소재를 확장해 우리 그림책의 지평을 넓히며 동시에 보기 드문 작품 세계를 구축한다.

2015년 신설된 북 앤드 시즈 부문에서 수상한 안영은·김성희의 『세상에서 가장 큰 케이크』도 소재의 확장을 성공적으로 이루어 낸 작품이다. 이 작품은 1491년 밀라노의 스포르차 공작의 결혼식을 위해 다빈치가 그린 '결혼 축하 건축물' 소묘에서

『세상에서 가장 큰 케이크』
안영은 글, ⓒ김성희 그림, 주니어김영사, 2014

소재를 얻어 펴낸 창작 그림책이다.

글은 발랄하고 유머러스하면서도 끝까지 긴장감을 놓지 못하게 한다. 똥을 누면서도 먹을 것을 생각할 정도로 먹을 것을, 특히 케이크를 좋아하는 다빈치는 엉뚱하고 기발하다. 권위적이면서도 사랑하는 베아트리체 앞에서는 한없이 약한 스포르차 공작이 다빈치에게 결혼식장을 의뢰한다. 다빈치는 케이크 건물을 만들겠다며 크고 작은 일들을 벌이고, 공작은 그럴 때마다 다빈치에게 벌을 준다며 위협하지만 결정적인 순간에 베아트리체는 다빈치를 구원한다. 그림은 글을 뒤에서 밀어 주고 앞에서 끌며 때로는 가지를 치기도 하면서 다양한 장면 구성으로 독자의 눈길을 끈다. 258×266mm의 비교적 큰 판형을 가로로 펼쳐서 시원하게 보여 주는가 하면, 플랩북이 있는 페이지도 있으며, 콜라주, 메모와 그림이 어우러진 수식(數式), 다빈치 작품의 패러디 등이 심심찮게 나타난다. 글과 그림의 유쾌한 조화로 진정한 '르네상스 맨' 다빈치의 창의력을 보여준다. '르네상스 맨'이라는 다빈치의 창의력을 보여주던 이야기는 사람은 물론이고 새와 동물들까지 케이크를 나누어 먹고 결혼식을 즐기는 나눔의 미덕까지 보여준다.

이 작품 또한 우리 그림책이 가져야할 소중한 자산을 지니고 있다. 첫째는 소재의 확장이다. 지나칠 수 있었던 '결혼 축하 건축물' 소묘 한 장에 천착하여 역사적 사건을 재창조했다. 주로 어린이의 일상에 머물던 그림책의 소재가 시공간을 넘나들어 확장됐다는 점에서 신선한 자극을 준다. 이러한 소재는 무궁무진할 것이고, 이를 형상화할 때 우리 그림책은 더욱 풍성해질 것이다.

둘째는 작가들의 통합적인 시각이다. 케이크를 결혼 축하 건축물로 만든다는 발상과 긴밀히 연결되어 요리에 건축과 수학, 과학이 어우러지고, 신분에 상관없이 사람과 사람이, 사람과 동물이 어우러지는 작품이 되었다.

셋째, 전통적인 그림책의 지면을 넘어섰다는 점이다. 총 84쪽으로, 정유미의 작품에서 특히 두드러졌던 지면 파괴를 이 책에서도 확인할 수 있다. 지면 안에서 내용을 압축적으로 형상화하는 것도 좋지만, 내용을 조금 더 깊이 풍요롭게 형상화하기 위해 지면의 한계를 돌파하는 일도 필요할 것이다.

4. 새로운 시각으로
그림책의 매력을 더하다

오페라 프리마 부문에서 수상한 『위를 봐요!』는 건축을 전공한 정진호의 작품이다. 정진호는 건축의 조감도(鳥瞰圖, bird's-eye view)를 적용해 그림책의 매력을 더한다. 조감도는 말 그대로 새가 하늘에서 내려다보듯 땅의 기복을 표현한 지도 또는 그림이다. 미술이나 건축에서는 이러한 시선을 많이 사용하지만 30쪽 내외로 구성되는 그림책에서는 적용하기가 쉽지 않다. 무엇보다 30쪽을 모두 이러한 시선으로 구성한다면 독자가 지루함을 견디기 어려울 것이다. 정진호는 이 점을 잘 간파하고 몇 가지 장치로 단점을 털어 낸다. 누가 말하는지에 따라 달라지는 글씨체와 글의 크기, 독자의 상상력을 작동하게 하는 디테일이 생략된 간결한 그림, 흑백 그림의 마지막에 입힌 색 등이 바로 그것이다. 어린이와 그림책에 대한 깊은 이해가 있기에 가능했을 것이다. 이 작가를 주목해야 하는 이유가 여기에 있다. 자세한 내용은 1부 6장에서 언급했다.

5. 우리 그림책의 성취와 과제 돌아보기

2015년 라가치 수상작 여섯 편과 함께 우리 그림책을 들여다보았다. 분명한 발전을 이룬 만큼 이를 더욱 발전시켜 나가기 위해서는 성취의 내용을 정리할 필요가 있다. 첫 번째 성취는 그림책 독자의 지평을 확장했다는 것이다. 우리 그림책의 수준이 높아지면서 그림책 독자는 어린이라는 인식이 깨지고 있다. 자녀가 읽을 책을 찾으면서 자신도 그림책을 좋아하게 되었다는 젊은 부모들, 바쁜 일상에서 텍스트가 많은 책은 읽기 부담스러운데 짧은 텍스트에 그림이 더해져 긴 여운을 남기는 그림책을 선호하게 되었다는 직장인들, 긴 텍스트 읽기가 육체적·정신적으로 힘든 노년층 등 독자층이 다양해졌다.

최근 젊은 작가들 사이에서 그림책은 표현 도구일 뿐 어린이를 염두에 두지는 않는다는 주장도 심심찮게 대두된다. 이러한 흐름을 반영하듯 2015년 5월 1일 '그림책은 독립적인 예술 장르로 자리매김해야 한다.'라는 취지 아래 '그림책 진흥을 위한 대토론회'를 개최했고 청원 서명도 함께 진행했다. 이는 우리 그림책의 발전과 활성화에 기여할 것이다. 여기서 한 가지 짚고 넘어가야 할 점은 그림책이 0세에서 100세까지 전 세대를 아우르는 장르이지만 그 출발점은 어린이이고 어린이에게 그림책은 세상의 전부라는 것이다. 따라서 아동용 그림책을 생산하는 사람들의 아동관 정립이 중요하다.

둘째, 소재의 확장 또한 우리 그림책의 중요한 성취로 볼 수 있다. 박연철이 현대적 시각으로 재해석한 전통문화, 안영은·김성희가 발굴한 역사적 사건은 우리 그림책을 풍성하게 했다. 새로운 소재로 그림책의 수준을 높이며 다양한 세계를 경험하게 해 주었다. 주로 어린이의 일상에 머물던 그림책의 소재가 시공간을 넘나들고, 다양한 영역에서 사회 현실을 돌아보게 한다.

셋째, 그림책 지면의 제약에서 자유로워졌다. 그림책 지면은 보통 30쪽 내외로 구성되지만, 2015년 라가치 수상작은 모두 30쪽 이상이다. 『민들레는 민들레』는 34쪽, 『떼루떼루』는 36쪽, 『담』과 『위를 봐요!』는 40쪽, 『세상에서 가장 큰 케이크』는 84쪽, 『나의 작은 인형 상자』는 154쪽에 이른다. 『민들레는 민들레』에서 알 수 있듯 그림책의 지면이 많고 적은 것은 작품성을 가늠하는 잣대가 되지 못한다. 그러나 『나의 작은 인형 상자』와 『세상에서 가장 큰 케이크』에서 알 수 있듯 지면의 확대는 내용의 깊이와 구성의 다양성에 영향을 미친다. 지면에 제약을 받지 않고 자신의 작업에 적절하게 활용하는 것이 중요하다.

무엇보다 그림 서사의 발전은 중요한 성취다. 정진호의 조감도를 적용한 새로운 구도, 정유미의 내면을 파고드는 정교하고 사실적인 그림 서사, 지경애의 다양한 그림 기법과 색, 박연철의 전통을 변주하는 현대적 시각 작업, 김성희의 다양한 장면 구성은 깊이 있고 다양한 그림 서사를 확보했고 그림 서사의 발전을 도모했다.

글 서사 또한 어느 정도의 결실은 맺었으나 아쉬움이 없진 않다. 지경애와 김장성의 깊은 울림을 주는 시적인 글과 박연철의 재치 있는 글, 안영은의 캐릭터를 살리는 글은 그림과 대등하게 자신의 영역을 확보했다. 그러나 몇 작품은 글이 그림과 대등하게 서지 못하고 그림에 종속되기 때문이다. 그림책의 글과 그림은 서로 밀고 밀리며 대등한 관계를 구축해야 한다. 그래야 서로 다른 두 매체의 성공적인 결합으로 풍요로운 의미가 생성되고 긴장 관계에서 또 다른 묘미가 발생한다.

니콜라예바는 그림책의 고유한 성격이 시각과 언어라는 두 가지 수준의 의사소통의 결합에 기초한다고 했다. 글과 그림이라는 두 매체의 대등한 관계 설정에 조금 더 신경 써야 하겠다.

4장
우리 그림책의 내일을 위하여

1. 2010년대, 비상을 준비하다

1990년대 후반부터 2000년대 후반까지의 10여 년은 우리 아동문학이 양적 팽창과 질적 도약을 이룬 시기로 평가된다. 이러한 팽창은 그 하위 영역을 세분화하며 안정적인 기반을 다지게 한다. 우리는 1930년대 아동문학의 팽창이 견인한 유년문학의 발달을 경험한 바 있다. 마찬가지로 2000년 전후 아동문학의 발전은 그림책과 청소년문학의 활성화를 이끌었다. 그리고 2000년대를 지나 2010년대에 이르러 그림책은 비상을 위한 발판을 다졌다. 우리 그림책의 짧은 역사를 생각하면 매 순간 도약의 시간이 아니라고 해도 과언이 아니다. 그러나 2010년대는 그림책 작가와 독자, 출판계가 합심하여 다음 비상을 위한 구름판 역할을 했다.

무엇보다 2010년대엔 그림책 출판 종수의 양적 팽창에 힘입어 질적으로도 도약하였다. 2000년대 초 한 해 100종을 상회하던 그림책 출판 종수는 후반에 들어서면서 200종을 웃돌았고, 2011년엔 300종, 2016년엔 600종을 넘어섰다. 2010년부터 2019년까지는 총 4,900여 종의 그림책이 출판되었다.[01] 이러한 양적 팽창에 힘입어 우리 그림책은 그 수준을 세계에 입증하고 있다. 2010년대 들어서면 매해(2016년 제외) 볼로냐 어린이 도서전에서 주최하는 라가치상 수상작을 냈고, 2015년에는 라가치상 5개 부문에서 모두 수상작을 내는 쾌거를 이뤘다. 격년으로 시상하는 BIB(Biennale of Illustrations Bratislava)에서도 매회 수상작이 나왔고, 그 외에도

---

01 그림책박물관의 통계를 토대로 했다.

유수의 그림책 일러스트레이션 공모전에서 수상 소식이 심심찮게 들린다.

그 기저에는 우리 그림책 생태계의 도도한 움직임이 있었다. 그림책과 관련된 다양한 세미나와 연구 모임이 활성화됐다. 동네 서점이 사라지는 가운데에도 전국의 그림책 전문 책방이 다양한 이벤트를 통해 독자들을 직접 만나며 그림책의 저변을 넓혀나갔고, 온라인상의 다양한 활동도 두드러졌다. 이런 흐름이 대중적인 측면에서 그림책에 대한 인식을 일깨우며 독자 저변을 확대하고 있다. 또 작가 양성 교육 기관을 통한 신인 작가의 배출, 그림책 전문 출판사의 다양화, 2016년 그림책협회 발족 등도 우리 그림책의 진흥을 이끌었다.

이처럼 양적 질적으로 크게 성장한 2010년대 우리 그림책은 어떤 성취를 이루었을까? 이를 알아보기 위해 4,900여 종의 그림책을 다 살펴볼 수는 없고 그것이 크게 의미 있어 보이지도 않는다. 각자 의미 있는 작품을 들여다볼 수는 있지만, 작품 선정부터 주관성을 배제할 수 없다. 따라서 우리 그림책의 성장을 선도한 작품들, 이를테면 권위 있는 공모의 수상작을 살펴보는 것이 효율적으로 보인다.

우리나라에서 그림책 대상의 시상은 20년 이상 이어져온 황금도깨비상이 유일한데, 운영 주체가 출판사라는 한계가 있다. 2012년부터 남이섬이 주관하여 격년으로 시상하고 있는 나미콩쿠르가 있지만 역사가 짧고 수상작이 우리 사회에 미친 영향력이 크지는 않다. 1960년 제정된 이후 2003년부터 어린이·청소년 부문을 따로 시상해 공신력을 얻고 있는 한국출판문화상이 있다. 그중 어린이·청소년 부문에서 2010년부터 2019년까지 수상한 다섯 권의 그림책이 많은 독자의 호응을 얻고 있다.

한편 2010년대 들어 우리 그림책의 해외 유명 공모전 수상 소식도 자주 들려왔다. 대표적인 것이 라가치상과 BIB이다. 라가치 수상작에 대해서는 3장에서 언급하였고, 여기서는 BIB 수상작을 살펴본다. 격년으로 시상되는 BIB에서 우리 그림책은 2011년부터 2019년까지 모두 7권이 수상하였다.

4장에서는 2010년대 우리 그림책을 선도했다고 보아도 무리가 없는 한국출판문화상 수상작 다섯 권과 BIB 수상작 일곱 권 등 총 열두 권을 중심으로 현재 우리 그림책의 성취를 짚어 보려 한다. 이는 우리 그림책이 나아갈 방향을 가늠하는 동시에 성장의 이면에서 놓치고 있는 부분을 살펴 앞으로의 걸음을 좀 더 신중하게 할 것이다.

열두 권의 그림책은 다음과 같다. 한국출판문화상을 받은 작품은 2017년 수상작 『간질간질』(서현 글·그림), 2016년 『할머니의 여름휴가』(안녕달 글·그림), 2015년 『대추 한 알』(장석주 시·유리 그림), 2014년 『진짜 코 파는 이야기』(이갑규 글·그림), 2012년 『장수탕 선녀님』(백희나 글·그림)이 있다. BIB 수상작은 2019년 황금사과상을 수상한 『세상 끝까지 펼쳐지는 치마』(명수정 글·그림), 2017년 황금사과상을 수상한 『하이드와 나』(김지민 글·그림), 2015년 황금패상 수상작 『플라스틱 섬』(이명애 글·그림, 2014), 2013년 황금사과상 수상작 『코끼리 아저씨와 100개의 물방울』(노인경 글·그림, 2012), 2013년 어린이심사위원상 수상작 『양철곰』(이기훈 글·그림, 2012), 2011년 대상 수상작 『달려 토토!』(조은영 글·그림), 2011년 황금사과상 수상작 『어느 날』(유주연 글·그림, 2010)이다. 이 외에도 언급이 필요한 책은 짚어 보고자 한다.

이 글에서는 위 수상작들의 공통적인 특징을 중심으로 내용과 책의 물질적 측면에서 나아가 독

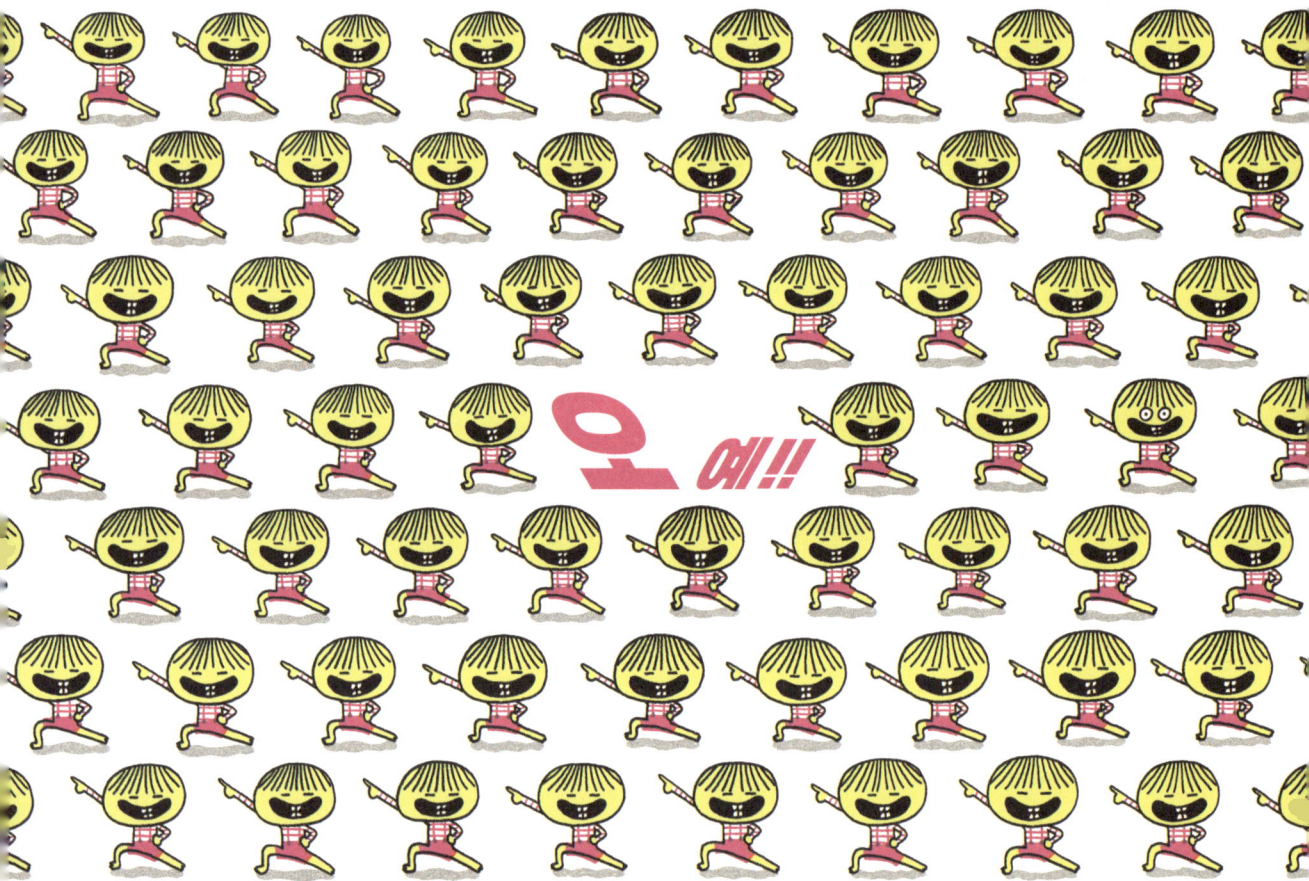

빠진 머리카락이 '나'로 변신해 군무를 추는 모습.
『간질간질』ⓒ서현, 사계절, 2017

자 대상의 측면을 살펴볼 것이다. 이는 논의의 깊이와 편의를 위한 범주이다. 그러나 한 작품이 하나의 범주에만 속하지 않는 경우가 대부분이다. 가장 적절한 범주에서 논하며 기타 범주에서도 필요하다면 언급할 것이다. 이로써 우리에게 남은 과제는 무엇인지 살펴보고자 한다.

2. 교훈과 금기를 벗어나 새로운 상상력을 빚어내다

그동안 우리 그림책에 대한 비판적 언급에서 늘 지적된 것은 빈곤한 상상력이었다. 생활동화를 그대로 옮겨온 듯한 그림책은 때로 답답함을 느끼게 했다. 그러나 이 장에서 다루는 열두 권의 작품들은 이러한 비판에서 벗어나 있다. 특히 『간질간질』, 『할머니의 여름휴가』, 『진짜 코 파는 이야기』, 『장수탕 선녀님』, 『세상 끝까지 펼쳐지는 치마』는 독특한 상상력으로 교훈성을 탈피하고, 금기를 해체하는 지점에서 출발하는 듯 보인다.

『간질간질』은 교훈성을 벗고 유쾌한 상상력으로 담대한 이야기를 펼친다. 2017년 한국출판문화상을 받은 이 책은 마치 홍길동의 분신술인 듯 빠진 머리카락이 '나'가 되고 수많은 '나들'이 생겨나 한바탕 놀이를 벌인다. 동그란 얼굴에 동그란 눈, 분홍색 멜빵바지를 입은 '나'가, 머리를 벅벅 긁을 때마다 수많은 '나'가 탄생한다. '나들'은 좁고 답답한 집을 벗어나 도시를 가로지르고 산을 넘고 바다를 건넌다. 신나게 군무를 추며 행진하는 '나들' 뒤에는 권위와 지루한 책을 내던지고 다툼을 잊어버린 이들이 벌이는 또 다른 축제가 남는다. 배경을 최소화한 그림은 역동적인 '나들'에 초점을 두며 서사를 주도하고, 글은 최소한의 정보를 제공하며 그림과 리드미컬하게 어우러져 이미지를 따라 흐른다.

책장을 넘기며 자신도 모르게 엉덩이를 들썩이며 몰입하는 힘은 거침없이 나아가는 '나들'의 당당함과 유쾌함에서 나온다. 그 기저에는 순수한 즐거움을 추구하는 작가의 의식이 있다. 방바닥에 떨어진 머리카락 한 올에서 길어 올린 흥미로운 상상은 누군가를 가르치고자 하는 이에게서는 찾아보기 어렵다.

우리는 이처럼 사심 없는 상상력을 안녕달의 첫 작품 『수박 수영장』에서 이미 맛보았고, 『왜냐면』에서 다시 찾아볼 수 있었다. 독자를 가르치거나 은연중에라도 교훈을 남기려 애쓰지 않는 작가의 의도 덕분에 우리는 수박 수영장에서 맘껏 놀 수 있었고, 배지느러미에 녹색 때수건을 낀 물고기를 보며 배꼽이 빠지게 웃을 수 있었다.

2012년 한국출판문화상을 수상한 백희나의 『장수탕 선녀님』도 금기 해체의 맥락에서 다룰 수 있는 작품이다. 백희나는 이 작품에서 날개옷을 잃고 산속으로 돌아가지 못한 선녀님을 장수탕에 살게 한다. 이른바 왕할머니 선녀님은 초록색 아이섀도에 새빨간 립스틱을 바르고, 냉탕에서 아이와 온갖 물놀이를 하고, 사람들이 먹는 요구르트에 은밀한 관심을 보인다. 할머니답지도 선녀답지도 않은 데다 뺨부터 목, 가슴, 배까지 늘어질 대로 늘어진 모습에 우리의 선입견은 무너지고 당혹감을 느끼게 된다. 우리가 느끼는 당혹감은 어느 정도는 기괴하면서도 희극적이다. 국내는 물론이고 서구에서도 성인 여성의 몸을 정면으로 응시한 작품은 흔치 않다. 이 작품은 그 몸을 기묘하게 보여 줌으로써 우리 사회가 암묵적으로 동의하고 추구해 온 여성성에 균열을 가하고 금기를 깬다.

이와 유사하게 성인 남녀의 알몸을 보여 주는 작품으로 2018년 출간된 『털이 좋아』(김규정, 바람의아이들)가 있다. 하지만 이 작품에서 우리를 당황스럽거나 웃게 만드는 것은 몸보다는 중요 부위를 차지하는 털이다. 고릴라와 사자로 드러나는 아빠의 털과 오리와 양으로 나타나는 엄마의 털은 좌우 면의 이미지가 일관성이 없어 의미맥락이 자연스럽지 못하다는 아쉬움에도 불구하고 금기를 엿보는 쾌감을 동반한다. 작가의 간 큰 상상력 덕분에 가리고 숨기기에 더욱 궁금했던 것을 당당히 드러내 자연스럽게 받아들이게 된다. 더불어 마지막 장면의 화자가 꿈꾸는 어른의 모습 또한 중요하다. 성에 대한 우리의 고정관념을 깨기 때문이다.

2014년 한국출판문화상을 수상한 이갑규의 『진짜 코 파는 이야기』는 꺼리고 숨기던 행위를 적나라하게 보여 준다는 점에서 앞서 작품들과 같은 맥락에 있다고 할 수 있다. 이 책은 코를 파는 것은 누구나 할 수 있는 행동이라고 주장하며 참신하고 기발한 방식으로 보여 준다.

본문에는 여러 상황에서 코를 파는 다양한 동물들의 모습이 담겨 있는데, 앞뒤 표지와 면지는 독자에게 한 편의 영화를 보는 듯한 착각을 불러일

냉탕에서 덕지가 선녀님을 만나는 장면.
『장수탕 선녀님』©백희나 글·그림, 스토리보울, 2012

으킨다. 낯익은 미국의 영화 배급사 MGM(Metro-Goldwyn-Mayer)의 로고를 패러디하고 사자가 코를 파는 모습을 담은 표지와 배우 오디션 장면으로 꾸며 온갖 동물의 프로필을 실은 앞 면지, 다양한 요구와 불만을 토로하는 동물들로 가득한, 출연자 대기실처럼 꾸며 놓은 뒷면지가 그것이다. 한바탕 웃고 나서는 슬그머니 코로 손이 갈지도 모르겠다. 이 작품은 심사평처럼 "무거운 엄숙주의를 벗고 아이들의 웃음에 한층 가까이 다가갔"으며, 인간과 동물을 수평적 관점에서 본다는 점에서도 한 발 나아갔다. '누구나' 코를 판다고 하는데, 이는 사람만을 특정하지 않는다. 여자 아이와 아빠, 사자, 고릴라, 기린, 판다 등이 포섭되고 여기서는 누구나 다 주인공이 된다.

이렇게 우리 그림책은 교훈에서 벗어나 우리 사회가 터부시해 왔던 것을 해체하는 자리에 새로운 상상력을 피웠다. 덕분에 순전히 웃음을 즐길 수 있었고, 조금 더 눈 밝은 독자는 깊이 있는 인식에 가닿을 수 있었다.

『진짜 코 파는 이야기』 ⓒ이갑규 글·그림, 책읽는곰, 2014

2. 사회 현실에 문제를 제기하다

2003년 『나의 사직동』(김서정 글·한성옥 그림)을 시작으로 재개발과 빈곤, 인간 문명의 폐해 등을 그린 작품이 꾸준히 출간되었다. 2010년대엔 현실에 경종을 울리는 작품이 꽤 창작되었는데, 다양한 영역에서 의도하는 바를 구체적으로 보여 준다는 것이 특징이다.

2015년 BIB 황금패상을 받은 『플라스틱 섬』은 제목에서 드러나듯 바다 오염의 실태를 보여 준다. 작품은 플라스틱 쓰레기가 바다로 흘러들어 섬이 만들어지는 과정과 바다 생물의 삶이 서서히 잠식되는 과정을 그린다. 글은 바닷새의 시점을 유지하며 이 과정을 담담히 그리고, 그림은 관찰자적 시점에서 원경과 근경을 적절히 오가며 그 과정을 구체화한다. 노련한 수묵의 농담을 기본으로 플라스틱 조각만 알록달록한 색을 입힌 그림은 매우 아름답고 서정적이다. 작가는 목소리를 높이지 않고 담담히 보여 주지만 메시지는 분명히 전달되는 수작이다.

이와 달리 『양철곰』은 매우 역동적이고 현대 문명의 몰락과 재기의 과정을 적극적으로 그렸다. 『양철곰』은 2015년 BIB에서 어린이심사위원상을 받았고, 작가는 2010년 볼로냐 어린이 도서전에서도 올해의 일러스트레이터로 선정된 바 있다. "보

『양철곰』ⓒ이기훈 글·그림, 리젬, 2012

는 이들의 시선을 사로잡을 만큼 뛰어난 세부 묘사가 매력적"이라는 볼로냐 일러스트 위원회의 평가처럼, 굴착기에 의해 파괴되는 숲과 날아가는 새들, 폐허가 된 도시의 건물과 그 위를 어지럽게 가로지르는 선들, 분할된 면들을 가득 채우는 고철이 된 양철곰과 떨어져 나가는 철판 등을 펜 드로잉으로 세밀하면서도 역동적으로 묘사하였다. 이러한 묘사 못지않게 작품의 구성도 뛰어나다.

총 38면의 길지 않은 이 책은 프롤로그, 본 이야기, 에필로그의 구성을 취한다. 본 이야기는 폐허가 된 도시의 하천에서 양철곰이 자신의 몸에 물을 부어 몸속에 있던 도토리의 싹을 틔운다는 내용이다.

이야기가 설득력을 얻으려면 왜 도시가 폐허가 되었고 양철곰은 왜 그런 일을 하는지 등 전사가 있어야 하는데, 이는 프롤로그로 속표지와 속표시 사이에 제시된다. 개발을 위해 숲을 파괴하는 사람들을 피해 새와 다람쥐가 도토리를 양철곰에 숨기는 장면, 나무 한 그루 없는 오염된 도시에서 사람들이 고통받는 장면, 우주에서 황금별을 발견해 사람들이 떠나는 장면 등을 제시한다. 이로써 본 이야기의 개연성을 부여한다.

에필로그에서는 숲이 울창한 도시에서 사람들과 동물들이 함께 살아가는 모습을 보여 준다. 프롤로그나 에필로그는 본문에 넣어도 무리가 없어 보인다. 그러나 본문처럼 빽빽한 펜 드로잉으로 가득 차 있다면 조금 답답하고 숨가쁠 것이다. 그 때문에 프롤로그와 에필로그의 구성을 취한 것 아닐까. 프롤로그 끝 펼침면과 에필로그 첫 펼침면에서 그림 기법의 변화를 주어 전 이야기, 본 이야기, 뒷이야기로 분리하였다.

프롤로그에선 스케치북을 떼어 낸 낱장의 도화지에 아이가 그렸음직한 크레파스화로 이야기를 순차적으로 제시한다. 그림 기법도 다른 데다 도화지 낱장을 연결해 많은 내용을 소화한다. 에필로그에선 펼침면 가득 펼쳐진 하늘에 먹구름 사이로 쏟아지는 빛을 받으며 유유히 날고 있는 하얀 새가 보인다. 새로운 희망을 상징하는 듯한데, 본문에서처럼 선이나 화면 분할은 없고 오로지 색으로만 이야기한다. 그림 기법을 달리하여 나누고 통합함으로써 글 없이 그림으로만 전달하는 이야기가 더욱 정교해졌다.

『양철곰』은 한 편의 장엄한 서사시를 읽는 듯하다. 상호 텍스트성도 높아 작품을 읽으며 관련 작품을 찾아보는 재미도 쏠쏠하다. 이 작품의 우주적 상상력은 『빅 피쉬』(이기훈, 2014)와 비교해 봐도 좋겠다. 『빅 피쉬』는 태고로 거슬러 올라가는 웅장한 상상력이 돋보인다. 이 외에 권윤덕의 『꽃 할머니』(2010), 유리의 『돼지 이야기』(2013), 박현주의 『나 때문에』(2014)와 『비밀이야』(2016), 하수정의 『울음소리』(2018) 등은 우리 사회의 제반 문제들에 우회적으로 또는 직접적으로 문제를 제기하는, 관심을 가지고 살펴야 할 작품들이다.

그중 권윤덕의 『꽃할머니』는 한·중·일 세 나라의 작가와 편집자들이 함께 만드는 평화 그림책 시리즈 중 첫 번째 작품으로, 그림책으로서는 처음으로 위안부 문제를 다루었다. 실제 인물의 증언을 바탕으로 만들어진 작품에서 작가는 인물의 아픔과 고통을 섬세하게 어루만지면서도 폭력의 본질을 환기하고 더 이상 그러한 일이 벌어지지 않도록 우리의 경각심을 일깨운다. 그림은 전체적으로 선과 색을 부드럽게 사용하여 주인공과 여성들에게 가해지는 성폭력과 상처는 푸른색 꽃으로, 폭력을 가하는 군인들은 얼굴 없이 군복과 총, 칼을 통해 상징적으로 보여준다. 우리의 분노가 차가운 분노가 되어 겉으로 드러난 행위자에 초점을 맞추기보다는 폭력의 본질을 찾아가게 한다. 그러면서도 실제 위안소의 상황과 모습은 도해식 설명 그림으로 표현하여 과거의 사실을 잊지 말자고 경고한다. 마지막 장면은 특히 인상적이다. 이러한 폭력이 지금도 진행 중이라는 사실을 언급하는 글과 함께 베트남과 보스니아 여성을 그렸다. 이로써 베트남에서 우리가 자행했던 폭력을 환기하며 우리 내부의 폭력성도 돌아보게 한다.

이 작품을 비롯한 평화 그림책 시리즈는 기획 면에서 상당한 의미가 있다. 한·중·일은 지정학적 조건에 따라 역사적으로 또 문화적으로 과거와 현재는 물론이고 미래에도 함께 나아갈 수밖에 없는 공동 운명체이다. 과거의 사실을 정확히 인식하고 판단하여 현재의 문제를 공유하고 함께하는 미래를 지향해야 한다. 그 사실을 이 시리즈가 보여 준다.

돼지의 눈이 오랫동안 뇌리를 떠나지 않는, 유

『돼지 이야기』ⓒ유리 글·그림, 이야기꽃, 2013

리의 『돼지 이야기』도 주목을 할 만하다. 『돼지 이야기』는 1934년 공식적인 발생 기록 이후 네 번째로 발생한 2010~2012년의 구제역 사태를 배경으로 한다. 글은 사육되는 돼지의 삶과 구제역 발생 및 살처분 과정을 주석까지 달아 가며 객관적으로 전달하고 있다. 반면 그림은 어미 돼지에 초점을 맞추어 애절하고, 초연하고, 직시하는 듯한 눈을 극사실적으로 묘사해 돼지에게 감정을 이입하게 만든다. 글과 그림의 대비로 작품은 정보 전달을 넘어서 생태 질서에서 소외된 개체의 비극을 조명한다. 그리고 이 모든 것을 야기한 인간의 이기심을 환기한다. 다만 객관적인 글 사이에서 감정을 자극하는 단어나 문장이 보여 아쉽다. 조금 더 객관적으로 진술하여 글과 그림의 대비를 팽팽하게 유지했다면 마지막 장면에서 글과 그림의 대위적 관계가 더 빛을 발했을 것이다.

이 외에 박현주의 『나 때문에』와 『비밀이야』는 우리 사회의 불편한 육아 현실을 보여 주며 나아가 작품의 완성도가 높다는 점에서 눈여겨볼 만하다. 2018년에 출간된 하수정의 『울음소리』도 은밀하게 벌어지는 아동 폭력 문제를 정면으로 다루고 있다는 점에서 중요하다. 이 작품은 아트 북으로서 새로운 책의 물질성을 실험하는데, 내용과 긴밀히 연관된다는 점에서 눈여겨볼 작품이다. 명수정의 『세상 끝까지 펼쳐지는 치마』는 세상에 나온 여자아이가 맞서게 되는 사회 현실과 그 현실을 극복하는 이야기를 담았다. 우리는 이 책을 통해 그림책의 그림이 글의 서사보다 더 많은 이야기를 담고 있음을 확인하게 된다.

이렇게 우리 그림책은 다양한 영역에 산재한 사회 문제를 드러내고 있다. 이런 문제 제기를 통해 성인 독자의 관심과 공감을 얻으며 그림책 독자의 층을 넓혀가고 있다.

3. 독자층을 확대하다

현재 근대적 의미의 최초 우리 그림책에 대해서는 이견이 있으나, 우리 그림책이 어린이를 독자로 하여 출발하였다는 점은 명확하다. 이는 그림책이 문자 인식에서 읽기로 나아가는 전환 과정의 매개체였으며, 정보 전달 혹은 교훈에 방점이 찍혀 있었음을 함의한다.

그러나 현재의 그림책은 0세에서 100세로 독자층을 획장하고 있는데, 이는 그림책의 주요 기능이 확장되고 있음을 뜻한다. 정보 전달이나 교훈을 주는 데에서 나아가 우리 사회의 금기 해체 및 사회 문제 제기를 비롯해서 지친 삶을 위로하고 자아의 내면을 돌아보게 하며, 다양한 미적 감성을 일깨운다. 지금의 그림책은 다양한 연령층의 독자 요구를 수용하며 진화하고 있다.

2012년 BIB 대상을 받은 조은영의 『달려 토토』는 보면 볼수록 읽는 재미가 큰 작품이다. 글과 그림의 능청스러운 어울림이 빚어내는 서늘한 뒷맛, 답답한 속을 뚫어 버리는 화려하고 강렬한 경주마의 역주, 벌거벗은 인간의 욕망을 그려내는 다양한 재료와 기법이 눈길을 끈다.

글의 서사는 말을 좋아하는 아이가 할아버지를 따라 보게 되는 경마장의 모습을 아이의 일기체로 서술한다. 그림은 색과 선의 굵기로 강약을 조절하며 아이의 시선이 꽂히거나 지나가는 자리를 그대로 보여 준다. 아이가 관심 있어하는 경주마와 기수는 화려하고 강렬한 동세로, 이해하지 못하는 경마장의 뭇 군상은 검은색을 주조로 간략하게 때로는 세세하게 묘사한다. 사람들의 얼굴에 깃든 초조함과 열망이 그대로 드러나는, 욕망의 도가니인 경마장 풍경을 아이의 시선으로 적나라하게 포착하였다. 그 많은 사람 중에 "말을 쓰다듬어 주거나 당근을 주는 사람은 아무도 없"고, 아이가 선택한 말이 이겼는데도 "사람들은 화를 내거나 슬퍼"할 뿐이다. 아이는 사람들이 일확천금을 가져다줄 수단으로만 말을 대한다는 것이 이해하기 어렵다. 작품에는 어떠한 비판적인 시선도 개입될 여지가 없다. 단지 보여 줄 뿐이다. 이런 화자의 언술과 그 시선에 포착된 풍경과의 엇박자가 빚어내는 재미, 씁쓸하고 서늘한 뒷맛이 성인의 감성을 자극한다. 더불어 접지를 이용해 말의 경주를 더욱 역동적으로 펼쳐 놓은 지면 구성, 손가락에 먹을 묻혀 찍은 새까만 뒤통수와 지문이 남아 있는 얼굴 등 다양한 기

『달려 토토』의 경마장 사람들. ⓒ조은영, 보림

『코끼리 아저씨와 100개의 물방울』
ⓒ노인경 글·그림, 문학동네, 2012

법을 이용한 그림 덕분에 어린이도 어른도 함께 즐길 수 있다.

    같은 해 BIB에서 황금사과상을 받은 유주연의 『어느 날』은 수묵의 향이 배어나올 듯한 농담의 표현이 매혹적이고 형태의 조형성이 빼어나다. 도장처럼 파서 찍은 빨간 새 또한 유려한 수묵과 대비되어 시선을 빼앗는다. 한마디로 그림의 예술성이 뛰어나다. 관찰자의 시점으로 원경과 근경을 오가며 숲에서 나가 도시를 돌아 다시 숲으로 돌아오는 그림은 그것만으로 충분한 서사를 만든다. 그에 반해 글은 대체로 펼침면에서 짧은 한두 문장으로 제시될 뿐인데, 이 여정의 주인공인 빨간 새의 독백으로 보인다. 단어나 문장 수준에서 편차가 심하고 굳이 필요하지 않은 문장까지 기술하여 그림의 흐름을 끊어 놓기도 하는 점은 아쉽다. 찍기 기법으로 나타낸 빨간 새의 행위나 심리 표현이 풍부하지 못하여 설명을 하려다 보니 생긴 과잉이자, 내포 독자에 대한 분명한 상을 설정하지 못한 결과가 아닌가 한다. 빼어난 그림에 대비해 지속적으로 제기된 그림책에서의 글 문제가 극명하게 드러나 아쉽다.

    노인경의 『코끼리 아저씨와 100개의 물방울』도 어린이와 성인을 동시에 겨냥한다. 이 작품은 2013년 BIB 황금사과상을 받았다. 본문에는 감탄사와 의성어 외에 단 두 문장만 있고, 그림은 물을 길어 아이들에게 돌아가는 아버지의 멀고 험난한 여정을 보여준다. 앞면지와 속표지 사이의 펼침면에서 코끼리 아저씨가 왜 그렇게 멀리 가야 했는지 기술되어 있다. 코끼리 아저씨의 이름이 뚜띠(Tutti)이며, 가뭄이 심해 멀리까지 물을 길러 가야 했고, 아이들이 기다린다는 것을 여섯 문장으로 설명한다. 이는 본문의 전사인 동시에 전체 개요가 된다. 그런데 이 부분이 굳이 필요했는지는 의문이다. 어린이들의 이해를 돕기 위한 배려일 수도 있으나, 본문과 앞뒤 면지만으로도 충분히 이야기가 전달되니 과도한 친절로 보인다. 어쩌면 마지막의 창작 배경을 설명한 작가 후기 면과 조응하기 위한 것일 수 있으나, 그 또한 구색 맞추기인 듯 보인다. 또 어쩌면 본문 어디에도 없는 뚜띠라는 이름을 드러내기 위해서일 수도 있다. 이 작품에서 코끼리 아저씨의 이름이 꼭 있어야 할 필요는 없다. '뚜띠'가 '전체, 모든'이라는 뜻이니, 뚜띠 아저씨는 모든 아버지, 조금 더 확장하면 새끼를 키우는 모든 어미와 아비 동물로 봐도 좋을 것이다. 그렇다면 이름은 본문 시작 지면에 넣어도 충분해 보인다. 진짜 문제는 이러한 글 처리 방법이 아니다. 오히려 글 처리 방법은 글 없이 그림으로만 서사를 전개할 때 응용할 수 있다. 문제는 이 작품에서 이러한 6문장이 필요했는가이다. 이유가 무엇이든 지면이 한정된 그림책에서 한 면이라도 잉여 혹은 결핍이 생기면 곤란하다.

한편 뚜띠 아저씨는 자식들을 위해 멀리까지 가서 물을 길어 오는 든든한 아버지이지만 사실 덩치만 크고 어설프다. 굴을 지날 때는 귀신을 두려워하고, 화가 난 뱀 앞에서는 오금을 저리고, 기린이나 새들이 물을 훔쳐 먹어도 속수무책이다. 하지만 자식에 대한 사랑만은 끔찍하다. 물이 한 방울도 남지 않았다는 것을 알고 눈물을 흘리자 하늘에서 비가 내린다. 그 마음이 너무 간절해서인지 하늘이 돕는 것이다. 한마디로 이 작품은 이리 치이고 저리 치이지만 자식에 대한 애정만큼은 최고인 세상 모든 아버지에게 전하는 애정 어린 헌사다. 작가는 뚜띠 아저씨의 모습을 자유롭고 단순한 선으로 그렸다. 그럼에도 동그란 원에 점을 찍어 표현한 눈은 압권이다. 지치고, 놀라고, 두려워하고, 곤란해하고, 기뻐하는 모습이 그대로 드러난다. 디지털 이미지의 가장 최소 단위인 픽셀을 구축하여 만든, 정교하지만 사물화된 배경 이미지 속에서 아저씨의 행위와 표정은 더욱 선명하게 드러난다. 픽셀 작업으로 배경 이미지에 공을 들인 것은 코끼리 아저씨를 오롯이 부각하기 위함이었을 것이다. 아름답고 감동적인 사랑 이야기는 언제나 환영받기 마련이다. 어린이는 어린이대로 어른은 어른대로 다양한 계층을 끌어안을 수 있는 작품이다.

시 그림책도 독자 영역을 확장한 작품군에 속한다. 대표적으로 2014년 15권으로 완간된 창비의 '우리시그림책' 시리즈를 비롯해 2016년에 10권 세트로 완성된 바우솔의 '시 그림책' 시리즈, 2016년에 제5권이 출간된 섬아이의 '소리샘 그림책' 시리즈가 있다. 이 외에도 여러 출판사에서 낱권으로 시 그림책을 출간하고 있다. 시 그림책이 우리에게 익숙한 장르가 된 것 또한 2010년대의 소중한 자산이다.

시 그림책은 기존 시에 그림을 더해 함축적이고 상징적인 시상을 시각적으로 보여 준다. 독자가 쉽게 시에 접근할 수 있도록 하고, 시에 대한 이해와 감상을 돕고 심미적 감각도 일깨우는 역할을 한다. 또한 그림책이 양적으로 팽창하면서 지속적으로 제기되어 온 빈약한 글을 보완하는 방법이 되기도 한다.

2015년 한국출판문화상 수상작인, 장석주의 시에 유리가 그림을 그린 『대추 한 알』은 함축적인 시의 행간을 사실적인 그림이 채우고 또 확장하며 시를 완성한다. 널리 알려진 시에 그림을 더하는 작업은 매우 어려웠을 것이다. 그럼에도 유리는 시의 행간을 풀어 놓으며, 동시에 변화하는 계절 속에서 대추가 정중동(靜中動)의 에너지를 응축하며 꽃에서 열매로, 생명의 완성을 향해 나아가는 모습을 보여 준다. 시의 행간에 숨어 있던 또 다른 주인공, 자연의 질서에 순응하며 극복해 가는 농부의 삶도 고졸하게 펼쳐 놓는다. 이처럼 작품에는 두 개의 서사가 있다. 마지막 화면에서 잘 여문 대추와 노동의 흔적이 역력한 농부의 손을 결합시킴으로써 생명의 자기완성, 인간 삶의 섭리가 하나임을 보여 준다.

극사실주의를 '포토 아트', '포토 리얼리즘'이라고도 부르는 데서 알 수 있듯이 극사실적인 기법은 사진과 같은 화면을 구성한다. 유리는 작품에서 익어 가는 대추를 유독 극사실적으로 표현했다. 사진으로 포착한 순간처럼 정적이면서도, 번개가 치며 비가 내리기 시작하는 순간의 빗방울이 맺힌 대추(펼침 6면), 햇빛에 표면이 하얗게 부서지는 대추(펼침 8면), 달빛이 노랗게 감싼 대추(펼침 13면)는 역동적으로 보인다. 여기에 더해 화면을 가득 채운 대

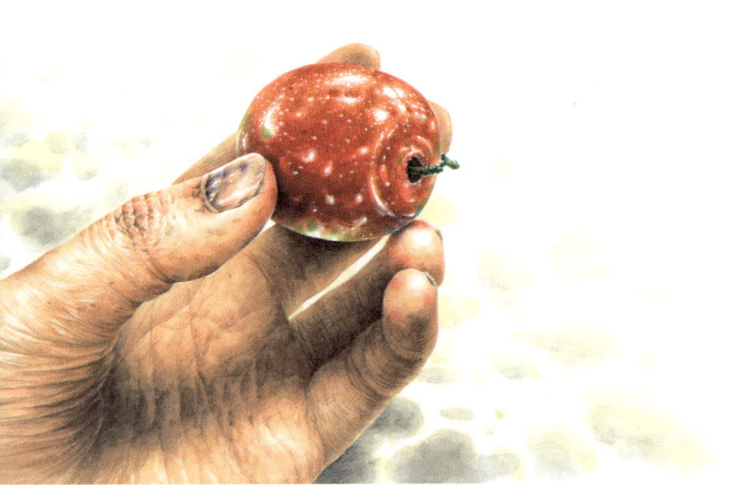

저게 저절로 붉어질 리는 없다.
저 안에 태풍 몇 개
저 안에 천둥 몇 개
저 안에 벼락 몇 개

저게 저 혼자 둥글어질 리는 없다.
저 안에 무서리 내리는 몇 밤
저 안에 땡볕 두어 달
저 안에 초승달 몇 날

『대추 한 알』 장석주 글, ⓒ유리 그림, 이야기꽃, 2015

추는 어느 소설의 한 구절처럼 짐승 같은 숨소리가 들리는 듯하다. 비바람이 치면 치는 대로 땡볕이 쏟아지면 쏟아지는 대로 자연의 섭리에 순응하며 그 속에서 정적이면서 동적인 에너지를 응축하여 여물어 가는 대추는 경이롭다. 놓치기 쉬운 시의 행간을 감동적으로 그리며 미적 감수성에 삶의 지혜까지 더한 보기 드문 작품이다. 0세에서 100세까지 누구나 즐길 수 있는 작품으로 손색없다.

한편 장편 그림책의 등장도 그림책의 독자층을 확장하는 데 일조했다. 애니메이션 작품을 그림책으로 옮긴 정유미의 여성 성장 서사 시리즈는 그 선두에 있다. 『먼지아이』(2014년 라가치 뉴 호라이즌 부문 대상, 2012)와 『나의 작은 인형 상자』(2015년 라가치 픽션 부문 우수상, 2015), 『연애놀이』(2017)는 각각 228쪽, 154쪽, 372쪽으로 구성된 장편이다. 불안, 새로운 세상으로 나아갈 때의 두려움, 연인의 성장과 같은 주제를 검은 연필 선으로 정교하고 강렬하게 형상화한 흑백의 그림도 독자 대상을 넓히는 데 한몫했다.

2018년 출간한 안녕달의 『안녕』은 총 264쪽, 3개의 장으로 구성된 장편이다. 소외된 존재들의 사랑과 연대를 통해 따뜻한 위로를 전하는 작품으로, 어린이보다는 성인이 더 찾고 있다. 이 밖에도 노아의 방주를 연상케 하며 인간의 탐욕과 그로 인한 몰락을 보여 주는 이기훈의 『빅 피쉬』도 청소년 이상의 독자를 대상으로 한다. 총 56쪽이지만 351×270mm 큰 판형에 그래픽 노블로도 손색없는 190여 컷으로 거대 서사를 이루고 있기에 내용상 장편으로 볼 수 있을 것이다.

그 외에 그림책의 내용을 담보하는 책의 물질성에 대한 과감한 실험은 2010년대의 큰 수확이라고 보인다. 『Kiss』, 『나』, 『물이 되는 꿈』, 『울음소리』, 『하이드와 나』 등은 그림책의 놀이성을 강화하며 상호작용성을 확장하고 있다. 또한 다양한 독자의 요구를 충족하며 독자층의 확장으로 이어진다는 점에서도 중요한 전기를 마련했다고 보인다. 2장에서 그림책 형식의 변주와 확장에서 다루었으므로 여기서는 생략한다.

4. 우리에게 남은 과제

2010년대 우리 그림책은 양적 팽창과 질적 변화로 인해 내용과 물질적 측면에서 새로워졌다. 이전 시기의 성장과는 구별되는 질적으로 성숙된 발전이다. 교훈과 금기를 해체하고 상상력을 보여 준 작품, 다양한 사회 현실에 문제를 제기한 작품, 성인으로 독자층을 확장한 다양한 작품 덕분이었다. 이러한 발전은 독자층의 확대로 이어졌고 더 이상 그림책이 아동문학의 하위 영역으로 볼 수 없게 되었다.

눈부신 발전과 성과를 이룬 우리 그림책은 이제 다음 시기의 발전을 도모해야 한다. 발전의 이면에 있는, 우리가 간과하고 있는 점을 세심히 살피는 것은 그 첫걸음일 것이다. 그 중에서 중요한 몇 가지를 제언하려 한다.

첫째 내용적 측면의 보강이다. 2010년대 우리 그림책은 교훈과 금기를 벗어던짐으로써 빈곤한 상상력에 물길을 냈다. 물길을 냈지만 물이 차고 넘치는 상황은 아니다. 모리스 샌닥이나 윌리엄 스타이그의 작품처럼 섬세하고 치밀하게 어린이 내면의 결핍을 채우고 억압을 해방하는 상상력을 보여 주는 작품, 어린이뿐만 아니라 성인에게도 위안과 용기를 주는 작품은 찾기 어렵다. 소소한 일상에서 길어 올린 반전 미스터리로 독자를 매혹하는 크리스 반 알스버그 같은 작가도 찾기 어렵다. 그러나 우리 작가들은 교훈과 금기에 얽매이지 않고 자유로움이 빚어내는 성취를 경험하였기에 앞으로 더 넓고, 더 깊고, 더 정교한 세계를 그려 내는 작품을 기대할 만하다. 끝없는 인간의 욕망을 경계하며 우주로, 태고로 뻗어 가는 이기훈의 상상 세계에서 그 조짐을 본다.

사회 현실에 문제를 제기한 작품이 많이 나왔지만 아직 다루지 못한 소재와 주제는 많다. 일례로 서구에서는 끊임없이 다시 쓰며 시대에 맞게 만들어 내고 있는 아동 성폭력에 대한 이야기를 우리 그림책에서는 찾기 어렵다. 우리 사회가 그 부분에서 청정하다고 말할 순 없는데도 말이다. 또한 우리 교육의 문제점에 대해 많은 이야기가 나왔으나 존 버닝햄의 『지각대장 존』(1996)과 같은 작품은 아직 없다. 이처럼 아직 조명되지 않은 다양한 사회 현실을 비롯해 우리가 지나왔던 시간의 어느 부분을 드러냄으로써 반성적으로 사유하고 함께 대처하게 하는 작품을 기대하게 된다.

내용적 측면에서 빈약한 글 서사는 여전히 문제다. 이 글에서 중점적으로 다룬 우리 그림책 중에서도 글 없는 작품이 두 편, 글 서사가 아쉬운 작품이 두 편 있었다. 꾸준히 제기되어 온 문제이지만 그림에 비해 글쓰기는 여전히 평이하다. 글이 빈약하다면 그림으로만 이야기를 진행하면 어떤가. 글이 꼭 필요하다면 노인경의 『코끼리 아저씨와 100

개의 물방울』에서 보듯 전체 개요나 작가의 의도를 적절한 부분에 간단히 풀어도 좋지 않을까. 유리의 『돼지 이야기』처럼 실제 있었던 일을 설명적으로 풀어내는 글도 대안이 될 수 있다. 작가가 표현하고자 하는 주제와 어우러진다면 서사를 창작하는 것보다 설명하는 글 쪽이 접근하기 쉬울 테니 말이다. 그림이 이를 받쳐 준다면 훌륭한 서사가 될 수 있을 것이다.

한편으로는 글과 그림을 함께 하기보다 글 작가와 그림 작가가 협업하는 것도 방법이다. 존 세스카와 레인 스미스처럼 글과 그림이라는 서로의 장점을 잘 녹여 내면 어떨까. 근본적으로는 작가들의 노력이 선행되어야 할 것이다.

두 번째는 그림책의 물질적 측면의 문제이다. 이는 작가 개인보다는 출판사와 사회 경제 상황이 밀접하게 연동되어 있다. 소수의 마니아층을 위한 아트 북은 꾸준히 출간되었지만 대중 출판으로 이어진 경우는 흔치 않았다. 그런 점에서 『하이드와 나』와 『울음소리』는 새로운 전기를 만들었다. 어려운 출판계 상황에서도 출판사의 용기 있는 결단으로 이러한 작품을 만날 수 있었다. 우리 경제 상황의 불확실성이 점점 커지고 있기에 미래를 낙관할 순 없지만, 이 작품들과 같이 확장된 물질성이 내용적으로 보편성과 시의성을 담보하며 예술적 가치까지 확보한다면 자연스럽게 독자의 요구가 따라올 것이다.

세 번째는 독자층의 확장 문제이다. 현재 그림책은 일반적으로 온라인을 통한 구매로 유통된다. 동네 서점은 대부분 폐업하였고, 오프라인 대형 서점들은 대부분 그림책을 비닐 포장해 놓아 볼 수가 없다. 독자들은 온라인 서점이 제공하는 몇 장 안 되는 미리 보기를 통해 구매를 결정해야 한다. 게다가 온라인 서점의 그림책 분류는 여러 카테고리로 나눠져 있는 데다, 아동문학의 하위 영역으로 취급된 것이 대부분이어서 성인 독자가 원하는 그림책을 찾기는 매우 어렵게 되어 있다. 현재 그림책의 흐름을 전혀 반영하지 못하는 셈이다.

다양한 연령의 독자가 그림책을 선택할 수 있도록 연령에 따른 세분화가 필요하다. 과거 아동문학의 팽창이 유년문학의 발전을 불러왔고 또 그림책과 청소년문학의 기반을 마련했듯이, 그림책의 팽창은 하위 영역의 세분화를 가져올 것이다. 0~100세까지 아우른다는 것은 전체 그림책이 그것을 표방한다는 말이지 한 권의 그림책이 그렇다는 뜻은 아니다.

지나치게 세분된 구분도 작가의 자기표현이나 독자의 선택을 강요할 수 있다. 다만 조금 외연을 넓혀 영유아를 위한 그림책, 유아와 어린이, 어린이와 성인, 성인을 위한 그림책 정도의 구분은 있어야 한다. 이미 영유아를 위한 그림책은 어느 정도 독립적으로 존재하며 대상에 맞게 특화되어 있다. 다른 연령대를 위한 그림책도 그 연령대에 맞게 발전할 수 있을 것이다. 이렇게 된다면 작가는 보다 명확하고 실험적으로 자기표현을 하고, 독자는 그림책을 보다 쉽고 자유롭게 선택할 수 있을 것이다.

마지막으로 그림책에 대한 연구나 평론이 부족하다는 점을 지적하지 않을 수 없다. 연구자와 평론가가 부족한데다 그들의 글을 싣는 지면도 턱없이 부족하다. 그렇다 보니 독자는 그림책 정보를 주로 온라인상의 소개 글을 통해 접한다. 독자층의 자발적인 연구 모임이나 세미나가 활성화되고 있지만 온라인에 올라오는 그림책에 대한 글은 대부분

출판사에서 제공한 서평을 그대로 옮겨 놓거나 단순 감상을 나열한 정도이다. 독자는 이러한 글을 공유하며 여기서 얻은 인상을 가지고 그림책을 사고 읽는다.

일부 선도적인 작품뿐만 아니라 그림책 전반이 비상하기 위해서는 그림책을 보는 독자의 안목도 높아져야 한다. 뛰어난 연구자와 평론가가 필요한 것은 물론이고 이들이 의견을 개진하며 왕성한 담론을 만들어 낼 수 있는 장이 마련돼야 한다.

지난 시기 우리 그림책이 많은 성취를 이룬 만큼 앞으로의 과제도 많다. 쉽게 해결할 수 있는 문제는 아니지만 지금까지 해 왔던 것처럼 앞으로도 노력한다면 머지않아 우리 그림책은 날개를 달 수 있을 것이다.

제3부

우리 그림책의 어제

우리 그림책의 역사

제3부에서는 한국 그림책의 형성과 발달 과정을 정리하고자 했다. 우리 그림책이 걸어온 길을 더듬어 유실된 자료를 찾아 빠진 부분을 채우고, 과하게 부풀려진 부분은 그 포장을 벗겨 본연의 모습을 찾고자 하였다. 모두 네 시기로 나누었는데, 첫 시기는 우리 그림책이 탄생할 수 있는 역사적 조건이 만들어진 태동기이다. 이후 세 시기는 중요한 결절점이 되는 책을 기준으로 하여 우리 그림책이 탄생하고 발전해 나간 시기로 구분하였다.

제1장은 한국 그림책이 나타날 수 있는 역사적 조건이 만들어지던 1896~1945년까지의 태동기이다. 근대적인 교육 기획 아래 1896년에 발간된 어린이를 위해 교과서(『신정심상소학』)에 삽화가 실리기 시작하였고, 어린이 잡지를 비롯해 신문 어린이난에 삽화가 도입되었다. 태동기에는 한국 그림책이 만들어졌다는 기록도, 그 실체도 아직 확인되지 않았다. 하지만 그림책이 나올 수 있는 물적 토대가 마련되는 시기로서, 독자의 흥미를 불러일으키고 글의 이해를 도와주는 시각적인 이미지의 힘을 절감하였다. 태동기의 삽화는 한국 그림책의 전사(前史)로서 소중한 유산이다.

두 번째 시기는 태동기에 축적된 물적 토대를 기반으로 1946년 『포은 정몽주전』과 『우리마을』이 나온 후 1987년까지이다. 이 시기의 그림책은 지금과 같은 모습을 조금씩 갖추어 가는 도입기라 할 수 있다.

세 번째 시기는 현대적 의미의 본격 창작 그림책 『백두산 이야기』가 나온 1988년부터 2003년까지 그림책 성장의 생태계가 만들어지던 형성기이다.

끝으로 네 번째 시기는 독자의 열광적인 호응과 함께 그림책의 대표적인 OSMU(One Source - Multi Use) 사례로 꼽히는 『구름빵』이 출간된 2004년부터 현재까지 성숙기이다.

이 글에서는 세 번째 시기인 형성기까지 다룬다. 1부의 개별 책에 대한 평론은 네 번째 시기에 해당할 것이다. 한국 그림책의 형성과 발달 과정은 그림책을 중심에 놓고 이를 둘러싼 외부의 조건들과 하나의 텍스트로서 그림책의 글과 그림이라는 내부적 조건들의 연속적이며 때로는 불연속적인 만남에 보다 초점을 두었다. 또한 그림책의 정의를 "글이 있거나 없거나 상관없이 비교적 단순한 글과 연속되는 그림들이 결합한 도서"라는 광의의 개념을 적용하였다. 이는 '글과 그림이라는 두 매체의 조화로 그림책 전체의 의미가 형성되는 고유한 예술 형식'이라는 현대의 그림책 개념을 적용했을 때 논외로 되던 작품들을 좀 더 폭넓게 수용하고자 함이다. 한국 그림책의 역사에는 새롭게 호명되는 아동이 있었고, 완성형 그림책은 아니지만 새로이 유입되고 새롭게 만들어지는 그림책이 있었다.

1장

우리 그림책이 나오기까지의 풍경
(1896~1945년)

그림책은 그 사회의 정치, 사회, 경제, 문화와 밀접한 관련 속에서 탄생하여 자신을 확장해간다. 미야케 오키코는 그림책이 자립 매체로 인지되는 요건을 탐색했는데, 첫째 학교 제도 정비에 따른 식자율의 향상, 둘째 복제 가능한 인쇄기술, 특히 컬러 인쇄, 셋째 책읽기에 가치를 둔 근대적인 독자의 탄생, 넷째 독립적인 개체로서 어린이를 인식하는 어린이관의 변화 등을 들고 있다.[01] 완전히 만족스럽지는 않지만 수긍이 가는 요건이다. 이 중 컬러 인쇄기술을 제외한 세 가지는 아동문학의 성립 요건이 된다. 즉 아동문학의 일반적인 요건이라 할 수 있다.

우리의 경우 그림책은 일제 강점기에 일본을 통해 들어왔고, 7,80년대 디즈니 애니메이션을 비롯해 많은 외국 그림책이 무단 복제되던 시기도 있었기에 다른 나라의 영향을 무시할 수는 없다. 또한 일반 도서에 비해 책값이 비싼 것을 고려할 때 경제적인 부분도 중요하다. 한 권이 30쪽 내외의 분량임을 생각하면 더욱 그렇다. 강점기와 해방공간, 전쟁을 겪으면서 오랜 시간 심각한 경제적 결핍을 겪어왔던 우리에게 그림책은 구매할 수 있는 경제적 여건은 중요한 요소이다. 그렇다면 미야케가 말한 일반적인 요소에 우리나라만의 특수한 요소를 더해야 할 것이다.

이러한 요소들이 충족되었다고 하여 지금과 같은 완성형의 그림책이 출간된 것은 아니다. 근대의 학제가 구축되며 독자로서의 아동이 등장했고, 인쇄기술이 도입되면서 삽화가 이들의 읽기를 도왔다. 그리고 삽화가 실린 어린이 잡지를 비롯한 어린이 독서물이 이들의 시선을 빼앗았다. 그렇게 그림책이 나올 수 있는 기본적인 물적 토대를 쌓아갔다.

이 장에서는 그림책이 나오기까지의 태동기 풍경을 살펴보고자 한다. 이는 우리 그림책 역사를 살펴보는 데 있어 의미있는 과정이라 생각된다.

1. 근대적 학제의 정착과 읽는 아동

지금과 같은 근대적인 학교는 언제부터 시작되었을까? 조선시대 서당과 달리 엄격한 규율과 통제 아래 과목별 학습을 하는 근대식 학교 교육은 1880년대 시작되었다. 한국 최초의 근대학교는 원산학사로 1883년 (고종 20) 민간에 의해 함경남도 원산에 설립된 중등학

---

01 미야케 오키코(Miyake Okico), 김영순 옮김, 「그림책이 성숙할 시기」, 『논문집 : 한국 그림책』, 2006, 85-93쪽.

> 교육은 개화(開化)의 근본이다. 나라를 사랑하는 마음과 부강해지는 기술이 모두 학문으로부터 생기니 나라의 문명(文明)은 학교의 성쇠에 달려 있다. (……) 학생은 8세 이상 15세까지 더 모집하고 그 과정은 오륜 행실(五倫行實)로부터 《소학(小學)》과 우리나라 역사와 지리, 국문, 산술 그 외에 외국 역사와 지리 등 시의(時宜)에 맞는 책을 일체 가르치면서 헛된 형식을 버리고 실용을 숭상하여 교육을 완전하게 하기에 힘써라.
>
> 대체로 다른 나라 학교의 규정을 생각건대 아동이 학교에 입학하지 않으면 그 부형(父兄)에게 벌을 주는 예도 더러 있다. (……) 아동의 부형되는 자는 아들이나 동생을 데리고 본 부에 와서 허입장(許入狀)을 받은 후 학교에 가서 학업을 힘써 닦게 하되 혹 게을러서 중단하는 폐단이 없게 하기를 바란다.
>
> 고종실록 33권, 고종 32년(1895년) 9월 28일

교이다. 이후 1885년 배재학당이 설립되었고, 나라에서 1886년 동문학교(同文學校)와 육영공원(育英公院) 등을 설립하였다.

위의 글은 1895년 전문 29개조의 소학교령을 공표하면서 고종이 내린 교시이다. '나라의 문명은 학교의 성쇠에 달려 있다'는 구절에서 나라의 문명(文明)이 '나라의 운명'으로 읽히는 이유는 무엇일까. 서구 열강의 강압적인 문호개방 요구에 직면한 왕의 비통하고 비장한 심정이 절절히 배어 나오는 가운데, 조선 500년 동안 애써 무시해왔던 실용을 숭상하라 하며 다른 나라의 예까지 들면서 학부형들이 자녀교육에 관심을 둘 것을 촉구한다.

소학교령의 목적은 아동의 신체발달에 맞추어 국민 교육의 기초와 그 생활상에 필요한 보통지식 및 기능을 기르는 것이었다. 편제는 심상과 3년, 고등과 2년 혹은 3년으로 5, 6년이었다. 학교의 종류는 관립과 공립 그리고 사립으로 나누고, 관립은 나라에서, 공립은 부와 군에서, 사립은 개인이 설립하여 운영할 수 있도록 했다. 교사 양성을 위해 한성사범학교는 같은 해 4월 설립되었는데, 2년제 본과와 6개월 과정의 속성과 편제를 두었다. 한성사범학교 부속 소학교로 관립 교동소학교(지금의 교동초등학교)를 두고 왕실과 고위 관료의 자제들이 다니도록 하였다.[02]

이처럼 학생의 연령을 기준으로 학년을 나누고 그에 따라 배울 내용을 정하는 근대 교육은 일제 강점기에 정착하게 된다. 1910년대까지는 식민지배에 대한 저항심으로 학교를 피하고 서당에 가는 경향이 있었지만 1920년대에 들어서면서 입학난이 벌어질 정도로 학생들이 몰렸다. 학교가 부족하기도 하였지만 "각자의 실력을 양성하는 것이 곧 민족을 위하는 길이라는 명분하에 학교 교육이 적극 장려되고 있었으며, 학력이 직업을 얻는 현실적 조건으로 인식되기 시작하면서 학교 교육의 위상은 급격히 높아지고 있"[03]었기 때문이다. 따라서 글을 읽을 수 있는 아동의 수가 급격히 늘어갔다. 천정환이 정리한 표에 의하면 1920년 아동물 출판은 15종이었는데, 1924년에는 117종으로 늘어났

---

02 강점기 교동소학교를 다닌 학생들에 따르면 왕족이나 고위 관료의 자녀들이 다녔기 때문에 점심시간이면 도시락 심부름을 하는 하인들로 학교 운동장이 북새통을 이루었다고 한다. 고종의 교시에 나타났듯이 8세에서 15세까지의 학생을 모집했기에 초기 교실에는 한 형제도 있었고 8살 어린이부터 장가를 들어 상투를 튼 사람도 있어 재미있는 일이 많았다. 이충렬, 『그림으로 읽는 한국 근대의 풍경』, 김영사, 2011, 93쪽.
03 조은숙, 『한국 아동문학의 형성』, 소명출판사, 2009, 82쪽.

다.[04] 1922년 발행된 방정환의 『사랑의 선물』은 1920년대 중반까지 2만 부 정도 발행된 베스트 셀러였다. 『사랑의 선물』의 독자를 어린이로만 한정할 수는 없지만 아동 출판물의 양적 팽창은 높은 교육열에 의한 취학 아동의 증가를 의미하고 결국 읽는 아동이 급격히 늘었음을 뜻한다.

2. 근대적 출판 인쇄기술의 도입과 시대적 한계

조선은 더 이상 문호개방을 미룰 수 없다는 판단 아래 자신들의 정책을 널리 알릴 수 있는 신문 발간을 추진했다. 이는 서구 문물을 받아들여 근대적 개혁을 추진하고자 했던 개화파들의 입장이기도 했다. 박영효를 비롯한 개화파들은 1882년 2차 수신사로 일본에 갔을 때 수동식 활판인쇄기와 활자, 그리고 신문 편집 및 인쇄기술자를 데리고 귀국한다.[05] 그리고 1883년 8월 고종의 허락 아래 우리나라 최초의 근대식 인쇄출판기관인 박문국을 설치한다.

그해 10월 1일 우리나라 최초의 신문 『한성순보』가 발간되었다. 1884년에는 민간 회사인 광인사가 문을 열고, 일본으로부터 신식인쇄기와 납활자를 들여와 신문화와 계몽에 필요한 책들을 출판하였다. 이후 천주교 인쇄소(1885)와 배재학당 내의 인쇄소, 출판사를 겸한 삼문사(1885)에서 기독교 관련 책들을 내고, 1895년에는 학부 편집국에서 교과서를 간행하기 시작했다.[06]

그러나 이때만 해도 정교한 인쇄나 대량 인쇄는 어려웠다. 1912년이 되어서야 망판인쇄 시설과 윤전기가 도입되면서 인쇄의 대량화가 이루어진다.[07] 이로써 본격적인 출판물의 대량 복제 시대를 열며 근대적인 출판문화 시대의 도래를 알렸다.

당시는 인쇄와 출판, 판매가 분화되지 않았다. 삼문사처럼 인쇄소에서 출판과 판매를 병행했다. 신문화를 형성하고 사회를 계몽하는데 앞장서서 많은 기여를 한 것은 이러한 출판사들이었다. 특히 신문관의 활약이 두드러졌는데, 최남선은 일본 유학 중 인쇄시설과 기술자를 데리고 귀국해 인쇄소 겸 출판사인 신문관을 설립했다. 최초의 근대적인 잡지 『소년』(1908.11~1911.5)을 비롯해 『붉은 저고리』(1913.1.1~1913.6.1), 『아이들보이』(1913.9~1914.10) 등을 내며 계몽의 주체로서 소년을 내세우고 소년 담론을 이끌었다. 한편으로는 계몽 서적과 국학 서적도 발간하였다.

그러나 1905년 을사조약 이후 일제는 신문지법을 공포하며 언론 자유를 억압하고 출판법을 공포하며 모든 출판물에 대해 사전검열을 하였다. 1919년 3.1운동을 겪으며 일제는 문화정치를 표방하고 출판물에 대한 통제를 다소 완화하였으나, 일제 강점기 내내 조선의 출판 인쇄물은 사전검열과 압수·삭제·발행금지 등의 핍박에 시달렸다. 1910년대에는 역사 전기물이나 조선인들이 발간한 교과서류가 탄압의 주된 대상이었다면, 1930년대 후반부터는 조선어 출판물 자체가 발행 금지되다시피 했다. 일제가 태평양 전쟁(1941~1945)의 전초전으로 중일전쟁(1937)을 일으키며 일어 상용화와 조선어 과목 폐지(1937), 도서 통제(1938), 창씨개명(1939) 등 민족말살정책을 시행하였기 때문이다. 그 결과 1940년 8월에는 『조선일보』와 『동아일보』 등 한국인 발행 민간 신문이 강제 폐간되었다. 1940년까지 남아 있던 조선일보사 발행의 『소년』도 같은 해 12월 폐간되었고, 1930년대를 선도하던 『아이생활』은 거의 유일하게 남아 있는 잡지였으나 친일색이 짙어졌다.

그 와중에도 조선 민중의 지식에 대한 갈망과 일부 지식인들의 저항과 도전 정신은 면면히 이어졌다.

---

04 천정환, 『근대의 책 읽기』, 푸른역사, 2003, 489쪽.
05 김봉희, 『한국개화기 서적 문화 연구』, 이화여자대학교 출판부, 1999, 13-35쪽.
06 대한출판문화협회편, 『대한출판문화협회 50년사』, 대한출판문화협회, 1998, 53-54쪽.
07 홍선표, 「근대적 일상과 풍속의 징조 : 한국 개화기 인쇄미술과 신문물 이미지」, 『미술사논단』 21호, 2005, 259쪽.

1941년 박문서관에서 출간한 강소천의 『호박꽃초롱』이 대표적이다. 한국 현대문학과 아동문학에서 당대의 맥을 담당했다는 문학사적 의미[08]는 차치하고도 한글 작품의 발표가 불가능한 시절 보기 드문 한글 동요 동시집이라는 점에서 그 의의는 크다.

3. 어린이 독물과 삽화

1) 교과서

『호박꽃초롱』 표지   『신정심상소학』 1권 1과 <교실>

개화기 신문물에 대한 사회적 인식이 확산되는 데 교과서, 신문과 잡지 등과 같은 근대적 인쇄물이 선도적 역할을 하였다. 출판미술(인쇄미술)[09]은 구체적이고 명확하게 정보와 지식을 제공하였다. 인쇄물에 수록된 사진과 삽화, 광고를 비롯해 상표, 포스터 등은 근대 계몽의 수단으로 중요한 기능을 했다. 삽화가 최초로 삽입된 출판물은 『신정심상소학』(1896)이다. 교과서 삽화는 제시되는 글의 이해를 돕고 글로 설명할 수 없는 많은 부분을 그림으로 직접 보여주며 학습자의 흥미를 높이고 예술적 정조를 북돋워주는 데 기본적인 의의가 있다. 이 시기 교과서 삽화는 어떤 시각 매체보다도 널리 유포되었으며, 개화와 계몽의 이미지로 근대성을 몸으로 체득하게 함과 동시에 한국미술의 근대적 경험과 전환에 기여한 의의도 지닌다.[10]

삽화는 글의 내용을 보다 쉽고 흥미롭게 이해할 수 있도록 글과 함께 보여주는 그림이다. 근대 이전에도 행실도나 행사도 의궤 등에 그림을 덧붙여 이해를 돕는 노력들이 있었고, 그런 노력들을 도해(圖解), 도식(圖式), 도설(圖說) 등의 용어로 설명하였다. 1890~1891년 경 명치기 일본에서 "열삽지도화(列挿之圖畵) 즉 '글 속에 삽입하여 벌려 놓은 그림'이란 뜻을 지닌 '삽화'란 구획된 장르명"이 등장했다.

우리나라에서는 『황성신문』 「논설」(1907.7.15)에 삽도(挿圖)라는 용어가, 『황성신문』 문아당(文雅堂) 인쇄광고(1908.7.28)에 삽화(挿畵)라는 용어가 처음 등장하게 된다.[11] 이후 삽화는 출판인쇄 기술의 발달에 힘입어 서적과 신문, 잡지 등에 글과 함께 실려 대량 생산·유포되어 신지식과 서구의 근대 문물을 소개하는 첨병 역할을 하게 된다.

『신정심상소학』에 수록된 <교실>의 삽화는 두루마기를 입고 중절모를 쓴 교사가 지휘봉으로 가리키며 학생들을 가르치는 모습과 책상에 앉아 교사를 쳐다보는 아이들을 담았다. 교사의 모습이 상당히 이채로운데 단발을 하고 중절모를 쓰고 있다. 당시 중절모는 유행하는 남성 물품으로 광고에 가장 많이 등장했다.[12] 교과서 편찬자가 의도했든 아니든 이렇게 교과서는 신문물을 소개하는 창구역할도 하였다.

더 중요한 것은 당시 삽화가 가져온 변화였다. 교

---

08 박덕규, 『강소천 평전』, 교학사, 2015, 104쪽.
09 인쇄미술은 인쇄기에 의해 복제된 시각 이미지를 뜻한다. 홍선표는 인쇄미술이라는 용어를 사용하는데 이 책에서는 동일어로 볼 수 있는 출판미술이라는 용어로 통일한다. 미술은 메이지 시기(1870년 초) 일본 정부에서 만든 관제 조어로 독일어 '쿤스트게베르베(미술공예, 미술산업)'를 번역하는 과정에서 탄생되었다.(홍선표, 앞의 논문, 255쪽) 우리 문헌에는 1880년대에 등장하기 시작하여 지금과 같은 '순수 미술' 개념으로 자리 잡은 것은 대략 1910년대이다.
10 홍선표, 「한국 개화기의 삽화 연구 : 초등 교과서를 중심으로」, 『미술사논단』 15호, 2002, 257-292쪽.
11 홍선표, 「한국 개화기의 삽화 연구 : 초등 교과서를 중심으로」, 앞의 글, 258쪽.
12 홍선표, 「근대적 일상과 풍속의 징조 : 한국 개화기 인쇄미술과 신문물 이미지」, 앞의 글, 274쪽.

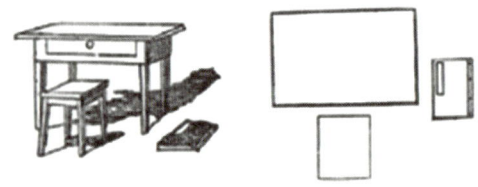

『신정심상소학』 3권 19과 <繪와圖라>의 좌 입체화, 우 평면도

과서 속 삽화에는 전통적인 서화풍의 그림과 함께 원근법과 같은 서구의 근대적 화법의 그림이 공존하는데, 이는 보는 방식의 변화를 요구하면서 근대적 시각 체제를 학습하고 공유하는 매체로서도 기능했다. <교실>에는 교사와 교탁의 그림자를 확연히 표현하였다. 1권 20과 <탐심많은 개>에서도 이러한 그림자를 볼 수 있고, 3권 18과 <書冊을讀ᄒᆞ는法이라>에서도 음영을 진하게 표현하고 있다. 그리고 3권 19과 <繪와圖라>의 삽화는 책상과 의자를 입체화와 평면도로 제시해 비교하게 하는데, 입체화의 경우, 원근법을 도입하여 책상, 의자, 책의 부피와 거리감을 표현하고 그림자까지 표현하고 있다.

글에서는 그림(繪)은 "아무 것이나 눈에 보이는 대로 다 그리는 것"이라고 하였다. 이는 그림 자체를 눈으로 형상을 파악하여 묘사하는 근대적 사생화의 개념으로 규정한 것이다. 이전 시대 문인화 중심의 서화풍 그림과 달리 눈에 비치는 사물을 원근법과 음영법에 기초한 서양화법으로 표현하는 것이다. 이와 같이 출판미술은 보는 방식의 변동을 가져오면서, 근대적 시각 체제를 학습하고 공유하는 매체로서 기능뿐 아니라 새로운 시각 경험을 통해 시각을 원근법의 시점과 일치시키며 개인을 '보는 주체' 또는 원근법적 시각 주체로 구성하였다.[13]

교과서를 통한 이러한 학습과 공유는 새로운 근대적 일상과 풍속을 균질화 또는 평균화시키고 확산·재편시키는 촉매로서 작용하게 되었다.

2) 아동잡지

최초의 어린이 대상 잡지로 볼 수 있는 『소년 한반도』(1906.11~1907.4)는 어린이책 사료로 의의가 크지만, 시각 이미지는 실리지 않았다. 이후 1908년 최남선은 우리나라 최초의 근대적 종합 교양지이며 아동잡지의 효시가 되는 『소년』(1908.11~1911.5)을 창간하고 『붉은 저고리』(1913.1~1913.6), 『아이들보이』(1913.9.~1914.10), 『새별』(1913.9~1915.1)를 연이어 창간한다. 1923년 3월에는 방정환이 우리나라 최초의 어린이를 대상으로 하는 근대 잡지 『어린이』(1923.3~1949.12)를 창간하고 이후 『신소년』(1923.10~1934.5), 『별나라』(1926.6~1935.2), 『아이생활』(1926.3~1944.1) 등이 창간된다. 이들 잡지들은 대체로 표지에서부터 목차화, 내지화, 본문 삽화, 만화 등 다양한 시각적 이미지를 도입하였다. 이 잡지들은 우리 아동문학과 출판미술의 발전 과정을 점검할 수 있는 중요한 자료이다. 그러나 전술했듯이 1930년대 말 일제의 민족말살정책에 의해 거의 폐간되었다.

이 당시 발행된 잡지들 중 삽화와 관련해서『아이들보이』를 주목해야 한다. 이름에서 보듯 '아이들'과 '보다'에서 '보이'를 가져와 아이들이 본다는 것을 강조하였다. 이 책은 오늘날 국판보다 조금 큰 152×225mm 크기에 40여 쪽 분량으로 통권 13호까지 발행되었다. 통권 12호까지 동일한 표지를 사용하였는데, 갑옷을 입고 투구를 쓰고, 활과 창으로 무장한 채 백마를 탄 장수가 중앙을 차지하고 왼쪽 아래에는 호랑이 머리를, 왼쪽 상단에는 제호가 마치 네모 칸에 든 것처럼 재미있게 쓰

『아이들보이』 표지. 출처 : 현담문고

---

13 홍선표, 「근대적 일상과 풍속의 징조 : 한국 개화기 인쇄미술과 신문물 이미지」, 앞의 글, 262쪽.

여 있다. 중앙 상단에는 발행날짜와 각 호를 쓰고 오른쪽 하단에는 발행처 '서울 신문관발행'을 표기하였다. 전체적으로 그림과 글의 배치가 비교적 균형을 이루고 있는데 인물과 색의 표현이 상당히 새롭다.

본문에는 목판 삽화가 들어가고 제시되는 이야기의 아래 위에는 패턴화된 문양도 사용한다. 특히 순수 우리말 표기인 <다음엇지> 코너를 두고 2, 3컷의 만화도 싣고 있다. <다음엇지>는 최남선이 『붉은 저고리』에서 만화를 실은 코너로서, "다음은 엇지되는지?"라는 의미를 갖는 최남선이 만든 조어이다. 『아이들보이』의 <다음엇지>는 『붉은 저고리』의 코너를 가져온 것이다. 최윤정은 『붉은 저고리』의 <다음엇지>를 최초의 아동만화라고 보았다.[14] 정병규는 『시각 이미지로 살펴 본 우리나라 어린이책의 역사』(2007, 23쪽)에서 이 잡지를 "여러 형태(사진, 목각, 삽화, 패턴 문양, 한글 쓰기)의 실험과 시도를 했던 어린이 잡지로 기록에 남을 만하다"고 평가한 바 있다.

빼놓을 수 없는 것으로 잡지 『어린이』가 있다. 방정환은 어린이 문화운동을 통해 '어린이'를 계몽하고 민족운동의 주체로 호명하였다. 그 실천의 중심은 단연 잡지 『어린이』였다. 『어린이』는 창간호부터 통권 제3호까지는 4×6배판(타블로이드판) 12면으로 편집, 발행되었다. 제4호부터 제7호까지는 미발굴되어 있고, 통권 제8호(1923.9)부터는 4×6판 책자 형식으로 간행되다가 통권 제92호(1932.1.20)부터 국판으로 개정하여 발행되었다. 책으로 묶인 통권 제8호부터는 40-48쪽 내외의 분량으로 발행되었고 통권 제32호부터는 70여 쪽 내외로 늘었다.

『어린이』는 26년간 발행되는 동안 표지와 제호, 본문의 삽화 등에서 다양한 변화를 보였다. 특히 표지의 변화는 눈여겨볼 만하다. 1929년 8월 발행한 통권 제68호는 출처를 알 수 없는 서양 어린이의 사진을 표지로 하고 있다. 방정환이 편집을 맡았을 때는 대체로

『어린이』 표지. 통권 제68호
출처 : 현담문고

『어린이』 표지. 통권 제99호
출처 : 현담문고

외국이나 우리나라 어린이의 사진이 등장하는데, 귀엽고 사랑스러운 어린이의 이미지를 보여주려 했음을 유추할 수 있다.

그런데 1932년 8월에 발행된 통권 제99호는 매우 다른 분위기이다. 판형이 커졌고, 지면 전체를 그림으로 채우고 컬러도 상당히 화려해졌다. 둥글둥글 모가 없던 제호도 변화를 보인다.

이러한 변화는 다음의 글에서 그 단초를 찾아볼 수 있다.

『어린이』 잡지에 회화가 많이 있어서 그들의 보드라운 감정을 유발하고, 일면으로 미적 생활의 요소를 길러주어야 할 것은 물론입니다. 그러나 형님, 누가 그렇게 좋은 그림을 잘 그리어 주겠으며, 그림이 있은들 어떻게 그것을 인쇄하겠습니까. ……

64.2.14. 야(夜)
在東京 小波, 『천도교회월보』
1923년 3월호[15]

이 글은 1923년 2월 14일 밤에 동경에 있던 방정

---

14 최윤정, 「근대 아동만화에 대한 인식과 전개 양상 연구」, 『아동청소년문학연구』 18호, 2016, 94쪽.
15 방정환, 「소년의 지도에 관하여 : 잡지 『어린이』 창간에 제하여 경성 조정호 형께」, 『방정환 전집 5』, 창비, 2019, 451쪽.

환이 경성에 있는 조정호에게 보낸 편지의 일부인데, 『어린이』 출간을 불과 보름 남짓 남겨둔 시점이다. 『어린이』를 처음 낼 당시 표지를 그릴 마땅한 인물도 없거니와 출판기술 또한 형편없어 궁여지책으로 사진을 주로 쓴 것으로 보인다. 창간 이후 10여 년이 지나자 삽화가도 늘고 인쇄기술도 발전하면서 표지가 바뀌었다고 볼 수 있다. 방정환의 사후(1931년 7월 23일)에는 편집인이 바뀌면서 그에 따라 취향이나 지향점에 따라 변화되기도 하고 시대의 변화를 반영하기도 한 것으로 보인다.

『어린이』는 우리나라 어린이 잡지 중에서 비교적 오랫동안 발행되며 삽화, 사진, 만화, 컷, 목판화 등 다양한 그림 양식이 시도되는 실험적인 장으로써 의미가 크다. 이에 대한 면밀한 고찰이 필요하다.

이 외에 『아이생활』도 우리 근대의 삽화 발전에 지대한 영향을 미쳤다. 『아이생활』은 조선주일학교 연합회에서 발행했는데, 선교사들과 기독교 문학인들이 주축이 되었다. 이 때문에 서양의 문물이나 이야기를 비롯하여 그림, 삽화, 만화와 같은 시각적 이미지들이 여느 잡지에 비해 월등히 많다. 또 일제의 압박이 극심했던 1930년대 후반 아동문학인들의 유일한 발표무대가 되었다.

『아이생활』에서 <아가차지> 꼭지를 주목할 필요가 있다. 확인하지 못한 호들이 있으나 <아가차지>는 <아가페지>, <애기그림책>, <아기네차지>, <노래와이야기> 등으로 꼭지명이 다양하게 바뀌며 유지되었다. 이 지면에 실린 글이 어린 아동을 위한 내용이라는 점에서 그 연속성을 인정할 수 있다고 보인다. 꼭지 제목에서 보듯 유아들을 특정하여 그림이나 사진 등의 시각 이미지를 싣고, 글자의 크기는 크고 자간도 넓게 편집하였다. 또 만화처럼 짧은 이야기를 여러 컷의 삽화로 나누어 제시하기도 한다. 10여 년간 유년을 위한 꼭지 <아가차지>를 지속하며 시각적 이미지를 집중적으로 실었다는 점에서 의미가 크다고 할 수 있다. 그러나 『아이생활』은 조선 기독교의 주류가 일본식 기독교로 전환되며 이후 친일의 길을 걷는 과오를 남기기도 하였다.

이와 더불어 빠뜨릴 수 없는 작품이 『아기네동산』(1938)이다. 당시 『아이생활』에서 그림과 편집을 담당하던 임홍은이 출간한 모음집인데, 『아이생활』의 <애기그림책>에 실렸던 작품들을 모아 놓았다. 그림, 곡보(曲譜), 동요, 이야기 등을 4계절로 구분하여 실었다. 출간 전 임홍은이 『아이생활』에 이 책을 소개한 글을 좀 자세히 읽을 필요가 있다.

우리 조선에는 …… 아이들이 볼만한 그림책이라곤 한 권도 없습니다. 그래서 나는 벌-서부터 어떻게 해스면 우리 조선 아이들에게 좋은 그림책을 만들어줄까하고 이리저리 많인 운동해 보았습니다만은 모-든 것이 그리쉬되여지지 않어 혼자 밤을 새우다가 마음 먹은지 三, 四 年만에 오늘에야 겨우 한권의 책으로 내여 놓게 되었습니다. …… 내 한사람에 힘은 너무나 부족하여 여러 선생들의 노래(童謠)와 여러 선생들의 이야기(童話)를 모아서 이뿌게 꾸미인 것입니다.

『아이생활』 1937년 12권 4월호, 63쪽

'조선에는 아이들이 볼만한 그림책이 없어 어떻게 하면 우리 아이들에게 좋은 그림책을 만들어줄까 오래 고민하다가 여러 선생들의 노래와 이야기를 모아서 이쁘게 꾸몄다'고 한다. 편저자인 임홍은은 그림책을 만들겠다고 하며 여러 사람의 노래와 이야기를 이쁘게 꾸민 책을 만들었다. 여기에서 임홍은의 그림책에 대한 인식을 엿볼 수 있다. 『아이생활』을 편집하며 잡지 속의 한 면을 <애기그림책>이라 명명하고 그림이 들어간 동요를 싣거나 다른 사람의 글에 삽화를 그리고, 직접 글을 쓰고 그림을 그리기도 했지만 그가 그림책에 대해 가진 인식은 노래나 이야기를 예쁘게 꾸미는 정도였던 것이다. 추측컨대 이는 당시 내부분의 삽화가들이 공유하던 인식으로 보인다. 당시 수많은 삽화가 제작되고 뛰어난 삽화가 있었음에도 우리 그림책이 창작되지 못한 것은 이런 인식도 하나의 이유가 될 것이다.

1 『아기네동산』 표지. 출처 : 현담문고
2, 3 63-66쪽 분절된 채 나뉘어 제시되는 윤석중의 동요
4 적어도 그림책이라 한다면 한 눈에 들어오게 편집을 하는 것이 맞을 것이다

또한 『아기네동산』은 중간에 빈 페이지를 활용하면서도 이 책에 실린 동요(시)들은 펼침면이 아니라 왼쪽 지면에서 다음 오른쪽 지면으로 나뉘어 제시하였다. 하나의 동요(시)가 페이지에 의해 분절되어 있고, 펼침면으로 한 눈에 그림이 눈에 들어오도록 공간을 편집하려는 의도를 전혀 찾아볼 수 없다. 이를테면 『아기네동산』 63쪽에서 66쪽까지를 보면 윤석중의 「바다로」를 싣고 있는데, 길지 않은 시를 책장을 넘겨 다음 페이지에 실었다. 중간에 빈면을 넣어 조율하고 있음에도 펼침면에 제시하지 않은 것은 으아하다. 그림책이라고 만들었지만 그림책에 대한 인식이 정립되어 있지 않고 펼침면을 활용하여 글과 그림을 효과적으로 연계하는 부분은 고려하지 못한 것으로 보인다.

이 책은 다양한 종류의 글과 그림이 함께 하는 작품집(anthology)으로 보는 것이 맞겠다. 그림에 보다 초점을 맞춘 책으로 일제 강점기 우리 삽화 연구에 중요한 자료이다.

이렇게 일제강점기에는 근대적 학제의 정착과 인쇄기술의 도입으로 읽는 아동이 등장했다. 또한 교과서와 잡지를 비롯한 어린이 읽기물이 나타나고 그것에 삽화가 실리며 우리 그림책이 나올 기반을 형성했다. 그러나 30년대 후반부터 조선어 출판물 자체가 발행 금지되다시피 하는 식민지 상황과 그림책에 대한 인식도 부족한 상황에서 우리 그림책이 나오기는 어려웠다고 보인다.

2장

대표적인 삽화 :
삽화로 포착한 근대의 모습

『아이생활』<아가차지>의 김동길 삽화

1. 어린이 잡지『아이생활』의 <아가차지>

『아이생활』[01]은 어린이를 위한 월간 교양잡지로 1926년 3월에 창간되어 1944년 1월 종간된, 일제강점기 우리나라 최장수 아동잡지이다.[02]

오랜 시간 발행된『아이생활』은 조선 기독교의 주류가 일본식 기독교로 전환되며 친일의 길을 걸었다는 과도 크지만 그림책 역사의 측면에서 공도 있다. 그 중 하나가 유년을 위한 꼭지 <아가차지>를 지속하며 시각적 이미지를 집중적으로 실었다는 점이다. 1930년부터 1939년까지 10여 년 동안 다양한 이름으로 게재되었던 <아가차지>는 노래(동요)와 이야기 중심으로 구성되며 대체로 큰 글씨와 보다 넓은 자간을 확보했다.

『아이생활』의 삽화는 <아가차지> 꼭지를 비롯해 크게 두 가지 종류로 구분할 수 있다. 도안화된 표제화와 본문 삽화이다. 표제화란 말 그대로 표제 그림 또는 제목 그림으로 글의 핵심을 한눈에 보여주며 제목과 함께 글의 서두에 그려지는 그림이다. 본문삽화는 주로 본문에 글과 함께 제시되며 글을 보완하거나 확장하는 그림인데 여기서는 삽화와 구분하기 위해 본문삽화라고 한정하여 지칭하였다. <아가차지>의 삽화는 시기별로 차이를 보인다. 누가 주관하여 삽화를 그렸느냐에 따라 1930~1935년까지 김동길의 삽화, 1937~1938년의 임홍은의 삽화, 1939년 임동은의 삽화로 나눌 수 있다.

이 글에서는 56권의 <아가차지> 삽화 중 1930년에서 1935년까지 김동길이 그린 삽화를 표제화와 본문 삽화로 나누어 살펴본다. 우리 그림책의 전사가 되는 강점기 삽화 연구의 한 부분을 담당하며 그 시기 삽화를 보는 하나의 시각을 마련해줄 것이다.

필자는 현담문고 공개 자료 74권과 근대서지에서 제공한 59권, 가톨릭대 소재 30권을 확인했다. 이 중 29권이 중복되어 모두 134권을 확인해 통칭해서 <아가차지>[03]라 부를 수 있는 꼭지를 모두 56권에서 찾을 수 있었다. 중간에 확인하지 못한 호들이 적지 않으나 확인한 56권을 통해 대략적인 흐름은 파악할 수 있을

---

01 근대서지학회 오영식 회장님께서 이 귀한 자료 대부분을 제공해 주셨다. 깊이 감사드린다.
02 『아이생활』통권 호수 매김에 대해서는 이견이 있다. 최덕교는『한국잡지백년2』(2004, 257쪽)에서 창간부터 종간까지 매월 발간되었다고 추정 계산한 '통권 218호'라고 말했다. 오영식은「『아이생활』목차 정리」(2019, 661쪽)에서 통권 191호라고 하고, 류덕제는「한국 근대 아동문학과『아이생활』」(2021, 566쪽)에서 착오가 있을 수 있어 확인이 필요하다고 전제하며 202호를 발간했다고 했다.

 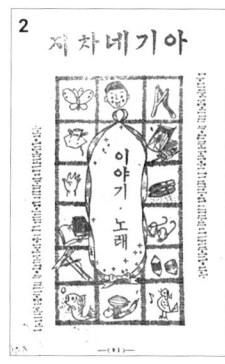 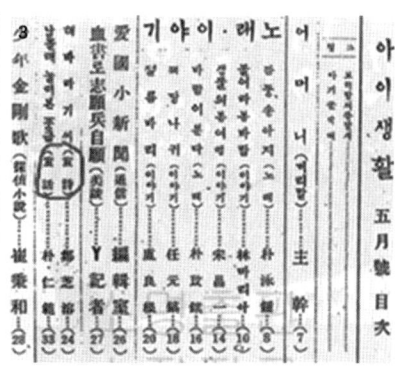

1 『아이생활』 1938년 3월호 본문 속 <아기네차지> 시작면
2 『아이생활』 1938년 4월호 본문 속 <아기네차지> 시작면
3 『아이생활』 1939년 5월호 목차 <아기네차지>외 동시 동화 따로 게재

것이다.

<어린이페지>, <아가페지>, <아가차지>, <아가애기>, <애기차지>, <애기그림책>, <아기네차지>, <노래·이야기> 등으로 꼭지명은 다양하게 바뀌나 유년을 위한 꼭지라는 점은 바뀌지 않는다. 꼭지명만 놓고 보았을 때 다른 꼭지명과 차이가 도드라지는 것은 <애기그림책>과 <노래·이야기>이다. <애기그림책>은 대상을 특정했던 앞선 꼭지명 <아가차지>, <애기차지>, <아가페지> 등과 그 궤를 같이 한다고 보인다. 그러나 수록되는 글에서 <애기그림책>은 그 결을 달리한다. 이전에 보이던 새로운 사물이나 놀이를 소개하는 글과 중간에 어떤 설명도 없이 포함되곤 하던 「이달의소원」과 「상타기」 등의 글들은 자취를 감추었다. 그리고 보이지 않던 '그림책'이란 용어가 등장하며 삽화에 방점이 찍힌다. 임홍은이라는 전문 화가가 편집을 하고 그림을 그리며 '삽화'에 더 정성을 쏟았다고 볼 수 있을 것이다.

<노래·이야기> 꼭지는 싣는 글을 노래와 이야기로 특정한다는 점에서 바로 앞 연도(1938)의 <아기네차지>와 그 이전(1937)의 <애기그림책>과 연속선상에 있

다. 1938년 3월호 목차에는 <幼稚園童話童謠集(유치원동화동요집)>이라는 꼭지명 아래 노래와 이야기로 장르를 구분하고 글 제목들이 제시되어 있다.

그런데 1938년 3월호 <아기네차지> 시작 면(본문 43쪽)에는 꼭지를 소개하는 면이 들어가며 <아기네차지>란 꼭지명이 제시되는데, 지면 중앙에 임홍은의 삽화[04]를 배치하고 그 아래에 "幼稚園童話童謠"를 써 두어 글의 대상과 장르를 특정한다. 본문에는 글의 제목과 함께 노래, 또는 이야기로 장르명을 제시한다. 1938년 4월호 목차에는 3월호와 달리 목차에서 <아기네차지>라는 꼭지명을 제시하고 노래와 이야기로 글을 구분하여 배치하였다. 본문에는 <아기네차지>라는 꼭지명을 붙이고 칸을 나누어 어린이의 얼굴, 새총, 연, 책, 신발 등의 어린이용 사물과 나비, 새, 과일과 채소 등의 그림을 싣고 가운데 리본으로 장식하여 "이야기·노래"를 명기했다. 이를 볼 때 <노래·이야기>는 <애기그림책>에서부터 구분하여 제시한 글의 장르를 승계하는 꼭지이다. 그리고 꼭지명을 살펴보면 '아기'라는 대상은 표면적으로 떼어냈다. 그러나 1939년 5월호 목차를 보면 동시와 동화라고 표기한 글들이 실리는 것으

---

03 1935년까지 <아가차지>는 목차에 명기되지만 본문에는 꼭지명이 나타나지 않는다. 이 때문에 목차가 낙장이 되는 경우 꼭지를 확인하기 어렵다. 1930년 10, 11월호도 목차 낙장으로 꼭지명 확인이 불가하다. 그러나 본문 일정 부분에 게재된 글들이 글자 크기나 자간, 실린 글의 성격, 저자들의 면면이 앞호들의 <아가페지> 꼭지에 실린 글들과 유사함으로 같은 꼭지의 글로 보았다. 마찬가지로 1935년까지 목차 낙장으로 꼭지명 확인이 불가한 경우 본문에 실린 글들의 형식과 성격을 보고 또 오영식, 『『아이생활』 목차 정리』를 참고로 <아가차지> 꼭지의 글로 분류했다. 이렇게 <아가차지> 꼭지로 분류된 월호는 31년 1, 2, 6, 7, 9월호, 32년 4, 5, 7월호, 33년 10월호, 35년 1월호이다.
04 삽화 밑에 "임 1936"라는 임홍은의 사인이 들어간다.

로 보아 <노래·이야기> 꼭지가 여전히 보다 어린 아동을 위한 <아가차지> 꼭지임을 알 수 있다.

앞서 언급한 것처럼 <아가차지>에는 이야기와 노래가 처음부터 끝까지 실렸다. 이야기는 전래동화와 사실동화 성격을 띤 글이 주를 이루는 가운데, 의인동화 성격의 글과 우화, 꿈이야기들이 덧붙여졌다. 노래는 주로 그림동요 형식이었다. 김동길이 주로 글을 쓰고 그림을 그렸던 시기에는 만화 형식의 글과 번안 동화, 놀이와 새로운 지식을 제공하는 이야기가 더해지고 「상타기」와 「이달의소원」이 불규칙하게 실렸다.

이 시기에는 노래(동요)보다 이야기가 월등히 많았다. 확인한 바로 <아가차지>에 처음 등장하는 노래는 1930년 9월호의 「노래「버레音樂會」」이다. 김설강의 작품으로 글을 중앙에 놓고 아래위에 삽화를 넣었다. 펼침면 위쪽의 좌우에는 귀뚜라미로 보이는 까만 벌레 삽화가, 아래쪽의 좌우에는 더듬이가 긴 방울벌레 삽화가 동일하게 들어갔다. 이후 매 꼭지마다 한 편 혹은 두 편의 노래가 그림과 함께 꾸준히 실린다. 그러나 임홍은이 본격적으로 그림을 그리는 1937년과 1938년은 노래가 이야기보다 조금 더 많이 실리고 임동은이 그림을 그렸던 1939년에는 그 비중이 같다.

3. 김동길의 <아가차지> 삽화

1) 김동길의 활동

김동길에 대해서는 자세히 알려진 바가 없다. 『아이생활』에 나타난 김동길의 행적을 더듬어 보면, 1926년 4월호 48쪽 「아희생활사우방명」록에서 사우금 5전을 약정한 인물 중에 김동길의 이름이 처음으로 등장한다. 이후 1929년 12월호 서두의 「사고」에서 정인과는 "朝鮮에一等文士요 少年文學에 巨星인(조선에 일등문사요, 소년문학에 거성이) 田榮澤先生(전영택선생)과 金東吉先生(김동길선생)님이 編輯(편집)에붓을들게되고요. …… 우선 新年號(신년호)부터는 지금보다 倍(배)나되게하기로하고 揷畵(삽화)라든가 表紙(본지)를 아조훌륭하게 하겟습니다."라고 전한다.

그런데 다음 해 1930년 8월호에서 李晳洛(이석낙)은 전영택이 편집에 참여하자 바로 미국으로 유학가고 그 뒤를 이윤재가 맡았으나 사정으로 이윤재마저 떠나고 편집할 사람을 얻지 못한 채 "조선예수교회계신 김동길선생이 매월계속하여 만흔원고를맨드시고"라고 언급하고 있다. 이후 1931년 3월호 「本事編輯部(본지편집부)의얼골」에는 김동길의 사진 밑에 "편집 김동길"이라고, 1933년 3월호 「本誌編輯主幹의歷代(본지편집주간의역대)」에는 김동길의 사진 옆에 "아가페지와삽화담임"이라고 소개한다. 다시 1935년 3월호 「本社委員會面影(본사위원회면영)」에도 김동길의 사진 아래 "아가차지 김동길선생"이라고 적혀 있다.

이를 정리해 보면 김동길은 기독교 문서 선교를 목적으로 하는 조선예수교서회의 일원이었고, 1930년 신년호부터 『아이생활』의 편집에 참여하였음을 알 수 있다. 그는 전문 삽화가는 아닌 것으로 보인다. 정인과는 소설을 썼던 전영택을 "소년문학의 거성"이라고 칭하였는데, 아동잡지의 편집을 맡을 사람이니 수식어를 과장한 것으로 보이는데 비해, 김동길에 대해선 그러한 수식어가 없다. 이를 통해 김동길이 전문 화가는 아닌 것으로 짐작된다. 그러나 전영택이 떠난 뒤에도 <아가차지>는 지속되었고 김동길은 이야기와 삽화, 표지를 훌륭하게 쓰고 그려냈다. 김동길은 1930년부터 임홍은이 주관하는 <애기그림책>이 나오기 전까지(필자가 확인한 것은 1935년 10월호까지) <아가차지>의 글과 삽화를 담당하며 편집을 한 것으로 보인다.

한편 김동길은 1933년 7월호 『어린이』에 아기소설 「한길이와 참새」를 발표했고, 1938년에는 조선일보사에서 펴낸 『조선아동문학집』에서도 이름을 발견할 수 있다. 주로 동요와 동화를 선(選)한 선집에서 김동길은 「고무공 하나로」라는 단편 동화를 실었다.

2) 김동길의 표제화

표제화는 글의 제목 옆에 그려진 작은 그림으로 삽화 형식의 일부이다. 초기 신문이나 잡지의 표제화들은 대부분 특별한 의미 없이 장식적인 그림이었으나

1 1930년 3월호 「반가운편지」
2 1930년 3월호 「금강석보다더귀한보석」
3 1930년 3월호 「고무공물어올리기」
4 1931년 6월호 「어려운산술」 69쪽
5 1932년 4월호 「뜻밖에상」

1920년대에 들어 상징적인 그림으로 나타나게 되었다. 1930년대 당시 김동길의 표제화는 장식적인 그림에서 상징적인 그림으로 옮겨가는 과도기에 있었다.

1930년 3월 <어린이페지>에는 '그림이애기'라고 장르명을 붙인 만화형식의 「노랑이와신둥이」 외에 이야기 형식 글이 4편 실렸다. 「반가운편지」(은방울(김동길))와 「둑겁이와남생이」(날바람(김동길)), 「금강석보다더귀한보석」(최창남), 「고무공물어올리기」이다. 이 중 앞의 3편에는 제목 위에 표제화가 실렸는데, 차례로 '가방을 어슷하게 맨 우체부 소년' 표제화(그림 1), 도완화된 '꽃' 표제화(그림 2), '아기 천사' 표제화(그림 3)가 실렸다. 그림 1의 표제화는 제목('반가운편지')과도 연관되고, 나가서 놀고 싶어하던 숙희가 어머니가 보낸 생일 초대 편지를 받고 어머니의 말씀을 잘 듣겠다고 다짐하는 핵심 소재와도 연결된다. 표제화의 우체부 소년의 경우 독자는 편지를 매개로 이야기를 상상하고 이야기의 주요한 요소임을 추측할 수 있다.

그림 2와 그림 3의 표제화는 제목이나 글 내용과 직접적인 관련성이 적다. 특히 고무공 물어 올리기 놀이를 소개하는 글의 표제화(그림 3)는 '아기 천사' 이미지이다.[05] 당시 어린이를 꽃과 천사에 비유한 것을 볼 때 어린이를 상징하는 표제화로 볼 수도 있으나 1930년 7월호의 「밤중에우는수탉」의 표제화로도 쓴 것은 의아하다. 뻔윅(반우거)이 쓴 이 글은 의인동화적 성격으로 실수로 제시간에 울지 못한 수탉을 암탉들이 비웃자, 속이 상한 수탉이 아침이 되어도 울지 않았다는 이야기이다.

그림 4는 1931년 6월호 「어려운산술」의 표제화인데, 제목에서 산수 문제를 풀지 못해 혼이 나는 아이가 연상되지만, 글은 어머니가 친절하게 가르쳐 주신다는 내용이라 관련성이 떨어진다. 더욱이 아이가 서구적인 인물로 표현되어 이색적이다. 이는 1933년 9월부터 김동길이 날파람이라는 이름으로 연재를 시작한 「작난군 '톰'이」의 원작(『톰소여의 모험』) 삽화를 모사한 것으로 보인다. 표제작과 연재 사이에 2년 여의 시간이 있어 번역을 하고 번안 원고를 집필, 편집까지 시간이 소요되었음을 추측할 수 있다.

그림 5의 놀라움과 웃음을 표현한 표제화는 「뜻밖에상」이라는 제목과 연관성이 높다. 글도 언니의 옷을 물려 입기 싫어하던 아이가 주머니 속의 돈을 발견하고 좋아한다는 이야기여서 표제화와 잘 어울린다 하겠다. 독자는 이러한 표제화를 보고 제목을 함께 읽으며 다양한 상상을 하게 된다. 그런 의미에서 좋은 표제화라고 보인다.

그러나 이렇게 어린이의 읽기를 자극하는 표제화다운 표제화가 많지 않다는 것은 아쉬운 점이다. 작가 개인의 역량이라기 보다 삽화가 교과서와 신문연재소설로 그 입지를 확장해가던 당시의 사회적 상황과 관계있어 보인다. 1910년대 신문연재소설의 표제화가 대체로 이름값을 하기보다는 장식적인 역할에 머물고 있

---

05   이 천사 이미지는 1930년 7월호의 「밤중에우는수탉」과 「부서지는기차」, 1932년 4월호 「오색방울」에 표제화로도 실렸다. 이외에 단발머리 여자아이가 동그란 풍선을 들고 있는 표제화도 반복적으로 등장하는데 <아가차지> 지면(1933년 3월호 「이상한구슬」, 1933년 12월호 「남을 위하야」 등)은 물론 『아이생활』의 다른 지면 1929년 3월호 「만왕을칭송하자」, 1929년 6월호 「아이주일에」 등에도 나타난다.

었다. 10여 년이 지나 글의 주제와 사상을 함축하는 상징적인 그림의 표제화가 자리하기 시작한 것이다.[06] 이는 표제화가 어렵기도 하고 그만큼의 시행착오가 필요하다는 의미도 될 것이다. 김동길의 <아가차지> 꼭지에서 표제화는 1930년 9월호까지 게재되었고, 1931년 7, 8월호, 1932년 4, 8월호, 1933년 12월호에 다시 게재되었다가 1935년에는 더 이상 볼 수 없다.[07]

3) 김동길의 본문삽화

보통의 경우 그림은 전문적인 훈련을 오래 해야만 작가의 의도대로 그릴 수 있다. 가장 어렵다고 하는 인체의 표현은 특히 그렇다. 얼굴과 손 발의 자연스런 표현은 전문 화가들도 어렵다고 말한다. 김동길의 초기작에서는 표정을 담지 못한 얼굴, 어색한 손놀림, 데생에 맞지 않는 인체 비례가 보인다. 한 연구자는 그의 초기 작품에는 세부묘사에서 정교함이 부족하고 어색한 인물들이 분위기에 맞지 않는 얼굴을 한 삽화들이 꽤 있다고 지적하였다. 1930년 7월호의 삽화도 크게 나아졌다고 할 수 없지만 앞으로 전개될 김동길 삽화의 특징을 엿볼 수 있다. 장편(掌篇)「능금자닭에」와 놀이 소개 지면「재미잇는손작난」이 바로 그것이다.

「능금자닭에」는 단어 대신 그림이 들어가 그림 자리에 단어를 넣어 읽어야 한다. "우리집 하얀 '고양이'는 압마당 '물통' 뒤에 숨은 '쥐' 한 마리를 보고"(66쪽)라며 시작하는 짧디 짧은 글에는 '고양이', '물통', '쥐'라는 글자 대신 그림을 그려놓았다. 「재미잇는손작난」은 까만 지면에 온전한 코끼리 한 마리가 그려져 있고 그 위쪽으로 코끼리의 부분들이 그려져 있다. 지금의 그림 퍼즐 같은 것으로 조각난 부분들을 아래의 코끼리 형상으로 맞출 수 있다. 당시 삽화도 흔치 않던 시절 이 두 편의 이미지들은 상당히 새롭고 흥미로웠을 것이다. 1930년대 많은 글과 삽화가 일본과 서구의 영향 아래 놓여 있었다는 것을 생각할 때 상당히 실험적

인 이미지를 만든 것이다. 이는 김동길 삽화의 중요한 특징 중 하나로 보인다. 김동길의 다른 특징으로는 명암으로 인물의 성격을 창조하며 작품의 분위기를 만든다는 것과 원근법을 이용해 근대의 풍경을 실감나게 구축한다는 점이다.

1930년 7월호 「재미잇는손작난」의 그림

① 실험적인 이미지로 보여주는 새로운 시각

실험적인 이미지란 연속적으로 그려지지 못한 채 시험 삼아 한번 그려본 이미지를 말한다. 비록 김동길 고유의 스타일이 되지는 못했지만 기존과는 다른 이미지 표현을 시도했다는 점을 높이 사고 싶다. 이러한 시도로 조선의 어린 아동들은 새로운 세계를 만날 수 있었고 상상력을 발휘할 수 있었을 것이다.

「슬퍼하는인형」(여심(주요섭)은 그림의 틀이 없고 글 사이에 본문삽화가 자리한다(그림 1). 주인공인 인형이 돈이 없어 자신을 갖고 싶지만 포기하는 사람들을 보며 슬퍼하는 이야기로, 인형이 틀 안에 있고 밖에서 안을 들여다보는 사람의 뒷모습이 초점화되어 있다. 이는 인형의 말로 진술되는 "돈없는 사람은 언제나 없고 만흔사람은 언제나 만흔것갓드라"(59쪽)는 주제를 또렷이 부각시킨다. 또한 유리창 안에서 밖을 보는 인형들과 밖에서 그들을 보는 엄마와 아이 그리고 이 모든 것을 보는 독자의 시선이 중첩되는 가운데 최종적으로 독자의 시선이 모녀의 뒷모습에 꽂히도록 하여

---

06 공성수, 『소설과 삽화의 예술사』, 소명출판, 2020, 18쪽.
07 이후 임홍은이 주관하는 <애기그림책>과 <아기네차지>에서 다시 표제화가 나타난다.

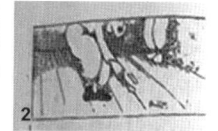

1 1931년 12월호 「슬퍼하는인형」
2 1933년 12월호 「딱지선수」
3 1935년 3월호 「반짝반짝」
4 1935년 5월호 「복동이집굴뚝」

당시 곤궁한 삶을 보여주고자 한 것으로 보인다.

「딱지선수」(장난군)는 딱지치기하는 부자(父子)의 이야기이다. 아버지와 아들의 대화 위주로 구성된 글에 펼침면으로 실렸다(그림 2). 평범한 이야기에 딱지와 딱지를 겨냥하는 인물을 포착하고 윗부분을 과감히 생략해 버린 본문삽화가 생동감을 불어넣고 있다. 딱지를 치려는 아이의 긴장감과 편안히 다리를 벌리고 서 있는 아버지의 큰 발, 딱지를 겨냥하는 아버지와 아버지가 또 딱지를 넘길까 봐 잔뜩 긴장한 채 오므린 아이의 작은 발의 대비, 아이와 아빠의 동세와 바닥을 구획하는 마루의 선이 긴장과 역동을 동시에 느끼게 한다. 독자의 시선을 오래 머물게 하는 본문삽화이다.

목일신의 「반짝반짝」(그림 3)은 하늘나라에는 별들이 반짝반짝하고 길거리엔 전등불이 반짝인다는 그림동요이다. 그러나 본문삽화는 구체적인 형상이 아니라 비구상 작품인 것 같기도 하고 볼세비키 혁명 전후 용광로 같던 러시아에 다양한 서구의 미술 경향이 유입되어 만들어낸 러시아 구성주의식 작품으로도 보인다. 본문삽화가 알아보기 힘든 형상들을 담고 있지만 숫자나 사람과 비슷한 형상을 통해 다양한 이야기를 가능하게 한다는 것은 흥미롭다. 동요의 노랫말과 연결해 보면 별이 반짝이는 하늘 아래, 전등이 반짝이는 인간세계에 일어나는 무수한 이야기들을 담고 있는 것처럼 느껴진다. 글과 더하기 빼기만 하는 아동삽화도 보기 힘든 시절에 이렇게 곱하기 나누기로 글을 확장하는 삽화를 만나기는 어렵다.

이 밖에 1935년 5월호 「복동이집굴뚝」(김동길)에서 아이가 살고 있는 집과 나란히 보여주는 커다란 굴뚝에서 연기를 뿜어내는 서구의 산업공간을 보여주는 본문삽화(그림 4)는 글과의 연관성 보다는 새롭고 흥미로운 그림으로 독자의 시선을 끌었다는 점에서 의미가 있다. 이러한 시도들은 당시 사방이 꽉 막힌 조선의 어린 독자들에게 새로운 세계를 보여주고 새로운 시각을 열어주는 데 일조하였을 것이다.

② 명암으로 구축되는 인물의 성격과 작품의 분위기

회화에서 명암은 작품의 분위기를 구축하는 핵심요소이다. 렘브란트의 초상화나 카라바조의 작품들이 대표적으로, 강렬한 명암의 대비는 인물에 입체감을 주고 작품의 극적 분위기를 효과적으로 연출한다. 김동길의 본문삽화에서도 명암은 공간에 깊이를 주고 또 거리를 만들며 인물의 성격을 창조하고 작품의 분위기를 구축했다.

1931년 2월호의 이야기글들에는 명암이 진한 본문삽화들이 등장한다. 삽화들은 이야기를 나누는 엄마와 아이(「적은일큰일」, 한가람(김동길)), 세배를 가는 오누

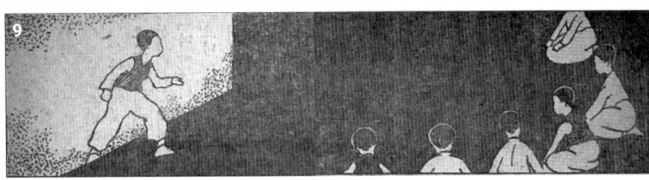

6 1931년 2월호 「생각」
7 1932년 5월호 「평화의비둘기」
8 1933년 10월호 「군밤사료」
9 1931년 10월호 「고양이잡기」
10 1932년 7월호 「방학」

이(「설날」, 은방울(김동길))와 같이 인물의 행위를 보여주는데, 명암의 처리나 인물의 사실적인 표현은 어색하다. 그러나 「생각」(김동길)의 본문삽화(그림 6)는 이와는 달리 아이가 잠자리에서 궁리하는 생각들과 그 분위기를 표현하는 데 주력한다. 배경을 어둡게 해 밤이라는 공간을 표현하고 아이가 떠올리는 사물들은 그 배경을 더 밝게 처리하고 그려 넣었다. 어두운 공간을 관통하는 어슴푸레한 빛 속의 사물들이 마치 비몽사몽 간에 지나가는 어떤 생각들로 보인다. 명암을 이용해 글의 분위기를 효과적으로 표현한 것이다. 이와 같은 맥락에서 1932년 5월호 「평화의비둘기」(은방울(김동길))의 본문삽화(그림 7)는 아이의 상상을 명암으로 시각화한 현대적인 이미지이다. 아이의 얼굴 옆에 아이가 염원하는 '평화의 비둘기'를 하얀 빛 속에서 형상화하고 있다. 바탕을 어둡게 하여 빛 속의 비둘기와 강력한 대비를 주며 아이의 간절한 염원을 드러내고 끝까지 포기하지 않으려는 아이의 성격을 창조하고 있다.

이렇게 사실적인 스타일로 인물의 성격을 만들며 글의 분위기를 구축하는 본문삽화(그림 8)는 1933년 10월호 「군밤사료」에서도 만날 수 있다. 이 글에서 은방울(김동길)이 창조한 인물은 길모퉁이에서 군밤을 파는 소년이다. 목이 길고 팔이 가느다란 소년이 쪼그리고 앉아있고 뒤로 기다란 그림자를 표현함으로써 독자는 소년이 처한 상황과 함께 성격까지 짐작하며 글의 분위기에 젖어든다. 소년은 아이들이 손잡고 돌아다닐 때도, 기러기가 떼로 지나가고 달이 추녀 끝에 어른거릴 때도, 따뜻하던 군밤이 다 식을 때까지도 "군밤사료! 군밤사료"하며 가느다란 목소리를 내는 것처럼 보인다.

그림 9와 그림 10은 구도와 표현 기법이 닮았지만 작품의 분위기는 상반된다. 1931년 10월호 「고양이잡기」(날바람(김동길))는 아이들의 놀이를 소개하는 글이다. 고양이 그림을 감춘 아이가 다른 아이들과 방에 앉아 있으면 술래가 와서 그 아이를 찾는 놀이이다. 아이들이 '야웅'하고 고양이 흉내를 내는 그고 작은 소리를 듣고서 말이다. 본문삽화(그림 9)에서 어둠은 안과 밖을 경계 짓고 아이들이 크고 작은 소리에만 집중할 수 있도록 다른 시각 정보를 차단한다. 동시에 빛과 어둠 속에 술래와 아이들을 대비하여 배치하는 구도는 고양이

11 1931년 12월호 「은순이금순이」
12 1933년 11월호 「다시작난안할게」
13 1933년 8월호 「새장난노래」

를 찾아야 하는 술래와 술래를 교란하여 들키지 않으려는 아이들의 숨막히는 긴장이 한껏 녹아있다. 이와 달리 1932년 7월호 「방학」(금잔듸(김동길))은 종교적 성격을 보여주는 글인데, 방학을 맞은 아이들에게 선생님은 하느님의 역사하심을 알아보라고 말한다. 그러나 아이들은 이해하지 못하는데 유독 한 아이만 고개를 끄덕인다는 내용이다.

  이 어려운 이야기를 본문삽화(그림 10)는 신박하게 보여준다. 옆으로 긴 기역자 형상의 아래에서 다리를 구부린 채 위를 쳐다보는 소년의 상상 장면이 펼쳐진다. 기역의 머리 부분을 거꾸로 된 부채꼴 모양으로 비워 마치 하나님 나라임을 표현한 듯하다. 기역의 처음과 끝에 하나님 나라와 소년을 배치하고 나머지 부분을 어둡게 해 이 두 공간 사이의 거리를 만들었다. 이 거리로 인해 땅 위의 아이가 하늘을 훔쳐보는 듯하고, 이 어둠으로 인해 아이가 상상하는 하늘나라를 보여주는 듯도 하다. 선생님의 말씀을 알아들은 아이의 깨달음을 보여주는 부분일 것이다.

  동양화에서 농담(명암)으로 거리감을 주는 것은 흔한 일이다. 그러나 명암으로 아이들의 놀이에 대한 기대와 긴장을 드러내고 깨달음을 얻은 아이의 모습을 보여주기는 쉽지 않다. 이렇게 1930년대 김동길은 명암을 이용한 다양한 표현으로 인물의 성격을 구축하고 작품의 분위기를 만들었다.

③ 원근법으로 포착되는 근대의 풍경

  원근법은 눈에 보이는 3차원의 세계를 2차원의 평면으로 옮길 때 사용되는 기법이다. 제이 더블린(Jay Doblin)은 원근법이 "시각적 실감을 평면 위에 정확하게 재현하는 방법"이라고 정의한다.[08] 지금 우리가 쓰고 있는 원근법의 발견은 르네상스 건축의 창시자였던 필리포 브루넬네스키(Fillippo Brunelleschi : 1377~1446)에게서 비롯된 것으로 짐작된다. 우리나라에 원근법은 1910년경 일본 유학에서 돌아온 고희동, 김관호 등의 풍경화에서 시작되었다.

  김동길은 원근법을 사용하여 공간에 깊이를 만들어내며 사실감을 확보한다. 그의 본문삽화에는 기법이 원숙해지는 과정과 더불어 근대의 풍경이 간결하고 세련된 필치로 등장한다는 점이 흥미롭다.

  1931년 12월호의 「은순이금순이」(날바람(김동길))의 본문삽화(그림 11)는 여자아이 두 명이 길 양편에서 달리는 모습이다. 글은 하굣길에 매일 달리기를 하는 두 친구에게 이웃집 할아버지가 내기를 권하고 진 사람에게도 상을 주는 내용이다. 이 삽화는 아이들이 달리는 모습을 선택했으나 원근법뿐만 아니라 전체적으로 화면 구성이 서툴다. 오른쪽 아이의 모습도 어색하지만 전봇대도 넘어질 듯하고 왼쪽편의 집과 담장은 원근법이 적용되지 않은 듯하다. 이렇다 보니 달리기의 박진감도 사실감도 없다.

---

08 제이 더블린, 이승배 옮김, 『디자인 투시도법』, 미진사, 1993, 9쪽.

14 1935년 2월호 「혼잣서글방까지」
15 1935년 7월호 「시계」

그로부터 2년가량의 시간이 흐른 뒤에 그려진 1933년 11월호 「다시작난안할게」(그림 12)는 주목할 만하다. 여전히 사람들의 모습은 어색하지만 화면의 공간감은 깊다. 원근법이 제대로 적용되어 도로, 전봇대, 집들이 거리감을 주며 공간에 깊이를 주고, 점점 작아지는 사물이 주는 거리감이 사실감을 준다.

1933년 8월호 「새장난노래」(날파람(김동길))는 요요에 빠져 학교생활에 충실치 않은 아이들이 그려졌다. 삽화(그림 13)는 아이들이 몰려가는 교문을 뒤로 하고 한창 요요에 빠져 있는 아이들을 사실감 있게 표현하고 있다. 도로와 학교 담장도 원근법으로 세련되게 표현되어 공간에 깊이를 준다.

그림들은 인물의 표현도 개선되었고 인물과 배경의 사물 사이에 공간감도 시원하게 벌려 놓았다. 사물이 인물 뒤로 빠져 주니 더욱 인물에 초점이 맞춰진다. 「시계」(그림 15)를 자세히 보면 가벼운 장난이 숨겨져 있는 것을 알 수 있다. 인물 뒤에 보이는 첫 번째 집은 글에 나오는 "책사" 곧 서점을 그린 것으로 보이는데, '아이생활'이라는 입간판 같은 것을 그려놓았다. 어린이들이 좋아하고 흥미로워할 요소이자 독자와 소통하고자 하는 삽화가의 의지가 아닐까

이 본문삽화들에는 공통점이 있다. 바로 근대의 풍경을 보여준다는 점이다. 전봇대와 창이 많은 서양식 집, 도로와 전봇대, 자동차와 자전거, 학교와 요요, 모자와 옆으로 맨 가방, 교복과 가게들. 이것들은 근대 외부에서 유입된 사물이자 곧 문화이다. 김동길은 전통적인 우리의 생활 문화가 근대적 문화로 바뀌어가는 순간을 포착하고 있다. 특히 「혼잣서글방까지」(그림 14)는 소년의 옷차림과 한적한 시골길에서 우리의 전통적인 풍경과 동시에 전봇대와 창이 많은 서양식 집, 모자와 옆으로 맨 가방과 같은 근대적 사물을 만나게 된다. 그림으로 보여주는 근대의 풍경은 독자로 하여금 새로운 세상에 대한 선망을 키워가게 했을 것이다.

김동길의 본문삽화는 초기에 어색한 인물 표현과 정교함이 부족한 세부 묘사가 많았다. 그러나 시간이 축적되면서 원숙해져 갔다. 김동길 삽화의 세 가지 특징을 꼽자면, 첫째 실험적인 이미지로 새로운 시각을 보여준 것이다. 둘째, 명암으로 인물의 성격과 작품의 분위기를 구축하였고, 셋째 원근법으로 근대의 풍경을 보여주었다. 이로써 조선의 어린 독자들은 새로운 시각으로 세계와 만날 수 있었고, 보다 다양한 근대의 풍물을 만나며 새로운 세계에 대한 동경을 키워나갔다.

3장

성장을 위한 더딘 걸음
(1946~1987년)

1945년 해방 이후 궁핍한 경제 여건, 좌우익의 대립과 충돌로 혼란스러운 상황에서도 출판계는 그야말로 황금기라 불릴 만했다. 신문과 잡지가 앞다투어 창간되고 출판사가 우후죽순으로 생겨났다. 원종찬에 따르면 이 시기 아동문학은 좌우 합작을 지향하였다. 아동문학계는 '진보적 민족 문학건설'을 기치로 힘을 모았다. 특히 윤석중의 행보가 두드러졌는데, 그는 을유문화사에서 기획과 편집을 맡으면서 좌우익 구분 없이 최적의 인물들을 기용해 성과를 냈다.[01]

그러나 좌우의 대립과 충돌로 인한 한국전쟁이 발발하였고, 자유 진영과 공산 진영의 대립 속에서 휴전으로 일단락됐다. 이 시기 출판 시장은 고전을 면치 못했다. 환도 후 출판 제작비가 증가한 데다 물가 인상과 불안한 생활로 인해 구매력이 감소하면서 출판계는 심각한 불황에 빠졌다. 아동도서로는 교과서와 참고서 외에 동화집과 위인전 그리고 만화 정도가 출간되었다. 윤석중에 따르면 아동도서는 겨우 일률적으로 고전을 옮겨 놓은 것과 조잡한 그림에 조잡하게 인쇄된 책이 저자의 이름도 없이 나오고"[02] 있었다. 이런 상황에서 글과 그림을 겸비한 작가와 인쇄 기술까지 확보해 좋은 그림책을 내기란 요원하였다.

이런 어려움 속에서도 우리 그림책은 우보(牛步)로 조금씩 나아가면서 좋은 그림책이 나올 수 있는 조건은 서서히 무르익어 갔다. 이 글에서는 조금씩 제 모습을 찾아가는 더딘 걸음을 따라가 본다.

1. 어린이 교육의 재정비와 그림책

과거 그림책은 어린이를 독자로 하였다. 교육적인 의도와 그림에서 문자로 나아가는 읽기 과정에서 그림책은 전환 과정의 매개체 역할을 하였다. 유아기 어린이와 그림책은 떼려야 뗄 수 없는 관계에 있고 어린이 교육기관인 유치원과도 긴밀한 관계에 있다. 일본의 경우 메이지 유신 이후 유아교육의 중요성이 대두되며 유치원 교육이 빠르게 정비되어 갔다. 1899년 '유치원 보육 설비 규정'이 제정되고, 그림책은 유치원이 갖춰야 할 완구의 하나로 일상 보육에 도입되었다.[03] 이로 볼 때, 우리 사회에서도 유치원 교육의 정착

---

01 원종찬, 「새 나라의 어린이 해방 직후의 아동문학」, 『창비어린이』, 2017년 여름호, 282-283쪽.
02 윤석중, 「어린이 읽을 책은 엄격하게 골라 주어야 합니다」, 『동아일보』, 1955. 7. 10.
03 현은자 외, 『세계 그림책의 역사』, 학지사, 2008, 347쪽.

과 확대가 그림책의 수용과 확산에 큰 영향을 미친 것으로 보인다.

유치원과 그림책의 밀접한 관계는 일제 강점기에서부터 찾아볼 수 있다. 선교사들이 세운 유치원을 제외한 사립유치원은 대개 일본인이나 고위 관료의 자녀를 위해 설립되었고 교사도 일본인이 대부분이었다.[04] 이들이 그림책을 교재로 사용하며 일본에서 그림책을 들여왔고 이를 기반으로 우리 사회에 그림책이 유통되었다는 것은 온당한 추정이다. 따라서 당시 우리 그림책이 제작되었다는 기록이나 출간된 그림책이 없음에도 신문이나 잡지에서 그림책에 대한 논의가 끊임없이 제기되었을 것이다.

우리나라는 1969년에 이르러서야 최초로 '유치원 교육과정령'을 제정·공포했다. 이때부터 체계적인 유치원 교육이 시작되었는데, 유아의 흥미 중심, 놀이 중심 교육과 개인차에 따른 교육에 초점을 두었다. 이는 듀이(J. Dewey)의 전통적인 교육관을 반영한 것이다. 그러나 예나 지금이나 시장은 보다 발 빠르게 움직인다. 1957년 소련이 인공위성 스푸트니크 1호를 발사하는 모습을 목격한 서구에서는 미국을 중심으로 버너(J. Burner)와 피아제(J. Piaget)의 학문 중심 교육 철학으로 옮겨 갔다. 과학 영역을 포함한 유아교육 개혁의 파급 효과로 조기 교육의 필요성이 전 세계적으로 대두되었다.

1960년대 중후반, 우리나라에도 국가 교육체계보다 먼저 세계적인 흐름이 유입되면서 유아 학습을 위한 복제 그림책이 붐을 이루고, 인지 발달을 목표로 한 유아용 그림책이 시장을 점령하였다.

1979년 '제2차 유치원 교육과정'이 공포되며 비로소 새로운 교육 철학이 반영됐다. 피아제의 학문 중심, 인지 중심 교육으로 전환된 것이다. 1981년 12월에는 '제3차 유치원 교육과정'이 개정·공포되며 초중등 교육과정과 발맞추어 교육의 연속성을 체계화했다.

그러나 이런 교육법 개정 시행으로 인한 수혜는 소수 계층에만 해당하는 것이었다. 1970년 어린이의 유치원 취원율(5세 기준)은 3% 내외였고 10년이 지난 1980년에도 7.3%밖에 되지 않았다.[05] 이러한 상황은 1982년 12월 '유아교육 진흥법' 제정을 기점으로 전환점을 맞았다. 유아교육 기관이 대폭

『동아일보』 1963년 12월 18일자, 1면 돌출 광고.
1960년대 중후반 이후 어린이의 지능 발달을 돕는다는 유아용 그림책 발간이 줄을 이었다.

늘어나면서 교육 기회가 확대되었다. 국가가 유아교육 진흥을 위하여 유아교육 기본 계획을 수립, 교재와 교구를 연구·개발하며, 교원을 양성하고 유아교육 경비를 지원한 결과 1986년에는 취원율이 약 57%로 높아졌다. 이는 경제 발전에 따라 가정 경제가 윤택해진 것도 한몫 했을 것이다.

교육 정책과 경제 발전은 그림책을 비롯한 아동 도서 성장의 밑거름이 되었다. 이 시기에 그림책에 대한 인식의 변화와 일러스트레이션에 대한 작가의 자각, 출판과 유통 환경 등 그림책을 위한 제반 조건이 만들어졌다.

2. 그림책에 대한 인식의 변화

1) 그림책의 개념

그림책에 대한 인식에서 가장 중요한 것은 그림책이 글과 그림의 조화를 전제한 책이라는 사실이다. 이는 현재 대부분의 사람들이 합의하는 그림책의 개념이다. 페리 노들먼은 그림책을 "연속되는 그림들이 상대적으로 단순한 글(text)과 결합하거나 글 없이 정보를 소통하고 이야기를 들려주는 책"이라고 정의하니 두 기호의 결합을 전제하면서도 글 없이 그림만으로 그림

---

[04] 순종이 1916년 4월 1일 덕혜옹주를 위해 덕수궁에 유치원을 설치하라는 명을 내린 이후 정명당에 세워진 유치원도 일본인 교사를 두고 있었다.
[05] 김병옥, 「5공 헌법 국가의 평생교육 진흥 의무화」, 『김병옥 기자의 교육부 48년 출입 노트』, www.edukim.com/186, 2020. 3. 20.

책이 구성될 수 있다는 것을 분명히 하였다. 노들먼은 글과 그림의 단순한 결합을 넘어 이들의 상호 작용을 중요시한다.[06] 즉 그림책의 글과 그림은 서로 다른 두 기호가 단순히 한 지면에 있는 것이 아니라 두 기호가 각각 고유한 역할을 하며 동시에 이것들이 서로의 역할을 보완, 강화, 대위하여 다양한 의미를 구성한다는 것이다.

현대에 오면서 글 없는 그림책이 많아졌지만, 기본적으로 그림책은 글과 그림의 상호 작용으로 이루어진 텍스트이다. 그림책에서 글은 그림이 보여 주는 다양한 세목에서, 그림은 글이 함의하는 다양한 의미에서 어디에 초점을 맞추어야 할지를 알려 줌으로써 독자로 하여금 그림책에서 무엇을 취해 의미를 만들어 갈지 판단하게 한다.

2) 해방 이후 1970년대까지 그림책에 대한 인식

우리나라는 해방 이후 1970년대 후반까지 그림책에 대한 인식은 일천하였다. 반면 1920년대 후반에서 1930년대에 걸쳐 신문이나 잡지에서 그림책에 대한 논의가 활발히 이루어졌다. 주로 어린이에게 그림책이 필요하다는 당위적인 주장과 어떤 그림책이 좋은 책인지에 대한 것이었다. 즉 교육적 측면에서 그림책이 어린이에게 도움이 되므로, 좋은 그림책을 선택하여 제공하라는 이야기가 주를 이뤘다. 이 시기 우리나라 그림책의 실체도, 출간되었다는 기록도 없지만 일본에서 들여온 그림책을 통해 논의가 이뤄진 것으로 짐작된다. 그러나 전쟁 이후에는 이러한 논의조차 없었다. 아마도 일제 강점기에는 일본으로부터 쉽게 그림책을 들여왔지만 해방과 전쟁을 겪으면서 힘들어졌고, 우리나라에서 출간된 그림책도 많지 않아 좋은 그림책을 찾기가 어려웠기 때문일 것이다. 다음은 어린이에게 좋은 책을 선택하게 하자는 취지의 기사들을 인용해 본다. 이를 통해 단편적이나마 당시의 그림책에 대한 이해를 엿볼 수 있다.

(……) 아이들의 年齡別이라든지 智力에알맞도록 그림과 얘기를엮지 못하고 겨우 一律的으로 古典을 옮겨놓은 것과 粗雜한 그림과 印刷의 책이 저자의 이름도 없이 나오고 있는 것이있습니다. (……) 그림책으로는 될수있는대로 色彩가鮮明하고알기쉬운 그림과 아이들의 情緖教育에 도움이될 수있는것이어야 하며(……)

윤석중, 「어린이 읽을 책은 엄격하게 골라 주어야 합니다」,
『동아일보』, 1955년 7월 10일

1955년 윤석중의 글은 당시 아동도서의 사정과 어떤 그림책이 좋은지를 간단히 언급한다. "색채가 선명하고 알기 쉬운 그림"이어야 한다는 것은 당시의 "조잡한 그림과 인쇄" 수준에 대한 대안 제시로 보이고, "알기 쉬운 그림"이란 어린이가 보고 이해할 수 있는 사실적인 그림을 말하는 듯하다. 이를 반영한 듯 윤석중이 기획·편집하여 1946년 출판한 '그림동산' 시리즈 그림은 사실적인 화법으로 그려졌다.[07] "아이들의 정서교육에 도움이 될 수 있는 것"이란 당시 혼란한 사회 속에서 자라나는 어린이들에게 그림을 더해 그들의 정서를 순화해야 함을 이야기하는 것으로 보인다. 윤석중은 그림책 시리즈를 발간하고 그 중 3권 『우리마을』은 글과 그림의 상호 작용으로 기획 의도를 십분 발휘한 책이었기에 이 글에서 보이는 그의 인식은 평이하다 못해 의아하다.

(……) 그림책은 동물을그린것이 이상적이다. 사람들

---

[06] 마리아 니콜라예바 또한 "그림책은 글과 그림이라는 두 개의 의사소통 방식으로 조화를 이루어내는 독특한 예술 형식"으로 "도상 기호인 그림은 대상의 특징이 어떠한지를 묘사 또는 표상하고, 관습기호인 글은 누가 무엇을 어떻게 했는지 순서에 따라 이야기" 함으로써 "글과 그림이 만들어내는 상호 작용은 무한하다"고 한다. 마리아 니콜라예바 외, 서정숙 외 옮김, 『그림책을 보는 눈』, 보림, 2011, 19-20쪽.
[07] 그림동산 시리즈는 제1집 윤석중 글 홍우백 그림, 『어린이한글책』(1946. 5. 5), 제2집 조풍연 글 김의환 그림, 『이소프얘기』(1946. 6. 30), 제3집 조지훈 글 조병덕 그림, 『우리마을』(1946. 9. 1), 제5집 김용준 정림 노래, 『우리들노래』(1947. 1. 15) 모두 4권 발간했다.

의 마음의 고향이란 유년시대의 어느날 한때느꼈던 감정이다. 어머니와누님들을 따라 유치원에다닐때의버섯 그림책과노래는 머리가희여질때까지 향수로써 가슴한쪽에남아 있게된다.

　다람쥐 형제가 핑크의 리봉을 귀에다달고나무위에서 땅위에있는 어린곰에게아침인사를하는것이라든가 크림색의 의젓한 스락스를 입은 새끼돼지가 웃는 얼굴로 다가오는 정경이란 어린이들에게 잊을수없는 인상을 남겨준다. 국민학교입학전의 아이들에게는 될수있는대로 동물의 그림책을 선택 하여주도록하자.

「어린이와 『책』 선택」
『동아일보』 1959년 1월 16일

　이 글은 1959년 편집진의 기사이다. 문교부에서 범람하는 불량 만화에 대한 대비로 아동도서선정위원회와 아동도서선정기준을 마련하기로 했다는 소식에 더해 어머니들의 아동 독서에 대한 관심을 촉구하며 쓴 글 중 일부이다. 이 글에서 보이는 그림책에 대한 이해는 주관적 수준에 머물러 있다. 핑크 리본을 단 다람쥐가 곰에게 아침 인사를 하고 크림색 바지를 입은 아기 돼지가 웃는 정경이 어린이에게 깊은 인상을 줄 수는 있지만, 이렇게 의인화한 동물 그림책이 이상적인 그림책이라고 보기는 어렵다.

　그림책에 대한 이와 같은 인식은 1970년대에도 비슷했다. 다만 1970년대에는 어린이의 지능 계발에 좀 더 초점을 맞추었다는 것이 다른 점이다. 1975년 『조선일보』의 한 기사에는 "유아용 그림도서를 전문적으로 출판하는 …… 컬러 인쇄가 선명하고 지능 계발의 다양성을 고려해서 문제도 要點的(요점적)으로 간단간단하게 잡아 재미있게 꾸몄다. 장난감으로도 가지고 놀 수 있도록 튼튼하게 제본했다."[08]라는 글이 있다. 광고나 신간 안내가 아닌 기사에서 또 출판사가 새로 출간한 그림백과를 이렇게 소개하고 있다. 유아용 그림도서를 전문적으로 출판하는 곳에서 출간되었고 컬러 인쇄가 선명하고 튼튼하게 제본했다고 소개하는 것을 볼 때 그림책이며 지능 계발을 위한 것임을 알 수 있다. 이 같은 기사는 지능계발용 그림책이 독자의 흥미를 유발할 것이라 생각한 것으로, 당시 그림책에 대한 사회의 인식 정도를 보여준다.

3) 1970년대 후반에서 1980년대 후반까지 그림책에 대한 인식

　1970년대 대부분의 사람들은 그림책이란 어린이들이 보는 책이고 그들의 교육에 도움이 되는 책이라 여겼다. 이러한 인식은 외국 도서전을 경험하며 변화한다. 1978년 '동화서적'이 개관 일주년 기념행사로 '세계 아동도서 전시회'(3월 7일~5월 31일)를 개최한다. 7개국 170여 종의 도서를 전시했는데, 우리나라 최초의 외국 그림책 전시 행사였다. 1979년에는 대한출판문화협회가 '제23회 도서전시회'를 개최하고, 이에 맞춰 '세계 아동의 해'를 기념하여 '세계의 어린이책잔치'(서울, 9월 13~19일)라는 특별기획전을 열었다. 전시된 23개국의 아동도서 921종을 본 우리 출판계와 대중의 충격은 컸다. 전시회장엔 관람자들이 줄을 이었고, 자녀의 독서 문제와 우리 출판 시장을 재고하게 했다는 당시의 기사가 이를 반증한다.[09]

　이에 화답하듯 1980년 초반, 새로운 시각으로 글과 그림의 관계에 집중한 기획 그림책 시리즈가 2종 출간된다. '재미있는어문각픽처북스'(『재미있는 한국 전래동화』 12권, 『재미있는 어린이 세계 전래동화』 12권. 어문각, 1981년), 『그림나라 100』(3차 60권. 동화출판공사, 1981~1989년)이 그것이다. '재미있는어문각픽처북스'는 국내 최초로 출판사와 그래픽 디자이너가 공동 기획하여 출간한 책이라는 의의가 있다. 그래픽에 중점을 둔 듯 표지에는 '구성'이라는 표기 옆에 그래픽 디자이너의 이름이 먼저 나오고, 이후 글 작가의 이름이 나온다. 이런 저자 표기

08　「어린이의 능력개발」, 『조선일보』, 1975. 8. 19.
09　「출판문화육성책의 강구」(『동아일보』, 1979. 9. 19)라는 기사를 비롯하여 여러 지면에서 그 반응을 확인할 수 있다.

에서도 편집진의 그림에 대한 인식을 엿볼 수 있다. 『그림나라 100』은 창작 그림책이 거의 없던 시절 1, 2차 시리즈 40권이 창작 그림책만으로 구성되었다는 점에서 의의가 크다. 더불어 1차 시리즈의 별책 부록으로 『『그림나라 100』을 내면서 아빠 엄마에게 드립니다』라는 부모를 위한 가이드 책을 낸 것은 주목을 요한다.

① 오늘날 우리들이 만날 수 있는 그림책을 크게 나누면 세 가지 유형을 들 수 있습니다.
하나는 동물이나 사물의 생김새 등을 그려 주고 그 이름이나 성격을 설명한 그림책입니다. 즉 스토리가 없이 단편적인 지식을 교육하기 위해 만들어진 그림 위주의 책입니다.
두 번째는 그와 반대로 스토리가 주이고 그림이 들어가 있는 책입니다. 이것은 엄격히 구분하자면 그림책의 성격이 아니고 그림이 있는 동화책입니다.
세 번째는 그림과 스토리가 같은 비중으로 구성된 그림책으로서 글과 그림이 서로 접목되어 하나의 작품으로 탄생된 것입니다. 이 경우에는 그림도 스토리도 어느 한쪽을 빼놓을 수 없는 요소가 되어 있습니다. 일반적으로 오늘날 그림책이라고 하는 것이 바로 이것입니다.
……
② 그림책이란 스토리와 그림이 서로 접목되어 탄생하는 새로운 생명체로서 그림에도 글에도 탄탄한 뼈대를 가지고 하나의 이미지를 부각시킨 책이어야 합니다.

『그림나라 100』 별책 부록 『『그림나라 100』을 내면서 아빠 엄마에게 드립니다』 6-8쪽

이 부록은 그림책이 무엇이며, 좋은 그림책은 어떤 것인지 어떻게 읽혀야 할지 등을 상세하게 알려주고 있다. 위의 인용문은 그림책이 무엇인지 설명하는 첫 꼭지이다. ①에 보듯이 당시 그림책이라 명명하는 책은 지금 용어로는 지식 개념 그림책에 해당하며, 동물 한 마리나 사물 하나를 그리고 그에 맞는 낱말이나 간단한 설명을 짝지은 책이 주를 이루고, 글 중심에 그림이 종속되는 책이 대부분임을 설명하였다. 그리고

②에서 그림책이란 "스토리와 그림이 서로 접목되어 탄생하는 새로운 생명체", "그림에도 글에도 탄탄한 뼈대를 가지고 하나의 이미지를 부각시킨 책"이라는 개념을 피력하며, 글과 그림이 각각의 이야기를 하고 그것들이 상호 작용하여 만든 책이 그림책임을 제시하고 있다. 이는 노들먼과 니콜라예바가 말한 그림책 개념의 다른 버전으로, 우리 그림책 역사에서는 소천과 백영수 이후 20여 년의 공백 뒤에 나타난 귀한 인식의 변화이다.

더불어 별책 부록을 만들어 대중에게 그림책에 대한 이해와 인식을 분명하게 심어 주고자 했다는 점에서도 의의가 크다. 그러나 이러한 인식이 글 작가나 그림 작가의 인식이 아니라 편집진의 의견이라는 점은 아쉽다. 출판계에서 편집인이 한 분야의 전문성을 키워 가는 건 지금도 어려운데 당시에는 더욱 그랬을 것이다. 이 시리즈는 당초 100권을 기획하였으나 10년 가까운 1989년에 60권으로 마무리되었다. 이런 결과는 출판사의 인식이 당시 사회가 호응하기에는 너무 앞서 있었음을 보여준다.

그러나 우리나라 최초의 창작 그림책이라고 칭하는 류재수의 『백두 이야기』가 1988년 출간된 것은 출판계의 노력이 헛되지 않았음을 보여 준다. 이렇듯 오랜 기간의 암중모색 끝에 현재와 같은 다양한 그림책이 출간될 수 있게 되었다.

3. 삽화에서 일러스트레이션으로

일러스트레이션은 삽화, 도해(圖解), 신문, 잡지, 광고의 내용을 보충하거나 강조할 목적으로 첨가하는 그림을 말한다. 이 정의에 따르면 일러스트레이션은 삽화의 상위 개념이다. 강우현은 이를 조금 더 구분하여 문장이나 여백을 채우는 간단한 그림을 '컷(cut)', 문장의 내용을 설명하고 보충하는 그림을 '삽화', 그리고 일러스트레이션은 보다 광의의 개념을 포함한다고 말하였다. 그는 일러스트레이션은 무엇을 왜 그리는지 분명한 이유가 있는, 즉 의사소통을 전제로 한 목적 미술

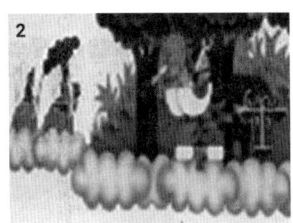

1 『그림나라 100』별책 부록
『그림나라 100』을 내면서
아빠 엄마에게 드립니다. 첫 펼침면
2 『견우와 직녀』 일러스트레이션
3 '94 한국방문의 해' 로고

이자 복제를 전제로 한 복제 미술이라고 한다.[10] 그러하기에 일러스트레이션은 출판 산업과 직결되며 특히 아동도서 출판에서 그 중요성이 크다.

이러한 개념 정립은 수출품의 디자인에 대한 중요성이 부각되던 1970년대 후반, 일러스트레이션이라는 용어가 도입되며 이루어졌다. 이전 시기에 도서나 신문 등에 그려진 그림은 모두 삽화였다. 당시 삽화를 그리는 많은 화가들은 생계를 위해 삽화를 그릴 수밖에 없음을 토로하곤 했다.[11] 이는 1950~60년대에서 1970~80년대까지 이어졌다. 특히 1960년대 중반부터 1980년대 중후반까지는 일본이나 서구 작품을 모방하고 복제한 그림책이 범람한 시기였다. 이러한 상황에서 1978년과 1979년에 개최된 외국 도서전은 삽화가들에게 강력한 자극을 주었다. 서구의 현대 그림책을 보고 느낀 충격은 우리 그림책의 내용과 수준을 돌아보게 했다.

일러스트레이션계의 내적인 움직임 이외에 외적 요인도 그림책의 변화를 요구했다. 1970~80년대엔 무단 복제 그림책이 범람하였고 일부 작품을 제외한 대부분의 그림책이 무단 복제물이었으며 심지어 "같은 내용의 그림을 크기와 양만을 조정하여 여러 출판사에서 경쟁하다시피 찍어 낸 그림책이 5~6종을 넘기"[12]도 했다.

이런 상황에서 1976년부터 뉴 미디어 시대를 맞아 국내 저작권법에 대한 개정 논의와 함께 일부 개정이 이루어졌다. 그리고 1984년 한미경제협의회에서 세계저작권조약(UCC)에 가입하라는 압력에 승복하고 1986년 국내 저작권법[13]을 전면 개정, 1987년 세계저작권조약에 가입하기에 이른다.[14] 더 이상 복제나 해적 출판이 힘든 출판 환경에서 새로운 일러스트레이션, 새로운 그림책을 고민하게 되었다. 우리 그림책의 질적 개선이 절실하다는 인식 아래 기존의 '삽화'라는 개념에서 탈피하여 일러스트레이션의 기틀을 마련하려는 노력이 시작된 것이다.

첫 움직임은 1981년에 일어났다. 1981년 6월 '무지개 일러스트회'가 창립되고 12월에는 어문각이 '어문각 발행, 전래동화를 위한 일러스트레이션 9인전'을 열었다. 어문각에서 발행한 어린이 전래동화집의 일러스트레이션 전시로, 지금의 그림책 원화전이라고 할 수 있다. 이 전시는 출판물의 홍보 목적이었지만, 일러스트레이션을 대중에게 알리고 일러스트레이션의 실용화, 상품화를 위해 일러스트레이터들의 적극적 참여를 촉구했다는 점에서 의의가 컸다.

1984년 4월에는 '무지개 일러스트회'의 창립전인

---

10 강우현, 「일러스트레이션과 그림책 출판」, 『미술세계』, 1989년 10월호, 94-97쪽.
11 "서양화를 하고 싶었죠. 그런데 일단 밥은 먹고살아야 하잖아. 하고 싶은 그림도 그릴 수 있다고 하고. 물론 유화하고는 장르가 다르긴 하죠." 2011년 1월 진행된 홍성찬의 인터뷰에서도 밥벌이를 위해 삽화를 그리게 되었고 삽화라는 말 자체가 끼어 들어가는 그림이라는 의미가 있어 삽화가가 독자적인 목소리를 내기 어려웠다는 언급이 있다. 「삽화에서 일러스트레이션으로_일러스트레이터_홍성찬」, '쟁이들을 말하다', 2011. 1. 17. 『design idee』, https://designidee1.tistory.com/entry 검색 날짜. 2020. 11. 18.
12 류재수, 「우리나라 어린이 도서 일러스트레이션의 현황과 근본 문제 : 그림책의 일러스트레이션을 중심으로」, 『월간 디자인』, 1985년 5월호, 43쪽.
13 국내 저작권법은 1908년 대한제국 당시 처음 도입되었으나 일본의 것을 그대로 옮긴 것에 불과했다. 1957년 대한민국 저작권법이 제정되었다.
14 대한출판문화협회, 『대한출판문화협회50년사』, 1998, 166-170쪽.

 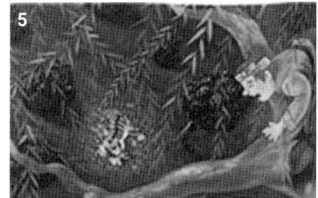 

4, 5 유정진의 <춤추는 호랑이> 일러스트레이션
6 강우현 『사막의 공룡』의 일러스트레이션 부분

'한국 무지개회 일러스트레이션전'을 개최했다. 이들이 '일러스트레이션'이란 용어를 전시 명칭에 사용한 것은 과거의 '삽화'라는 개념에서 탈피하여 좀 더 전문적인 개념을 부여하기 위해서였다.[15] 대중적으로 일러스트레이션에 대한 인식이 커져 가는 가운데 외국의 그림책 혹은 일러스트레이션 공모전에서 우리 그림책과 일러스트레이션의 수상 소식이 전해졌다.

1982년 독일 유학 중이던 이원복은 <쥐들의 성대한 치즈 파티>라는 작품으로 볼로냐 국제 어린이 도서전[16]에서 '세계 일러스트레이터 32인'에 선정된다. 이를 계기로 국내에 볼로냐 국제 어린이 도서전과 라가치상이 알려지게 되었다. 이어서 1982년 김교만의 『견우와 직녀』(가작), 1984년 유정진의 <춤추는 호랑이>(장려상), 1986년 강우현의 『사막의 공룡』(대상), 류재수의 <턱 빠진 탈>(가작) 등이 국제 노마 콩쿠르[17]에서 수상했다고 전해진다.

김교만의 『견우와 직녀』는 '재미있는어문각픽처북스' 시리즈 중 하나이다. 그는 한국을 대표하는 1세대 디자이너이자 일러스트레이터로, 우리 전통을 친근한 이미지로 형상화했다. 김교만의 대표적인 캐릭터 '김서방'은 86 서울 아시안 게임과 88 서울 올림픽 문화 포스터, '94 한국방문의 해' 로고에서도 만날 수 있다.

유정진의 <춤추는 호랑이>[18]는 김영일의 글을 6장의 일러스트레이션으로 표현한 작품이다. 인물의 성격 묘사와 공간감, 그리고 색채의 표현이 뛰어나다. 특히 호랑이가 떨어지는 절정 장면에서는 호랑이의 몸 색깔이자 피를 연상시키는 붉은색과 노란 하늘을 배치해 극적 효과를 배가한다. 깊은 숲속이나 위에서 내려다보는 공간감 등의 표현도 빼어나다.

강우현이 그림을 그리고 일본의 철학자 다지마 신지가 글을 쓴 『사막의 공룡』은 1986년 국제 노마 콩쿠르에서 대상을 받은 데 이어 1989년 BIB(Biennale of Illustrations Bratislava)[19]에서도 황금패상을 수상했다. 류재수의 <턱 빠진 탈>도 선과 형태의 역동성, 그리고 색의 조화가 뛰어난 작품이다.

우리 일러스트레이터들의 수상 행보에 더해 미술 분야 정기 간행물에서 아동도서 일러스트레이션을 조명하기 시작[20]하며 일러스트레이션에 대한 비평 활동

---

15 곽영권, 『한국 일러스트레이터 15인의 그림 이야기 사람 이야기』, 신구, 1994, 25쪽.
16 볼로냐 국제 어린이 도서전은 이탈리아 볼로냐에서 1963년부터 매년 3~4월경 열리는 세계적인 아동 도서전이다. 이 도서전에서는 우수한 일러스트레이션을 선정하고 또 출품한 그림책 중 그림과 편집 디자인이 우수한 작품을 선정하여 라가치상을 수여한다.
17 국제 노마 콩쿠르는 유네스코 아시아 문화센터(Asian Cultural Centre for UNESCO)가 격년으로 주최한다. 개발도상에 있는 나라의 일러스트레이터들에게 세계 무대로 진출할 기회를 마련해 주기 위한 비엔날레이다.
18 이 작품이 책으로 출간되었는지는 확인할 수 없다.
19 슬로바키아 공화국의 수도인 브라티슬라바에서 2년에 한 번씩 개최되는 행사이다. 세계 최고의 어린이 및 청소년 책의 일러스트레이션 비엔날레로, 그림책 일러스트레이션의 예술적 가치와 새로운 시도를 평가의 준거로 한다. 최근 그림책 일러스트레이션의 경향을 파악할 수 있는 행사이다.

도 시작되었다. 그리고 1986년부터 홍익대학교와 성신여자대학교에서 '학위전'을 열었는데, 이는 미술대학 대학원 석사 과정 일러스트레이션 전공 학생들이 논문 대신 작품으로 졸업할 수 있게 된 것이다.

1988년 11월에는 미래의 아름다운 출판 문화 창달에 기여하는 것을 목적으로 한 한국출판미술가협회가 발족한다. 일러스트레이터로서의 삶을 살고자 하는 일러스트레이터 141명이 창립 회원으로 등록하여[21] 기존의 일러스트레이션과 차별성을 띠게 된다.

4. 출판과 유통 환경의 성장

1) 출판 인쇄 기술의 성장

개화기의 신문화 형성과 사회 계몽에 가장 기여한 것은 1890년대 이후 우후죽순으로 생겨난 서점과 인쇄소였다. 해방을 맞아 가장 활기를 띤 분야도 역시 출판계였다. 되찾은 한글에 대한 대중의 관심이 책으로 이어졌던 것이다.

그러나 인쇄난과 종이난이 극심하였다. 인쇄소에는 한글 활자가 모자라고 우리말 조판 인쇄 기술은 조악했다. 종이난은 더욱 심해 홍수처럼 쏟아지는 각종 인쇄물의 수요를 감당하는 것이 어려웠다. 환도 후 출판 비용 증가와 물가 등귀, 불안한 생활 등으로 인한 구매력 감퇴로 사정은 더 심각해졌다.[22]

그럼에도 출판업계는 일본으로부터 자모 조각기를 들여와 활자를 개량하고 식자기와 최신 인쇄기를 도입하면서 인쇄·제책 기술이 급격히 향상되었다.[23] 이즈음 학원사가 『과학대사전』(1958년)을 펴내 독자의 호응을 얻자 사전 붐이 일었다. 연이어 『대백과사전』(전 6권, 1958-1959년)을 출간하고 외판 방식에 따른 할부제를 채택하여 대성공을 거둔다. 이를 계기로 출판계에선 기획 출판이 성행하고 문고본 붐이 일었다. 한동안 출판이 금지되었던 일서도 다량 수입, 무비판적으로 번역·출판하기 시작한 것도 이 무렵이었다.[24]

이런 과도기 상황에서 글과 그림에 대한 작가와 독자의 인식과 이해가 전제되고 정교한 인쇄기술까지 갖춘 그림책이 나오기는 힘들었다. 저간의 사정은 다음 글에서도 확인할 수 있다.

(……) 지금 실제에 있어서 어린이 들이 읽고 보고할 그림책이란 한국에는없다고해도 과언이 아니다. (……)

이원수, 「新人과 霸氣 近者의 兒童文學點考 (下)」, 『동아일보』 1956년 3월 8일

이 글은 1956년 3월 『새벗』을 통해 등단한 신인 박재융의 당선작 「그림책」을 평하면서 일컬은 말이다. 작품의 제목이자 소재인 '그림책'이 현실에 맞지 않는다는 지적인데, 1956년 당시 그림책이 없다기보다는 어린이들에게 권해 줄 마땅한 책이 없다는 의미일 것이다. 김요섭은 이에 더 나아간다.

(……) 일부중류이상의 가정에 가며는 그집 어린이를 위하여 일본서 간행된 화려한 그림책이 수두룩히 온돌방에 널려있는것을 발견하였기때문이다. 그그림책에는 (……) 일본말이 쓰여 있으나 우리들의 어머니는 그글을 우리말로어린이들에게 해설하고있는것이다. (……)

---

20 『월간 디자인』 1982년 10월호 「교과서 일러스트레이션」 특집, 1984년 5월호 「어린이 도서와 일러스트레이션」 특집, 1985년 5월호 「우리나라 어린이 도서 일러스트레이션의 현황 및 근본 문제」, 『계간미술』 1986년 겨울호에 '우리나라 어린이 그림책 일러스트레이션의 문제점'을 주제로 한 일러스트레이션 특집이 실렸고 이후 『계간미술』, 『월간현대』 등이 미술 잡지에 일러스트레이션 분야에 대한 평을 싣기 시작했다.
21 곽영권, 앞의 책, 27쪽.
22 김창집, 「出版 隘路와 破綻의 連續(中)」, 『경향신문』, 1958. 8. 20.
23 대한출판문화협회 편, 앞의 책, 114쪽.
24 1947년 조선출판문화협회가 창립되자 출판인들은 제일 먼저 협회가 허용한 일어책 외 일본 서적의 출판과 판매를 금지하는 일서 출판 추방 운동을 전개했다(대한출판문화협회 편, 앞의 책, 77쪽). 이후 1960년 무렵 일서가 무비판적으로 번역 출판되기 시작했다(대한출판문화협회 편, 앞의 책, 115-116쪽).

김요섭, 「천대받는 兒童文學의 出版」,
『조선일보』, 1959년 2월 16일

당시 중류 이상의 가정에서는 일본에서 건너온 그림책이 수두룩했다는 것이다. 일본 서적의 출판과 판매가 금지되어 있던 시기임에도 우리 그림책이 부족했고 그나마 있는 것도 마땅치 않아 형편이 넉넉한 가정에서는 일본 그림책을 보았다는 사실을 알 수 있다.

1962년의 『경향신문』 기사는 제목에서부터 당시 그림책의 형편을 보여 준다.

(……) 어린이들의 그림책 또한 해괴한것들이 눈에 띈다. 일본의 그림책을 세로로 그대로복사한것까지는 몰라도 거기쓴 글중에 "푸른하늘은하수 하얀토깽이"가 있나 하면 동물들이 젖을 빨며 뒹굴며노는 그림에다 "챙피하게 젖을발지요" "나만큼 새끼를 사랑하는동물도 없지요" 식의 조잡한설명을 붙여 유아들의 그림책이라고팔고있다. (……)

어떻든 만들어 놓으면 팔린다고 생각하기때문에말로할수없을정도의 그림책을 만들어내고있는 것이다. (……) 그림자체도엉터리려니와, 빛깔이나인쇄도엉망인데다 거기 씌어져 있는 말을 읽으면 구역이 날정도의글이 얼마든지 있다. (……)

강소천, 「해괴·엉망인 「그림책」 바로잡는 길은 없나」,
『경향신문』, 1962년 4월 23일

한마디로 '해괴·엉망'이라는 비평이다. 이 기사는 강소천의 인터뷰와 같이 실었는데 글과 그림은 물론이고 인쇄도 엉망인 책들일지라도 "어떻든 만들어 놓으면 팔"렸다고 꼬집었다.

이를 근거로 보면 1950년 후반에서 1960년대 초반까지 변변한 우리 그림책은 없었고, 어린이가 읽을 만한 책은 더욱 없었던 것으로 보인다. 글과 그림의 상호 작용은 물론 인쇄술까지 형편없어 일본 그림책을 그대로 복사한 책들이 시중에 널렸고 중산층 가정에서는 일본 그림책을 그대로 들여와 어린이들에게 보여 주었다는 것을 알 수 있다.

1970년 즈음부터 1980년대 중후반은 사회·문화·경제의 발전과 더불어 어린이 교육에 대한 인식이 고조된 시기였다. 이때 그림책을 비롯한 아동도서는 이전과 마찬가지로 세계 명작, 전래동화, 위인전 중심으로 출간되었다. "우리나라 책방에 나오는 아동도서, 특히 그림책의 대부분은 국내외 전래 고전 동화, 그리고 해외 명작 동화가 차지하고 있다. …… 아무리 溫故而知新(온고이지신)이라고 하지만 오늘을 사는 어린 세대에게는 그들이 공감할 수 있는 오늘의 세계를 그린 작품들이 많이 제공되어야 한다."[25]라는 이원복의 지적처럼 아동도서와 그림책의 발전은 더뎠다. 류재수의 말처럼 무단 복제된 아동 도서를 중복 출판까지 하던 시기였다. 제작비를 들이지 않고도 수익을 얻을 수 있다는 점을 당시 출판사들은 포기하지 못했던 것이다. 이런 가운데서도 인쇄 기술은 비약적으로 성장해 갔다. 1954년 국정 교과서 주식회사가 일본에서 들여온 사진 식자기에 한글 활자를 붙여 실용화해 널리 퍼져 나갔고 한글 활자는 다양하게 개발되었다. 1979년에는 한국일보사가 국내 최초로 전산사식 시스템을 도입한 데 이어 삼화인쇄, 동아출판사, 금성출판사가 전산사식을 도입함으로써 인쇄술은 크게 발전하였다. 사진식자기가 필름카메라라면 전산사식은 디지털카메라에 비할 정도로 획기적인 발전이었다.

전산사식으로 인쇄 방식이 변화하며 자유롭게 판면을 구성하게 되었고, 서체의 선택이나 배치도 다양해졌다. 글과 그림의 실험적인 결합 방식이 가능해졌고 가로쓰기가 도입된다. 해방 이후 출생하여 한글 교육을 받은 한글세대가 등장하여 한글에 맞게 편집하도록 조판 기술도 변화해 갔다. 원화의 색 분해 기술도 발

---

[25] 이원복, 「창작童話와 그림책」, 『조선일보』, 1985. 12. 19.

달하여 5·6색도용과 8·12색도용 인쇄기가 도입되고 인쇄 품질이 뛰어난 컬러 그림책 생산이 가능해졌다. 1980년 후반에 이르러 우리 출판계는 그림책 생산을 위한 편집과 인쇄 기술을 완비한다.

2) 유통 구조의 변화

학원사가 『대백과사전』 전 6권을 발행하며 미국식 방문 판매에 따른 할부제를 도입한 것은 계속되는 불황 속에서 대금 회수를 못해 서점과 갈등 상황에 놓인 출판사가 찾아낸 자구책이었다. 이러한 판매 방식이 성공하면서 출판계에선 전집류와 문고본이 성행하였다. 계몽사는 1959년부터 기획한 『세계소년소녀문학전집』 50권을 1962년까지 출간하며 아동도서의 대량 전집물과 방문 판매 시대를 열었다. 전 00권으로 묶인 전집물과 방문 판매에 따른 할부제 수금 방식은 마치 악어와 악어새처럼 짝이 잘 맞는 시스템이었다. 독자는 낱권보다 값싸게 먹히지만 부담되는 전집의 가격을 나누어 낼 수 있어 좋았고, 출판사는 전집으로 제작 단가를 줄이고 판매만 하면 꼬박꼬박 대금을 회수할 수 있어 좋았다. 할부 판매는 대규모 전집의 기획, 편집, 장정, 제책 등에서 출판계의 발전을 이끌었지만 전집이 주류가 되면서 경쟁이 치열해지고 제작비를 줄이기 위해 내용을 소홀히 하는 경우가 생겼다.

1970년대는 경제개발 5개년 계획이 진행됨에 따라 우리 경제가 조금씩 성장하고, 출판과 판매 시장도 조금씩 살아나기 시작했다. 도시화와 한글세대의 등장으로 새로운 독자층이 형성되었고, 이들은 고가의 전집물보다는 서점에서 자신이 원하는 책을 구매하고자 했다.

1977년 동화출판공사는 종로 1가에 있는 6층 건물 전체를 서점으로 꾸며 동화서적으로 문을 열고 혁신적인 경영 기법을 도입했다. 매장 규모는 종로서적센터보다 작았으나 장서는 5만 종으로 국내 최대 규모였다. 동화서적은 독서 상담실을 운영하고 회원제를 도입했다. 전화 주문을 받고 실비 복사를 제공하는 등 독자를 서점으로 끌어들이기 위해 노력했다.

1979년에는 종로서적이 매장을 기존 300평에서 500평으로 확장했다. 종로서적은 1907년 '예수교서회'라는 이름의 기독교 관련 서점으로 문을 열었고, 1963년에 종로서적센터로 개칭했는데 당시 국내 최대 서점이었다. 1981년에는 교보문고가 개점하여 약 1,000평 규모에 100만 권의 도서를 보유하고 개가식으로 꾸몄다. 지방에도 100평이 넘는 대형 서점들이 개점하였다.

이들 대형 서점들은 작가와의 만남, 전시회, 캠페인 등 갖가지 문화 행사를 열며 독자를 서점으로 끌어들이기 위한 노력을 게을리 하지 않았다. 비로소 서점 중심의 유통 형태가 마련되어 독자에게 신간을 쉽게 접할 기회와 공간을 제공하면서 방문 판매로는 접근하기 어려웠던 단행본 출판의 시대를 열었다. 또한 출판 유통 부문에 거대 자본이 등장했음을 알렸다.

이러한 바탕 위에서 1980년대 아동출판물은 양적으로 성장했다. 1970년 305종이었던 아동도서 발행 종수가 1980년에는 3,494종으로 크게 늘어났다.[26] 반면 그림책은 양적 성장에도 그림책의 그림, 일러스트레이션은 사회의 몰인식과 외국 작품의 복제 속에서 여전히 낙후돼 있었다. 이처럼 우리 그림책은 40여 년을 제자리걸음하는 듯 보였지만, 그림책과 일러스트레이션에 대한 사회의 인식이 조금씩 높아지고 출판 유통 환경의 변화에 맞춰 조금씩 기틀을 다져가고 있었다.

---

26 대한출판문화협회 편, 앞의 책, 853쪽. 그림책에 대한 통계는 없어서 아동 출판물에 대한 통계로 대신한다. 이 중에는 그림책도 있었다. 그림책이 양적으로 팽창한 것은 신문의 신간 안내 등 여러 정황으로 알 수 있다.

4장

대표적인 그림책 :
해방 직후 우리 그림책의 처음

조용만·이승만의 『포은 정몽주전 조선역대위인 화첩 제1집』

1. 『圃隱 鄭夢周傳 朝鮮歷代偉人 畫帖 第1輯 (포은 정몽주전 조선역대위인 화첩 제1집)』

『圃隱 鄭夢周傳 朝鮮歷代偉人 畫帖 第1輯』[01](이하 『포은 정몽주전』이라고 한다.)은 1946년 3월 1일, 조용만의 글과 이승만의 그림으로 현우사에서 출간되었다. 제목에서 알 수 있듯 이 책은 포은의 전(傳)이면서 화첩이다. 그림에 화제(畫題)를 써넣듯 글 자리를 따로 정하지 않고 그림의 여백에 포은의 일대기를 나눠 편집하였다. 즉 화첩이라는 이름대로 포은의 일대기를 그림으로 풀어 놓고 그 위에 글을 더한 이야기책이다. 이 책을 그림책으로 보는 것은 그림책의 기본적인 요건인 책의 형태를 갖추고 그림과 글로 내용을 엮었기 때문이다. 서구 그림책의 출발을 코메니우스의 『세계도회(Orbis Sensualium Pictus)』(1658년)로 잡는 것은 그림책의 시작이 어린이 교육과 밀접한 연관이 있기 때문이다. 우리 그림책 역시 어린이를 계도하고 교육하려는 의도에서 출발하였다. 현대의 그림책은 글과 그림이라는 두 가지 기호의 상호 작용을 더욱 중시하고 있다. 이러한 관점에서 볼 때 『포은 정몽주전』은 교육적 의도를 그림과 글의 조화로 엮어 낸 그림책이다.

다만 글과 그림의 역할이 전도되어 있다. 보통의 그림책은 글이 있고 글을 보완하거나 확장하고 글의 이면을 보여 주며 그림을 더하는 형태인데, 『포은 정몽주전』은 중요한 사건을 극적인 그림으로 제시하여 서사의 기초를 만들고, 부족한 부분이나 보충할 부분을 글로 풀어 놓았다.

'그림책'이라는 용어는 1920년대 소설이나 동화에서 간간이 등장하다가 1930년대에 이르러 신문과 잡지에서 자주 보이기 시작한다. 주로 어린이 양육이

『그림한글책』
2022년 3월 복각본 표지

『어린이 한글책』[02]

---

01   근대서지학회 오영식 회장님께서 자료를 제공해 주셨다.
02   <다시 보는 진품명품>, www.youtube.com. KBS, 2010. 10. 17. 방송.

나 교육을 논의할 때 쓰였다. 그러나 이 시기 우리 그림책의 실체나 출간 기록은 찾기 어렵다. 혼란스러웠던 해방기에는 고려문화사와 을유문화사 등에서 아동도서를 본격적으로 내며 그림책을 출판했다. 비교적 이른 시기였던 1945년 12월 10일에 정현웅이 그림을 그린 『그림한글책-가나다라』(고려문화사)가 출간됐고, 다음 해 1946년 5월 5일 어린이날을 맞이해 윤석중이 편집하고 홍우백이 그림을 그린 『어린이 한글책』 '그림동산' 시리즈 1권으로 나왔다. 이 책들은 지금의 용어로 칭하자면 한글 그림책이자 지식 정보 그림책이었다. 일제 강점기 말, 조선어 말살 정책으로 문맹률은 70~80%에 달했기에 해방 후 무엇보다 한글 교육이 시급했다. 이러한 배경에서 이 두 권의 책은 당시의 열악한 출판 환경에도 불구하고 전체 컬러로 인쇄되었다. 이는 어린이들에게 쉽고 재미있게 한글을 가르치기 위해서였을 것이다.

    1946년 9월 1일에는 조지훈이 글을 쓰고 조병덕이 그림을 그린 『우리마을』(조선아동문화협회)이 '그림동산' 시리즈 중 3권으로 출간됐다. 이 시리즈를 발행한 윤석중은 "겨레의 얼을 심어 주기 위해 1946년부터 '그림동산' 시리즈를 냈는데, 이 시리즈가 우리나라에서 처음 나온 그림책이었다."라고 회고했다.[03] 그러나 1945년 출간된 『그림한글책-가나다라』와 『포은 정몽주전』을 고려해 볼 때 다시 생각해 봐야 한다. 최초의 그림책이 아닌 데다 이야기 그림책으로서도 첫 자리에 놓기 어렵다.

    이야기 그림책 첫 자리에는 『포은 정몽주전』을 놓아야 할 것이다. 다만 아직까지 묻혀 있는 자료가 있을 것이므로 기원의 문제는 더욱 부질없다. 처음을 논하기보다는 그림책으로서의 의의를 파악하는 것이 더 중요하다. 따라서 필자는 『포은 정몽주전』이 우리나라 최초의 그림책이었다는 불확실한 가치에 기대기보다 해제를 소개하고, 이 책에서 글과 그림의 역할이 전도되어 나타나는 양상을 탐색하며 그림책으로서의 의의를 찾아보고자 한다.

2. 해제

1) 『포은 정몽주전』의 서지와 내용 구성

『포은 정몽주전』의 서지는 다음과 같다.

서명	圃隱 鄭夢周傳 - 朝鮮歷代偉人 畫帖 第1輯		
저자	글 조용만, 그림 이승만	편집자	조용만
발행자	이근종	발행소	현우사
인쇄소	조선정판사	발행 연월일	1946년 3월 1일
면수/가격	16쪽/15원	판형	183×260mm

『포은 정몽주전』은 표지 중앙에 포은의 반신상이 자리하고 뒤표지는 전경으로 선죽교가 보이고 그 뒤로 커다란 나무와 숭양서원이 희미하게 그려져 있다. 앞표지 뒷면(1면)부터 뒤표지 앞면(14면)까지 모두 14면에 걸쳐 그림과 글이 있다. 첫 펼침면에는 포은의 출생을 상징하는 그림과 함께 윗부분에 포은의 일생을 요약하고 글쓴이 조용만의 「머리ㅅ말」이 있다. 2면 그림 위에는 포은의 성명, 가계, 출생 등을 제시한 글, 1장이 있다.

    3, 4면의 펼침면에는 나무를 오르는 포은과 하늘로 오르는 듯 꿈틀거리는 용을 나란히 그려 넣어 포은과 용의 깊은 상관성을 암시하고, 어깨에 북두칠성 같은 점이 있는 포은이 몽룡으로 이름을 고친 사연을 기술한다. 3, 4, 5, 6장에선 성인이 된 포은이 나랏일을 하는 장면을 각각 한 면씩 제시한다. 7장에는 이방원과 대치하는 그림과 그를 설명하는 글이 있으며, 8장에는 포은이 선죽교에서 죽임을 당하는 찰나를 그린 그림과 함께 순간의 전후 맥락을 서술하는 글이 있다. 마지막 9장에는 비가 내려 사나운 불길을 잡는 그림 위에 이를 설명하는 글을 게재했다. 이렇게 포은의 삶에서 중요한 시민 9개사 방신 빌심만 혹은 만 면 그림으로 제시되고, 그를 설명하고 보충하며 확장하는 글이 9개의

---

03 윤석중, 『윤석중 전집 22 어둠 속의 초생달』, 웅진출판주식회사, 1988, 51쪽.

장으로 나뉘어 전개된다.

2) 작가들과 출판사

그림을 그린 행인(杏仁) 이승만(1903~1975)은 월탄 박종화와 짝을 이뤄 신문 역사 소설의 한 획을 그은 인물이다. 시작은 『매일신보』 학예부에서 '삽화' 전문 기자[04]로 일하면서 실었던 『금삼의 피』(1936.3.20~12.29)에서부터이다. 그 후 『대춘부』(1937.12.1~25), 『다정불심』(1940.11.16~1941.7.2) 등과 해방 이후 『임진왜란』(『조선일보』, 1954~1957, 946회), 『세종대왕』(『조선일보』, 1969~1975, 1,846회)까지 함께했다. 행인은 해방 전 다양한 장르물의 삽화를 그렸지만 해방 후에는 역사물에 주력했다.

행인은 가와바타미술학교(川端美術學校)에서 서양화를 전공하고 순수 회화를 하다가 역사물에 삽화를 그리게 되었다. 행인은 "삽화에서나마 어떤 포인트를 가지고 싶어서 나름대로의 공부를 시작했다."라고 한다. 이 공부는 '시대마다의 풍물을 고증'하는 것이었다. 그는 이를 위해 六堂(육당, 최남선)이니 古堂(고당, 조만식) 같은 분들을 찾아가서 역사적 사실에 대하여 일일이 지도를 받고 고증받는가 하면 고궁이나 유적을 촬영하고 지방의 민속을 찾아 스케치하고, 선교사들의 민속자료를 빌려 보며 자료를 모았다."고 한다.[05] 이러한 노력으로 행인은 이상범, 노수현, 안석주와 함께 우리나라 1세대 삽화가로 꼽히고 있다. 특히 그의 삽화는 역사물 삽화에서 고증에 충실한 이미지, 극적인 구성과 인물의 내면을 드러내는 것으로 이름이 높았다. 『포은 정몽주전』에서도 행인은 숭양서원의 포은 초상을 옮겨 그린 이한철의 작품을 참고해 표지를 제작했는데, 당시의 혼란스러운 상황에서도 고증에 충실했음을 짐작할 수 있다.

글을 쓰고 편집을 담당한 조용만은 1927년 경성제국대학 재학 중에 작품 활동을 시작했다. 1930년 『조선일보』에 「부동층」(12.25~31)을, 1931년 『비판』(1권 2호)에 「사랑과 행랑」을, 같은 해 8월 『동아일보』에 『방황』(8.28~9.2)을 기고했다. 1932년 『매일신보』 학예부에 입사해 식민지 시대에 기자로 일했고, 해방 이후에도 『경향신문』, 『코리아타임즈』 등에서 주필을 지냈다. 이후 1953년부터 20여 년은 고려대학교 영문과 교수로 재직했다. 『매일신보』 기자를 지냈던 1930년대 중후반을 제외하면 약 60년 동안 꾸준히 다양한 글쓰기를 해왔다.

그러나 그에게 '친일 작가이며 한국 근대 문학의 증언자'라는 꼬리표가 따라붙는다. 『매일신보』에서 기자 생활을 했다는 것과 1940년대에 일본어로 창작했다는 점 때문인데,[06] "친일 문인으로서 문학인으로 살아남기 위한 방법으로 문학사의 이면사를 회고하고 기록하는 역할을 떠맡았다."라는 김미지의 해석[07]은 설득력이 있다. 해방 이후 조용만이 '구인회'의 산파이자 창립 멤버로서 창립 과정과 그들의 회합 그리고 구인회 작가들에 대한 기억을 회고담과 소설로 재생산해야만 했던 연유가 바로 그것이었을 것이다.[08]

그러나 2000년대 들어 그의 작품을 새롭게 평가

---

[04] 이승만의 회고(「小說揷畵의 어제와오늘」, 『세대』 8권 89호, 1970. 12, 324쪽)에 따르면 처음 『매일신보』와의 인연은 가와바타미술학교를 졸업하고 귀국한 후, 이서구와의 우연한 만남으로 이루어졌다. 당시 『동아일보』로 옮긴 안석영의 뒤를 이어 『매일신보』에서 삽화를 그리게 된 것이다. 촉탁으로 처음 그린 삽화는 『바다의 처녀』(1925. 5. 9 ~ 1926. 2. 26)로 번안 소설이었다. 이승민이 언제까지 촉탁으로 있었는지는 확인되지 않으나 1931년 12월에는 정식 기자로 이름이 올라 있다(「三新聞社의 陣營」, 『동광』 28호, 1931. 12, 85쪽).

[05] 이승만, 「小說揷畵의 어제와오늘」, 위의 글, 325-326쪽.

[06] 김윤재, 「조용만 : 친일 인사에서 문단·언론계의 원로로」, 반민족문제 연구소, 『청산하지 못한 역사 3』, 청년사, 1994, 100-114쪽 : 친일인명사전편찬위원회, 『친일인명사전』, 민족문제연구소, 2009, 577-581쪽 : 임종국, 『친일문학론』, 민족문제연구소, 2013, 399-406쪽.

[07] 김미지, 「한국 근대 문학사와 '문학인' 조용만의 자리」, 『겨레어문학』 43집, 겨레어문학회, 2009, 12쪽.

[08] 「구인회 이야기」, 『청빈의 서』, 교문각, 1969, 19-21쪽 : 「울밑에 핀 봉선화야」, 범양사출판부, 1985, 123-139쪽 : 「이상시대 : 젊은 예술가들의 초상 1·2·3」, 『문학사상』 174·175·176호, 문학사상사, 1987 : 「이상과 김유정의 문학과 우정」, 『신동아』, 동아일보사, 1987. 5 : 「30년대의 문학예술인들」, 범양사 출판부, 1988, 126-139쪽 : 현순영, 「회고담을 통한 구인회 창립 과정 연구 : 구인회의 성격 구축 과정 연구」, 『비평문학』 30, 비평문학학회, 2008. 이러한 문헌에서 구인회와 구인회 작가들에 대한 조용만의 회고와 증언을 확인할 수 있다. 또 『구인회 만들 무렵』(정음사, 1984)와 『젊은 예술가들의 초상』(도서출판 장, 1992) 등에서 조용만은 당시의 기억을 소설화했다.

현우사 출판 목록

하는 움직임이 조심스럽게 나타났다. 1930년대에 쓴 『방황』, 『연말의 구직자』, 『허희』가 당대의 세계 인식과 리얼리티를 보여 주는 지식인 소설로서 손색없음을 조명했고,[09] 해방 이후 발표한, 식민지 시대를 배경으로 한 소설의 가치를 새롭게 조명하는 시각도 있다.

행인 이승만과 조용만은 이근종이 발행인으로 있었던 현우사에서 그림책을 출간하였다. 현우사는 해방 직후 출판물의 홍수 속에서 우수 출판사로 선정되기도 했는데, 1945년부터 1947년까지 모두 10권의 도서와 비도서자료(<조선역사연대표>)를 발행했다.[10] 10권의 도서 중 세 번째로 발간한 『포은 정몽주전』은 상당히 이채롭다. 『포은 정몽주전』을 제외한 나머지 책들은 모두 좌익 계열의 출판물이다. 출판사의 지향과는 다른 이 책이 화첩이란 이름을 붙여 출간된 배경이 궁금하지 않을 수 없다. 다음에 소개하는 두 편의 글에 약간의 추론을 더하면 답을 찾을 수 있을 것이다. 먼저 1930년대에 『매일신보』에서 함께 근무한 두 사람이 글과 그림을 담당하며 책을 출간한 것은 자연스러워 보인다. 그러나 행인의 아래와 같은 언급은 흥미롭다.

나는 한때 소설 삽화에서 손을 떼고 10여 년 가까이 외도를 한 일이 있기도 하다. 해방 후 윤보선 씨의 넷째 아우가 되는 분과 같이 무역업에 종사한 것이 그것이다.

그동안을 나는 화단과는 일체 손을 끊고 살았다. 그러나 그 기간 동안에도 간청에 못 이겨 몇 편의 삽화를 그린 일도 있었으나, 남들은 내가 이제 전혀 미술계와는 손을 끊은 줄 알 정도였다.

그랬던 것이 육이오 사변으로 사업이 거덜이 나고 말자…… 나는 또다시 본래의 직업으로 돌아오게 되었다.

이승만「小說揷画의 어제와오늘」, 『세대』 8권 89호, 1970년 12월, 324쪽

서울 정거장앞현우사(玄友社)에서는 건국기념 출판으로 소년소녀들을 위한 조선역대위인화첩(朝鮮歷代偉人畵帖)을발간하고저 사계권위자의후원아래 준비중이든바 이번그첫재번책 포은전(第一輯鄭夢周傳)-글 趙容萬(조용만) 그림 李承晩(이승만)이완성되였다한다.

「鮮歷代偉人畵帖發刊」,『조선일보』, 1946년 3월 10일

행인은 "10여 년 가까이 외도"를 했고 "육이오 사변으로 사업이 거덜이 나고 말자…… 다시 본래의 직업으로 돌아오게 되었다."고 한다. 외도를 한 시기는 대략 해방 이후부터 1950년 전반으로 보인다. 이 시기 "삽화에서 손을 떼고" 있었는데 '간청'에 못 이겨 몇 편의 삽화를 그린 작품 중 하나가 『포은 정몽주전』이다. '간청'에 못 이겨 그린 몇 편의 삽화라고 하기에 그린 그림이 적지 않으나[11] 해방 전 여러 소설의 삽화를 동시에 그리기도 했던 행인에게는 그렇게 느껴졌을 수 있다.

구인회의 창립 과정에서 보듯 소설가이며 신문기자였던 조용만은 상당한 인맥을 지녔을 것이다. 그가 사계(史界)의 후원을 받아 위인전을 기획했고 편집

---

09 오태호, 「조용만 소설에 나타난 1930년대 지식인의 자의식 연구」, 『국어국문학』 155호, 2010, 8쪽.
10 오영식, 『해방기 간행 도서 총 목록 1945~1950』, 소명출판, 2009, 271쪽.
11 행인은 1949년 5월 13일부터 8월 23일까지 『동아일보』에 연재되던 박종화의 「홍경래」의 후반부(185~273회) 삽화를 그렸고 1949년 4월 10일부터 9월 23일까지는 윤백남의 글에 삽화를 그렸다. 이 외에도 여러 권의 책에 표지를 그리고 장정도 했다(김자영, 「행인 이승만(1903~1975)의 신문 소설 삽화 연구」, 이화여대 석사학위 논문, 2022, 32-35쪽).

을 맡았다. 글은 자신이 쓰고 그림은 역사물에서 일가를 이룬 행인에게 맡기고자 했다. 행인과는 오랜 친분도 있었지만 당시 무역업을 하고 있어서 쉽게 수락하지 않았다. 행인이 그림을 그리게 하려면 조금 더 매력적인 제안이 필요했는데, 그것이 '화첩'이었다고 볼 수 있다. 그림이 주가 되는, 행인에게 익숙한 '화첩'[12]을 제안하고 '간청'하여 책을 냈을 것으로 추측된다.

실제로 『포은 정몽주전』은 글 작가와 그림 작가가 서로 의논하여 만들었다고 보기에도, 또 요즘 대부분의 그림책과 같이 글을 먼저 완성하고 그에 맞춰 그림을 그렸다고 보기에도 어렵다. 일반적으로 알려진 포은의 이야기를 바탕으로 그림을 먼저 그린 후, 여백에 끼워 맞추듯 글을 편집한 것으로 보인다. 색이 칠해진 부분에 글자가 놓여 잘 안 보이거나, 그림의 형태에 따라 단어 중간에서, 혹은 명사와 조사를 분리해 행갈이하거나, 글자의 크기나 자간이 들쭉날쭉한 경우를 매 지면에서 볼 수 있기 때문이다. 이는 그림을 먼저 그린 후 상당한 분량의 글을 좁은 여백에 나누어 싣다보니 일어난 현상으로 보인다.

이렇게 자유롭고 자신만만한 그림에 비해 책의 편집과 장정이 매끄럽지 못한 것은 '간청'에 못 이겨 그림은 그렸으나 그림 외에는 신경을 쓰지 못한 행인의 사정 때문일 것이다. 즉 『포은 정몽주전』은 행인이 바쁜 와중에 화첩에 넣을 그림을 그렸고, 여기에 조용만이 글을 얹어 만든 그림책으로 볼 수 있다. 출판사의 지향과는 다소 다르지만 그림과 글, 편집까지도 이미 맡은 이가 정해져 있고 후원자까지 있어 자금 걱정을 할 필요가 없으니 출판사가 출간을 거부하기는 힘들었을 것이다.

제목에 '화첩'이 붙은 또 다른 이유는 행인과 조용만이 '그림책'에 관심이 없었기 때문으로 보인다. 일제 강점기 『매일신보』는 비교적 이른 시기부터 그림책에 관한 글을 실었다.[13] 행인과 조용만이 『매일신보』 기자였고, 행인은 1921년부터 1923년까지 일본에서 미술학교를 다닌 사실을 감안하면 이들이 그림책을 몰랐을 리는 없다. 그러나 이들의 많은 글에서 그림책이라는 용어조차 발견하기 힘들다. 이들은 주로 성인 독자를 위한 글쓰기와 삽화 그리기에 주력했다. 다만 행인은 당시에 상당한 명성이 있었고 자신의 관심과는 별개로 어린이를 위한 그림을 그릴 기회는 있었을 것이다.[14] 조용만의 경우 어린이를 위한 글쓰기는 『포은 정몽주전』 이후 1949년과 1950년 『월간 소학생』의 <누가 먼저> 꼭지 등에서 확인될 뿐이다. 이는 이 책이 그림책이 아니라 화첩이 된 사정을 설명한다.

그렇다면 왜 제1집이 포은 정몽주였는지 궁금하지 않을 수 없다. 포은이 애국충절의 모범으로 표창되고 그의 이야기가 반복 재생산되면서 지금에까지 이르게 된 기원은 태종에게서 찾을 수 있다. 태종은 만세의 강상을 굳건히 하기 위해 포은의 절의를 표창해야 한다는 권근의 상소를 받아들여 장고 끝에 포은에게 조선 왕조 최고의 직위를 추증하며 명예를 높였다. 이런 흐름은 조선 왕조 내내 이어졌고, 포은은 충절의 상징

---

12 화첩은 그림의 감상과 보관 등을 용이하게 하기 위하여 일정한 간격으로 접어 만든 장황 형태로, 족자나 두루마리에 비하여 크기가 작고 간편하여 휴대와 열람을 간편하게 할 수 있다는 장점이 있다. 그림을 보관하는 것이 다시 그림을 감상하기 위함이라면, 화첩은 그림을 감상하는 데 목적이 있다. 일부 화첩이 주제에 따라 그림들을 모아 놓아 이야기의 흐름이 있다고 해도 어디까지나 화첩의 목적은 그림 감상이다. 그러나 그림책의 목적은 글과 그림으로 이야기나 정보를 전달하는 데 있다. 그림은 그 이야기와 정보를 더 풍요롭게 또 쉽게 전달하기 위한 것이다. 이것이 화첩과 그림책이 다른 점이다. (「화첩」, 한국민족문화대백과, 한국학중앙연구원, https://encykorea.aks.ac.kr/Article/E0025955, 2023. 5. 1)

13 「어린이에게 주는 그림책은」(1931. 5. 8), 「물별기억은 그림책 이용이 제일-수효 연습은 실과와 딱지로」(1937. 2. 20), 「어린이들의 눈에 나쁜 색칠한 그림책」(1940. 1. 25), 「애기들의 그림책 어떤 것을 선택할까-시국적이며 과학적인 것을」(1942. 5. 19) 등의 기사.

14 1935년 『소년중앙』 창간호 표지 그림과 『어린이』지 만화(「성가신 아기」 통권 111호), (「바보 이반」 통권 113-118호)의 삽화, 창간호가 종간호가 된 그림 잡지 『유년』의 「가을달」의 삽화는 이향린의 화(畵)이다. 이향린 또는 향린은 이승만의 또 다른 호이다.

『포은 정몽주전』 1장. 포은의 태몽과 탄생을 상징적으로 처리한 장면

이 되었다.[15] 조용만이 포은을 호명한 것 또한 해방된 조국에 필요한 애국과 충절을 고취하기 위한 것으로 보인다. 이는 그가 1947년 3월 15일 출간한 『애국자 민충정공』(국제문화협회)에서도 확인된다. 『포은 정몽주전』의 「머리ㅅ말」에서도 조용만은 "나라를 지키기 위하여 생명을 내놓으신 그 거룩하신 충성은 우리들 백대 자손들이, 더같이 본받아야 할바이며, 특히 소년소녀 여러분은 선생의 이 뜨거운 애국심, 충성심을 본받기 바라는바입니다."라고 자신의 의도를 명확히 밝혔다.

그런데 '조선역대위인화첩'은 제1집 『포은 정몽주전』 외에는 다른 책이 출간되었다는 기록이 없고 실물도 확인할 수 없다. 행인은 "삽화와는 일체 손을 끊고 살았"다라고 하지만 적지 않은 작업을 했다. 시리즈의 2집이나 3집을 내는 것이 그리 어려운 일은 아니었을 것이다. 현우사는 1948년 대한민국 정부가 수립된 후 좌익 계열 검거 열풍이 불면서 더 이상 운영이 어려워졌을 것으로 보이지만, 힘들고 혼란한 시기였던 만큼 후원자만 있다면 다른 출판사에서 책을 낼 수도 있었을 것이다. 앞서 언급한 것처럼 글과 그림, 편집까지 맡을 이가 있고 후원도 있는 기회를 출판사가 마다할 이유는 없기 때문이다. 그러므로 사계 권위자의 후원 문제가 시리즈 중단의 주된 요인으로 보인다.

3. 서사에 기둥을 세우는 그림 + 揷話(삽화)된 글 =『포은 정몽주전』의 서사

1) 서사에 기둥을 세우는 그림

『포은 정몽주전』은 화첩이라는 부제대로 포은의 일대기를 그림으로 풀어 놓고 이를 보충하고 확장하는 글을 더해 이야기하는 책이다. 이 책은 일반적인 그림책과 달리 글과 그림의 역할이 전도되어 있는데, 1920~30년대 신문 삽화의 발전이 있었기에 가능한 일이었다.

『포은 정몽주전』에서 행인은 포은의 삶에서 중요한 사건 9개를 포착하여 서사의 기둥을 세운다. 1장의 첫 장면에는 포은의 태몽과 탄생을 상징적으로 그렸다 (그림 1). 행인은 화면 전체를 푸른 정조로 통일하고 하단에는 포은의 어머니가 깨진 난 화분을 보고 놀라는 장면을 배치했다. 화면의 왼쪽 중간쯤엔 푸른 기운에 싸인 갓난아기가 하늘에서 내려오는 듯 두둥실 떠 있어 시선을 끈다. 푸른 덩어리는 상서로운 기운을 의미하며 그 안에 편안하게 자리한 아기는 하늘의 선택을 받은 듯, 태생부터 남다르다는 점이 강조된다. 행인은 포은에게 탄생부터 특별한 인물이라는 이미지를 부여하였다. 화면 오른쪽 아래에는 이 상황이 꿈임을 보여 주려는 듯 포은의 어머니가 어두운 색채로 그려져 있다.

두 번째 장면이 나오는 2장에서도 행인은 포은의 남다른 점을 강조한다. 양면 펼침면의 오른쪽 하단에는 생각에 잠긴 포은의 어머니가 그려져 있는데, 꿈틀거리며 하늘로 올라가는 용과 나무를 오르는 포은을 나란히 그려 둘의 상관성을 강하게 암시한다. 포은의 탄생과 특별한 어린 시절을 모여 수년 그림은 다음 장면부터는 성인이 된 포은을 표현한다.

---

15 이러한 내용은 조남욱, 「조선조 초기 포은·길재 표장과 그 의의」, 『유교사상문화연구』 49집, 2012 ; 윤정, 「태종대 포은 추증의 정치사적 의미」, 『포은학연구』 23집, 2019 등에서 확인된다.

7장. 포은과 이방원이 서로를 탐색하는 장면

8장. 포은이 선죽교에서 철퇴를 맞고 말에서 떨어지는 장면

성인이 된 포은의 모습은 시간 순으로, 각각 한 면씩 4면에 걸쳐 업적을 중심으로 제시된다. 포은은 학생들 앞에서 강의를 하고, 4장에서는 폭풍우 속에서 혼자 살아남는다. 5장에서는 일본의 왕과 만나고, 6장에서는 중국의 황제를 알현한다. 기존의 신문 역사물처럼 행인은 3장과 5장에서는 배경을 비우며 인물에 초점을 맞추고, 4장에서는 바다와 폭풍우 같은 자연을 중점적으로 묘사하고, 6장에서는 실내의 거대한 기둥을 부각해 중국 황실의 압도적인 분위기를 표현한다. 고려 시대나 과거 중국 황실에 대한 정보가 많지 않은 상황에서 그때를 재현하기는 어려웠을 것이다. 행인은 인물의 내면과 자연물, 그리고 분위기를 부각하며 시대 고증의 시비를 벗어나 포은의 행적을 우리 앞에 실감 나게 불러온다.

포은의 삶과 관련해 우리에게 잘 알려진 핵심 사건은 그다음 장면에 담겨 있다. 7장, 새로 나라를 세우려는 세력과 반대하는 포은이 대치하는 상황에서, 이성계의 셋째 아들 이방원이 그의 뜻을 타진한다. 예를 갖춰 사모를 쓰고 푸른 포를 입은 포은과 편안한 차림의 이방원이 술상을 마주하고 있다(그림 2). 술상에서 조금 떨어져 꼿꼿이 공수를 한 포은과 술상 가까이서 포은을 회유하려는 듯 술잔을 권하는 이방원의 모습이 그려져 있다. 회유를 거부하는 측과 회유하려는 측의 대치가 팽팽한 가운데 포은은 차분하지만 단호함을 온몸으로 보여 준다. 이방원은 내민 술잔을 거둬들이지도 못하고 노엽고 불쾌한 감정을 숨기지 않는다. 꿈틀거리는 눈썹과 이마의 주름, 이를 악무는 모습에서 우리는 그의 다음 행보까지 유추할 수 있다.

결국 다음 장면에서 포은은 제거된다. 8장의 그림(그림 3)은 선죽교에서 철퇴를 맞아 말에서 떨어지는 찰나의 포은을 극적으로 묘사하고 있다. 푸른 개천과 선죽교를 배경으로 건을 쓰고 푸른 단령을 입은 이방원의 하수인이 철퇴를 내려치고 뒤로 물러나 있다. 부지불식간에 당한 포은은 놀란 말의 등에서 떨어진다. 오른쪽 상단에 늘어선 수양버들이 순간의 비극에 더욱 몰입하게 한다. 포은의 사망일이 양력으로 1392년 4월 26일이니, 노랗거나 연초록색을 띤 어린 수양버들은 이 비극의 목격자로 제격이다. 마지막 장면인 9장은 격렬하게 타오르는 불길 위로 비가 쏟아지는 모습이다. 덕분에 화마에 휩싸일 것 같았던 집들은 무사해 보인다. 당시 소년 소녀 독자들은 그림만 보아서는 무슨 장면을 그린 것인지 명확히 알 수 없었겠지만, 포은과 어떤 연관이 있음은 쉽게 짐작할 수 있었을 것이다.

이처럼 행인은 9개의 장면으로 포은의 삶을 정리해 서사의 기틀을 세웠다. 전후 사건의 맥락은 생략하고 당시의 정서와 분위기 그리고 인물의 심리를 극적으로 묘사하는 것으로 표현했다. 이는 "소설 삽화는 단순한 소설 내용의 집약적 전달에만 그칠 일이 아니라 그 자체의 드라마틱한 구성과 정서가 흘러야 한다."[16] 라고 했던 그의 말과 상통한다. 더불어 역사적 사건을 구현하는 그림에서 고증 또한 놓쳐서는 안 되는데, 행인은 공민왕 때 착용했던 단령과 사모, 그리고 포은의 초상 등을 충실히 고증하여 그림을 완성했다.

2) 삽화된 글

불타는 집 위로 비가 내리는 『포은 정몽주전』의 마지막 장면은 그림만으로는 정확한 이야기를 알 수 없다. 그림을 보충하고 확장하는 글이 필요하다. '새 나라 조선에서는 포은을 추모하며 비석을 세우고 선생이 살던 집에 숭양서원(崧陽書院)이라는 학교를 세운다. 숙종 때 선생이 돌아가신 날, 숭양서원 근처에서 큰불이 났지만 갑자기 비가 내려 불이 꺼졌다. 사람들은 충신이 계시던 곳이라 다르다고 찬탄했다.' 글을 통해 행인이 왜 불과 비를 그렸는지 전후 맥락이 밝혀지고, 포은이 충신으로 찬탄의 대상이 되었다는 이야기가 확장된다.

포은과 이방원이 대치하던 7장에는 당시 고려와 이성계의 사정을 보충하는 글이 있다. '기울어 가는 고려의 신하들은 이성계를 도와 새 나라를 세우려 하는데, 정몽주만 반대하여 이성계의 셋째 아들(태종)은 정몽주를 청하여 그 뜻을 물어보니 정몽주는 단심가를 불러 변하지 않겠다는 굳은 의지를 보인다.'라고 서술한다. 그러면서 포은의 단심가를 게재한다. 화면에서 긴장을 늦추지 않고 대립하던 포은과 이방원의 모습이 설명되며 서사는 이후 포은의 운명을 예비하게 한다.

행인은 그림을 통해 인물의 심리와 그 순간의 분위기를 극적으로 묘사하였다. 한편 조용만의 글은 행인이 어느 한 장면만을 포착하여 그린 그림에서 빠져 버린 맥락을 서술한다. 조용만은 차분하고 객관적인 어조로 포은이 처한 상황을 설명하며 행인이 그리지 않은 사건의 전후 맥락으로 서사를 확장한다. 여기에 더해 조용만의 글은 그림을 보충하고 확장하는 방식으로, 제목에서 언급되듯이 '전(傳)'의 서술 구조를 가져온다. '정몽주 선생의 자(字)는 달가(達可)요, 호(號)는 포은(圃隱)입니다. 선생은 이름을 세 번이나 고치시었는데, … (중략) … 선생의 아버님은 이름이 운관(云瓘)인데, … (중략) … 이것에 놀라 꿈을 깨시었는데, 이때부터 해산ㅅ(??)기가 있으셔서 밝은 날에 선생을 나셨읍니다.' 라는 1장은 포은의 성명, 가계, 출생 등을 제시한다. 전형적인 인정 기술 방법이다. 이어서 2장부터 8장까지, 어린 시절 비범한 징조를 보이던 포은과 성인이 되어 충성스럽게 나랏일을 하는 포은의 남다른 행적이 기술된다. 9장에서는 "사람들은 충신이 계시던 곳이라 다르다고 모두들 찬탄하였습니다."라고 마무리하며 사후 논찬까지 제시한다. 심지어 「머리ㅅ말」에서도 이러한 전의 형식이 압축적으로 담겨 있다. 조용만은 '서두의 인정 기술(人定 記述) → 행적 → 논찬'이라는 전(傳)의 일반적 체계로 행인의 그림을 보충하고 확장한 것이다.

인물을 형상화하는데 '전(傳)'의 형식을 고수하고 있다. 포은과 주변 인물을 서술하면서 오롯이 포은만을 부각하였다. 새로운 나라를 세우려 하는 이성계와 이성계의 셋째 아들이 등장하지만 포은과 같은 무게를 지니진 못한다. 이들은 포은의 충절을 대비적으로 보여 주기 위한 부수적 인물들일 뿐이다. 이처럼 '전(傳)'으로 인물을 형상화하는 방식은 결국 작가가 전하고자 하는 어떤 가치를 특정 인물을 통해 드러내는 것이다. 조용만이 포은을 통해 전하고자 한 가치, 포은에게서 확인하고자 한 가치는 「머리ㅅ말」에서도 언급된, 포은이 표상하는 충절이다.

4. 나가며

이 책의 해제에서는 두 가지가 규명되어야 한다. 하나는 그림에 초점을 둔 그림책에 왜 '화첩'이라는 부

---

[16] 이승만, 앞의 글, 322쪽.

제를 붙였는가 하는 점이다. 화첩과 그림책은 그 목적이 다르다. 화첩이 보다 용이하게 그림을 감상하는 데 목적이 있다면, 그림책은 정보 전달에 목적이 있다. 이 책은 정몽주의 충절을 알리려는 목적을 위해 그림과 글로 이야기를 전달하고 있으므로 분명 그림책이다. 그럼에도 화첩이라는 이름을 붙인 이유를 추론해 볼 수 있다. 조용만은 행인이 그림을 그리게 하려면 좀 더 매력적인 제안을 해야 했다. 그것이 화첩이었을 것이다. 또 다른 이유는 행인과 조용만이 그림책 보다는 성인을 위한 글쓰기에 관심이 있었기 때문으로 보인다.

두 번째는 왜 제1집이 『포은 정몽주전』이 되었는가이다. 태종 때부터 포은은 애국충절의 모범이 되었고 그의 이야기가 반복 재생산되면서 지금에까지 이른다. 조용만이 포은을 호명한 것은 해방된 조국에 필요한 덕목이 애국과 충절이라고 여겼고, 포은이 그 역할을 훌륭히 해낼 것으로 보았을 것이다.

해방 후 척박하고 혼란한 시기에 발행된 이 책은 '화첩'이라는 부제에도 불구하고 그림책이라고 단언할 수 있다. 일제 강점기에 우리 그림책이 만들어졌다는 기록도 실물도 없는 상황에서, 상당히 이른 시기에 출간된 이 책은 이야기 그림책의 처음 자리에 놓일 수 있을 것이다.

이 책이 그림책으로서 갖는 의의는 첫째, 해방 직후 출간된 책임에도 불구하고 그림이 글을 보조하는 것이 아니라 글을 이끌어 간다는 것이다. 즉 글과 그림의 역할 관계가 전도돼 있다. 두 번째는 작가에게, 특히 그림 작가에게 그림책을 만들겠다는 의지가 없었음에도 결과적으로 글과 호응하는 그림책이 만들어졌다는 것이다. 이는 1920~30년대 우리 신문 삽화의 발전에 힘입은 바가 크며, 이승만이 그 주역이었기에 가능한 일이었을 것이다. 세 번째는 서사의 기둥을 단단히 세운 그림과 이를 보충하고 확장하는 글로 좋은 그림책을 만들 수 있다는 인식을 심어 준 것이다. 현대 그림 작가들은 빈약한 글 서사를 노출하는 경우가 많은데, 이는 그림으로 서사를 구축하는 훈련이 더욱 필요함을 일깨워 준다.

5장

1960년, 작가의 인식 형상화

강소천·백영수의 『아기 토끼』와 『꼬마 눈사람』

1. 두 대가가 만나다

사회가 안정되면서 아동교육에 많은 관심을 기울인 1960~70년대에 우리 그림책이 만들어졌다는 기록이 다수 있으나, 실체를 확인할 수 있는 책은 많지 않다. 이는 그림책이 주로 어린이들이 장난감처럼 가지고 놀며 보던 책이라 손상으로 폐기된 경우가 많고, 또 1988년 한글 맞춤법 표준어 규정이 개정 고시되며 이전의 맞춤법을 용납하지 않았던 것도 원인이었을 것이다.

그 가운데 강소천이 글을 쓰고 백영수와 김광배가 그림을 그렸다는 '그림 동화집' 다섯 권도 기록으로만 확인할 수 있었다. 최근에 1권 『아기 토끼』와 2권 『꼬마 눈사람』이[01] 발견되었다. 이 두 권은 지금의 그림책과 비교해도 글과 그림이 어색하거나 서툴지 않고 오히려 조화가 뛰어나다. 저자인 강소천과 백영수는 당대 최고의 글 작가와 화가라고 할 수 있다.

글을 쓴 강소천(1915~1963)은 한국의 대표적인 아동문학가 중 한 사람이다. 1930년 『아이생활』에 동요 「버드나무 열매」를 게재하면서 동요와 동시를 창작하기 시작하여 1941년 동요·동시집 『호박꽃초롱』을 간행해 빛나는 시적 성취를 이루었다. 1950년 흥남철수 때 월남한 이후에는 동화 창작에 주력하여 1963년 타계할 때까지 200편이 넘는 동화와 소년소설을 발표했다. 1950년대 강소천은 한국 아동문학계에서 독보적인 지위에 있었다. 가장 많은 작품을 발표하며 가장 많은 독자를 확보했으며, 어린이를 위한 다양한 활동을 했다. 그의 글은 '시적'이고, '간결하고 유려'하며, '알레고리적'이라는 특징이 있다. 이는 필자가 분석한 그림책 『아기 토끼』와 『꼬마 눈사람』에서도 확인된다.

그림을 그린 백영수(1922-2018)를 기억하자면 먼저 조세희의 『난장이가 쏘아올린 작은 공』의 표지가 떠오른다. 1978년 문학과지성사에서 출간된 후 지금까지 명불허전의 스테디셀러인 이 책의 표지를 백영수가 그렸기 때문이다. 화가로서 백영수의 전반기 그림은 간결하게 압축된 구상적 형태와 명도와 채도가 낮은 깊이 있는 색채로 일상과 자연의 세계를 형상화하였다. 반면 어린이책의 표지화에서 보이는 그의 그림은 보다 사실적인 형태와 조화로우면서도 발랄한 색감, 세련된 지면을 돋보이게 하는 대범한 구도가 특징이다. 출

---

[01] 근대서지학회 오영식 회장님과 엄동섭 선생님께서 이 귀한 자료를 제공해 주셨다. 깊이 감사드린다.

1 『아기 토끼』 표지
2 『꼬마 눈사람』 표지
3 김상덕·백영수의 『레코오드 딸린 소리나는 그림이야기책 2』

판미술이 글과의 관계 속에서 존재하며 매체의 의도와 방향을 드러내야 한다는 것을 잘 알고 있음을 확인할 수 있다. 아쉬운 점은 그의 그림을 보여주는 그림책이 몇 권 되지 않는다는 사실이다. 지금까지 확인된 백영수의 그림책은 앞서 언급한 세 권이 유일하다. 배영사에서 출간한 『아기 토끼』와 『꼬마 눈사람』, 그리고 성문사에서 출간한 『레코오드 딸린 소리나는 그림이야기책 2』이 그것이다. 그림책은 최고의 글과 그림이 만났다고 해서 최고의 작품으로 완성되는 것은 아니다. 데이비드 러셀은 그림책이 "글과 그림의 행복한 결혼"이라고 하였는데,[02] 이는 좋은 그림책이라는 하나의 문학이자 예술 작품을 만들기 위해 글과 그림이 서로를 배려하며 조화를 이루어야 함을 이야기한다고 볼 수 있다.

이 글에서 주목하고자 하는 것도 이 부분이다. 1960년대, 지금과 같은 그림책에 대한 개념이 없었던 시기에 이러한 그림책이 나올 수 있었던 이유를 찾으려면 『아기 토끼』와 『꼬마 눈사람』의 서지 정보를 알아보아야 한다. 그리고 그림책에 대한 작가들의 인식과 이를 형상화한 글과 그림의 양상을 살펴봐야 할 것이다. 이러한 작업은 아직 정밀한 체계를 잡지 못한 우리 그림책의 역사에서 빠져 있던 한 부분을 채우는 일이 될 것이다.

2. 서지 정보

강소천이 글을 쓰고 백영수가 그림을 그린 『아기 토끼』와 『꼬마 눈사람』은 '그림 동화집' 제1권과 제2권이다. 판형은 4×6배판으로, 앞뒤 표지 포함 총 24면에 원색 인쇄되었다. 각 권의 가격은 500환으로, 『꼬마 눈사람』은 1960년 12월 7일 출간되었다. 『아기 토끼』는 뒤표지의 서지 정보가 찢겨 있어 정확한 출간 연도와 날짜는 알 수 없으나 강소천이 쓰고 백영수가 그렸음은 확인할 수 있다.

두 책은 해방 직후 출판된 그림책들과 마찬가지로 면지나 속표지 없이 앞표지 뒷면에서 본문이 시작되어 뒤표지 앞면에서 끝나며, 총 펼침 11면이다. 각 권은 펼침 1면 혹은 2면의 짧지만 완결된 이야기가 일곱 편씩 게재돼 있다. 『아기 토끼』에는 이솝우화를 다시 쓴 「싸우다가」와 「엄마 게와 아기 게」, 영국의 민간전승 이야기 「아기 돼지 삼형제」를 다시 쓴 「아기 돼지 삼형제」, 강소천의 동화 「아기 토끼와 양말」과 「허수아비와 아기 참새들」을 다시 쓴 「아기 토끼와 버선」, 「허수아비와 아기 참새들」, 우화적 속성이 강한 「보리알 하나」와 퀴즈 같은 「숨바꼭질」이 실려 있다. 『꼬마 눈사람』에는 「크리스마스」, 「산타클로스」, 「설날」, 「종이접기」, 「눈사람」, 「자전거」, 「크레용」이 수록되어 있다.

---

02 Russell, D. L. Literature for Children:A Sort Inatruction, N.Y.:Longman Publishing Group, 1991.(현은자 외, 『그림책의 그림읽기』, 마루벌, 2004, 29쪽 재인용.)

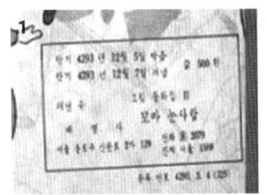 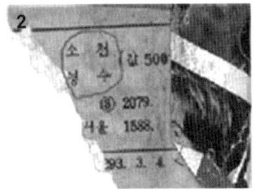

1 『꼬마 눈사람』 뒤표지의 서지 정보
2 찢겨 나간 『아기 토끼』 뒤표지의 서지 정보

이처럼 『아기 토끼』는 당시 어린이들이 많이 읽었던 이솝우화와 세계 전래동화, 그리고 강소천의 동화를 다시 쓴 작품을 수록하였다. 『꼬마 눈사람』은 강소천의 동화를 다시 쓴 작품과 그의 동요를 담았는데, 「설날」에는 「나무」, 「종이 접기」에는 「종이 접기」, 「눈사람」에는 「꼬마 눈사람」을 함께 게재하였다.

'그림 동화집'은 총 5권인데, 이 중 1, 2권의 실체는 확인하였고, 3, 4, 5권의 실체는 없지만 출간된 것으로 보인다. 이는 배영사에서 발행한 아동문학 이론지 『아동문학』(1962년 10-1969년 5월 통권 19호)의 Ⅰ (1962년 10월 10일), Ⅱ (1962년 11월 25일), Ⅳ (1963년 3월 5일)에 게재된 발간 광고를 통해 확인할 수 있다.

광고를 보면 '그림 동화집'은 모두 5권으로 강소천이 글을 쓰고 백영수와 김광배 그림을 그렸고, 1, 2권 외에 『토끼 삼형제』, 『숲속 마을』, 『말하는 남생이』가 발간되었다. 시간이 지남에 따라 광고는 새로운 정보를 전하는데, 두 번째 광고에서 시리즈의 주 독자를 "유치원생 국민학교 1·2학년"으로 상정하며 크리스마스를 겨냥하여 "크리스마스의 어린이 선물용"이라고 홍보한다. 세 번째 광고 그림 4를 보면 "아담한 원색 상자에 넣"어 세트로 판매한 것으로 보인다. 시리즈 중 1, 2, 3권은 당시 "문교부 선정 우량 아동도서"에 선정되었음도 알 수 있다. 광고 내용을 종합하면 '그림 동화집' 전 5권은 1962년 10월 10일 이전에 모두 출간된 듯하다.

이후 1962년 12월 22일 『경향신문』에 실린 「흐뭇한 『X머스』 선물」이라는 기사에는 "가장 절실하면서도 부실했던 국민학교 입학 이전의 어린이들을 위한 그림책"이라고 소개되어 있다. 기사에 따르면 당시 초등학교 입학 전후의 어린이를 위한 그림책이 부실하고 부족한 상황에서 '그림 동화집' 시리즈는 차례로 출간되었고, 먼저 출간된 세 권은 이미 3판을 낼 정도로 독자의 호응을 얻었다. 문제는 1962년 12월 22일까지 나머지 두 권 『숲속 마을』과 『말하는 남생이』는 출간되지 않았다. 1962년 12월 22일까지 출간되지도 않은 책을 1962년 10월과 11월에 '근간'이라는 최소한의 표시도 없이 광고할 수 있을까? 당시 자료를 찾아보았지만 지금으로서 확인할 도리가 없다. 분명한 것은 강소천이 글을 쓰고 백영수와 김광배가 그림을 그린 '그림 동화집' 시리즈 중 2권 『꼬마 눈사람』은 1960년 12월 7일 출간되었고, 1권 『아기 토끼』는 그 전에 출간되었다. 3권 『토끼 삼형제』는 제1호 우량 아동도서 발표 이전, 다시 말해 1962년 3월 이전에 출간된 것으로 유추할 수 있다.

『경향신문』 1962년 12월 22일 기사와 그림 4의

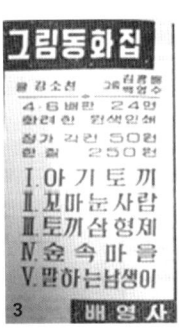 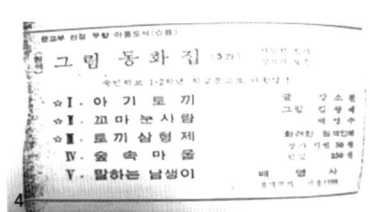

3 『아동문학』 제1집 (1962년 10월 10일) 광고
4 『아동문학』 제4집 (1963년 3월 5일) 광고
제4집 마지막 면에는 [그림 3]과 동일한 전면 광도도 있다.
5 「흐뭇한 『X머스』 선물」, 『경향신문』 1962년 12월 22일 기사 중 일부

"아담한 원색 상자에 넣음"이라는 광고 글귀를 보면 나머지 4권과 5권은 1962년 12월 22일과 1963년 3월 5일 사이에 출간되어 시리즈가 완결되었고, 세트 판매를 위해 원색 상자를 만들었음을 추정할 수 있다. 결론적으로 '그림 동화집'은 1권은 1960년 12월 7일 이전에, 2권은 1960년 12월 7일, 3권은 1962년 3월 이전에, 4권과 5권은 1963년 3월 5일 이전에 발행되었을 것이다.

3. 그림책에 대한 강소천과 백영수의 인식

모든 결과물은 그에 대한 이해와 인식을 토대로 만들어진다. 그러하기에 『아기 토끼』와 『꼬마 눈사람』을 만든 이들의 그림책에 대한 인식을 살펴보아야 한다. 두 작품에 글을 쓴 강소천은 그림책에 대해 많은 이야기를 남기지는 않았지만, 1960년 「유치원 동화 소고」라는 글에서 그의 생각을 엿볼 수 있다.

> (……) 幼兒들의 心理에 알맞고 生活에 親密感을 갖게 하는 童話 -노래 부르며 뜀뛰는 것 같은 生動하는 리드미컬한 幼兒自身들의 生活조로 表現된 童話 - ① 몇 번이고 같은 말이 反復되면서도 單純하고 變化하는 이야기- 누에고치실이 풀리듯 秩序있게 차근차근 엮어 내려가는 그런 幼稚園童話가 많이 創作되어 一線 保姆들에게와 家庭에 普及되어야겠다. (……)
> ② <u>幼稚園童話에 拍車를 가할 수 있는 가장 效果的인 것이 그림책이 있다. 그저 막연하게 動物이나 탈것들 같은 것을 그린 그림책 말고 童話를 童畵로 그린 그림책</u>이 절실히 필요하다. (……)
>
> 강소천, 「유치원 동화 소고」, 『강소천 아동문학가 스크랩북 14권』,[03]
> 1960년 8월 2일

강소천이 유치원 동화에 대해 쓴 이 글의 끝부분에 그림책에 대한 언급이 있다. 밑줄 친 부분(필자 표기)이 중요한데, 강소천은 좋은 유치원 동화를 만들기 위해서는 우선 좋은 그림책을 만들어야 함을 이야기한다. 더불어 그림책에 대한 그의 인식도 알 수 있다. 유치원 동화가 "유아들의 심리에 맞고 생활에 친밀감을 갖게" 하며 그들의 생활을 표현해야 하는 것은 당연한 전제일 것이다. 그러한 동화를 "반복되면서도 단순하고 변화하는 이야기"로 쓰는 것이 관건이다.

즉 강소천은 유치원 동화를 어떻게 써야 하는지 명확한 방향을 잡고 있었던 것으로 보이며, 이는 그림책의 글쓰기와도 상통한다. 노들먼의 "연속되는 그림들이 상대적으로 단순한 글(text)과 결합하는 책"이라는 그림책에 대한 정의는 '반복되면서도 단순하고 변화하는 글'일 것이다.

좋은 그림책으로 평가받는 작품을 보면 이러한 글의 특징을 찾아볼 수 있다. 2015년 라가치상을 받은 김장성 글, 오현경 그림의 『민들레는 민들레』가 그 예이다. 모두 18구절 한 문장으로 된 글은 반복되면서도 단순하고 변화하는 글이다. "민들레는 민들레 / 싹이 터도 / …… / 민들레는 민들레 / 여기서도 민들레 / 저기서도 민들레 / …… / 혼자여도 민들레 / 둘이어도 민들레 / …… / 휘익 바람 불어 / 하늘하늘 날아가도 / 민들레는 민들레"라는 전문은 어떤 모습으로 어디에 어떻게 있어도 민들레는 민들레라고 이야기한다.

②는 강소천의 그림책에 대한 인식을 보여 주는데, 강소천은 당시 주를 이루던 동물이나 탈것 등을 보여 주는 지식 개념 그림책 외에 다른 그림책이 필요하다고 말한다. 그 다른 그림책이 바로 "童話(동화)를 童畵(동화)로 그린 그림책"이다. 즉 아이들을 위한 이야기를 아이들을 위한 그림으로 그린 책, 이야기를 그림으로 전달하는 책이다. 이때 글은 어떠해야 할까? 글이 없어도 된다는 말은 아닐 것이다. 대체로 지식 개념 그림책이 아니라면, 그림책의 그림은 다양한 세목을 묘

---

[03] 『강소천 아동문학가 스크랩북』은 생전에 강소천이 발표한 동화와 동시를 비롯하여 다양한 종류의 글을 연도별로 스크랩한 것이다. 현재 이 스크랩북은 국립청소년어린이도서관이 소장하고 있는데, 발표 지면이나 발표 일자가 누락된 경우가 많다. 모두 15권이 있다.

『민들레는 민들레』(ⓒ김장성 글, 오현경 그림, 이야기꽃) 표지

사하게 마련이다. 글은 그림의 여러 세목에서 어디에 초점을 맞추어 이야기를 따라가야 하는지를 알려 준다. 글이 모든 세목을 설명한다면 독자는 굳이 그림을 볼 필요가 없고, 굳이 그림책으로 만들 이유도 없다. '플롯의 요약'[04]처럼 간결하고 단순한 글이 그림이 표현하는 다양한 세목으로 상세하고 풍부한 배경 속에서 이야기의 흐름을 따라가도록 안내하는 것, 이것이 "童話를 童畫"로 그린 그림책에서 글이 하는 역할이다. 그림책에서 글은 간결하고 단순하게 이야기의 흐름을 제시하고, 그림은 글에 의지하면서 글이 이야기하지 않은 많은 부분을 전달하며 완결된 이야기를 만든다. 결국 글과 그림은 분리될 수 없고 서로의 의미를 규정하며 전체를 구성해 나간다. 그림책에 대한 정의나 이론이 부재하던 시절에도 강소천은 그림으로 이야기를 전달할 수 있다는 것, 또 그림책이 그러한 책이라는 것을 인식하고 있었다.

그림을 그린 백영수의 시각은 어떠했을까? 백영수는 『미술개론』을 비롯하여 단행본 2권과 신문, 잡지에 상당한 양의 글을 남겼다. 그를 통해 그림책에 대한 인식을 엿볼 수 있는데, 특히 다음 글은 의미가 깊다.

(……) ①그림은 말의 설명도 아니고 또 말이 그림의 설명인 것도 아니다. 즉 그림과 말이 서로 도와서 아동의 상상을 전개시켜 이해를 구상적으로 만들게 하는 것이다.

자칫하면 그림이 단순한 삽화가 되기 쉽고 아동들은 글만 읽어 버리기가 쉽다.

(……) 물론 예술적으로 아무리 우수한 그림일지라도 그것이 아이들에게 이해되지 못한다면 아무것도 안 된다. 그렇다고 해서 책의 그림이 비예술적이어서는 안 될 것은 물론이다. 아이들은 자칫하면 그림책을 그냥 잃어버리기 (읽어 버리기) 때문에 ②그림 앞에 멈추게 하여 그림을 즐기게 할 필요가 있다. 개념으로 그림을 알게 하면서 감각으로써 그림을 즐기게 하는 것도 역시 그림책의 교육성일 것이다. (……)

(……) ③어린이와 어머니가 서로 같이 그림책을 즐길 수 있음으로써 교육적 기능도 자연히 나타나게 되는 것이다.

백영수, 「그림책과 만화의 교육성」, 『새교육』, 1954년 10월 1일, 92-94쪽[05]

위의 인용문은 그림책의 두 가지 교육적 기능을 설명하는 가운데 그림책의 그림이 어떠해야하는지에 대한 인식을 잘 보여준다. 필자가 인용하지 않은 부분에서 백영수는 어린이가 좋아하는 만화의 특성을 정의하고 있는데, 그림이 알아보기 쉬우며 그림과 글이 일체가 되어 그림이 이야기하는 사건의 재미가 크고, 또 그림에 의해 펼쳐지는 공상이라고 진단한다. 그는 그림책이 "만화적인 기술을 씀으로써 비로소 사건의 활동적 전개와 구상성을 띠게" 된다고 말한다. 위의 인용문에서 ①과 ②가 그림책을 만드는 부분이라면 ③은 그림책을 어린이에게 어떻게 제시할 것인가를 말하고 있다. ①부터 ③까지를 아우르면 백영수의 그림책 그림에 대한 이해와 인식을 알 수 있다.

①은 글과 그림의 상호 작용을 말한다. 글과 그림이 서로에게 종속되지 않으며 서로 다른 기호로써 각각의 역할을 하며 상호 작용한다. 이러한 상호 작용이 없다면 그림은 삽화 역할을 할 뿐이라고 지적하고 있

---

[04] 노들먼은 이야기 그림책에서 글은 매우 간결하거나 단순한데 이런 글의 특정한 의미와 의도를 전달하기 위해 항상 그림에 의존한다고 하며, 이러한 글이 실질적으로 이야기를 전달하기보다 플롯의 요약처럼 보인다고 한다. 페리 노들먼, 김상욱 옮김, 『그림책론 : 어린이 그림책의 서사 방법』, 9쪽.
[05] 오영식, 「백영수 출판미술」, 『수원미술연구』 3집, 수원시립미술관, 2020, 115-118쪽에서 재인용.

다. ②에서는 그림이 예술성만 고집한다면 어린이가 이해할 수 없는 그림이 되어 그림책으로서의 독특함을 잃고 독자는 글만 읽게 됨을 우려하고 있다. "개념으로 그림을 알게 하면서"는 어린이가 그려진 대상을 아는 것을 넘어 그림이 이야기하는 것을 인지하고 "감각으로써 그림을 즐기게" 해야 한다. 감각에 포착된 그림의 색과 형태, 질감 등의 구성 요소와 그것들이 빚어내는 분위기를 즐길 수 있도록 해야 한다고 말한다. 이는 그림과 그림이 하는 이야기를 이해하면 감각으로 즐길 수 있고, 반대로 그림을 감각적으로 즐길 수 있다면 그림과 그림이 하는 이야기를 이해할 수 있다는 의미이다. 어느 하나라도 이해하는 어린이는 그림 앞에 멈추어 그림을 즐기게 될 것이다. 이는 미술관에 걸린 그림과 그림책의 그림은 다르다는 것을 뜻한다. 그림책의 그림은 작가의 예술성을 보여 주는 것이 아니라 글과 조화를 이룸으로써 어린이가 그림을 이해하고 즐기도록 해야 함을 강조한 것이다.

당시 이원수는 "국민 경제의 빈곤"과 "가정에서의 아동지도의 무성의함"으로[06] 자녀를 위한 책을 사는 것도 또 함께 읽는 것도 쉬운 일은 아니었다고 말하는 상황을 볼 때 ③의 내용은 상당히 앞선 인식이라 할 수 있다. 그림책의 주된 독자인 어린이와 함께 그림책을 읽는 것은 교육뿐만 아니라 부모와 자녀의 친밀한 관계, 어린이의 독서 습관 형성에 도움이 되고, 넓게 보면 그림책에 대한 인식의 확장에 속할 것이다.

이처럼 강소천과 백영수의 그림책에 대한 인식은 당시로서는 매우 선구적이며 지금의 인식과 다를 바 없었다. 강소천은 1960년 당시 남향(6세), 미향(5세), 현구(2세) 세 자녀를 두고 있었기 때문에 유치원 동화와 그림책에 관심이 많았을 것이다. 또한 1958년 한국보육대학교를 시작으로 1959년에 이화여자대학교와 1960년에 연세대학교에 출강하였고, 이화여자대학교에서는 '아동문학' 수업을 처음 개설하여 강의했다. 특히 1958년부터 출강한 한국보육대학교 강의에서 그림책은 특별한 지위에 있었던 것으로 보인다.

두 살에 일본으로 건너간 백영수는 일본에서 미술 공부를 하였다. 당시 메이지 유신 이후 그림책을 제도적으로 권장하고 활성화하였기에 그는 일본 생활 중 좋은 그림책을 많이 접했을 것으로 보인다. 그림책에 대한 그의 인식이 우연의 산물이 아님을 짐작할 수 있으며, 표지화와 삽화 등 출판 미술에서 그가 이룬 성취를 주목할 필요가 있다. 백영수는 이러한 인식을 바탕으로 '어떤 그림책을 만들었는가'를 살펴보자.

4. 인식의 형상화

1) 『아기 토끼』의 형상화 양상

『아기 토끼』에 실린 첫 글은 이솝우화 「중재자 여우」를 다시 쓴 「싸우다가」이다. 펼침 면 2페이지에 간략한 글과 함께 빨간 틀 속에 상황을 보여 주는 그림이 네 장면으로 구성돼 있다. "고기를 가지고 싸웠습니다. / 서로 많이 먹겠다고 싸웠습니다. // "내가 꼭 같이 나누어 줄게." / 여우가 말했습니다. // "이쪽이 더 많군. 한입 먹구." / 저쪽이 커졌습니다. // "이번엔 이쪽을 먹구." / 고기는 그만 다 없어져 버렸습니다." 대화까지 모두 아홉 문장으로 된 글은 군더더기 없이 핵심만 말한다. 동어 반복(싸웠습니다.)과 상황 반복(이쪽이 더 많군. 한입 먹구. / 이번엔 이쪽을 먹구.)을 하며 이야기를 변화시키고 발전(고기를 가지고 싸움-여우의 개입-여우가 더 많은 것을 먹음-고기가 없어짐)시킨다. 강소천이 말한 유치원 동화의 글이면서 그림책 글의 모범이라 할 수 있다.

그러나 글만으로는 고기를 가지고 싸우는 인물이 누구인지, 여우는 누구와 어떻게 똑같이 나누겠다고 하는지, 여우가 고기를 나누어 주겠다고 하는 동안 인물은 무엇을 하는지, 이들은 어디에 있는지 등은 알 수 없다. 이렇게 모호한 상황을 그림이 이야기한다. 배경

---

06 이원수는 아동도서가 팔리지 않는 원인을 위의 두 가지와 학교에서 문학을 알아주지 않고 소년들의 독서지도를 않는 때문이라고 한다. 이원수, 「아동문학과 독서지도」, 『조선일보』, 1955. 4. 30.

1 「싸우다가」 첫 장면
2 「아기 돼지 삼형제」 첫 펼침면(선과 삼각형 필자 표시)

을 보여 주며 인물을 구체화하고, 여우의 손에 저울을 들려 주고, 여우가 고기를 먹자 놀라며 어쩔 줄 모르는 고양이들을 보여 줌으로써 글이 이야기하지 않은 세부를 이야기한다. 그러나 글에서 고기라고 하지 않았다면, "이쪽이 많군. 한입 먹구."와 같은 글이 없다면 그림 속의 빨간 덩어리가 빵인지 소시지인지, 여우는 왜 이런 행동을 하는지 등을 알 수 없다. 이로써 글과 그림의 상호 작용을 통해, 즉 백영수가 말한 것처럼 "그림과 말이 서로 도와서" 짧은 이야기가 완결되었고 강소천이 말한 "童話를 童畫로 그린 그림책"이 되었다.

「싸우다가」는 간결하지만 유려한 글과 글만큼이나 담백하면서 정감 있는 그림이 잘 어우러져 있다. 특히 빨간색 그림 틀이 인물의 행위에 집중하게 하고, 인물에게 빨간 옷을 입히고 길도 분홍색으로 처리하는 등 백영수의 색감이 돋보인다.

『아기 토끼』는 글과 그림이 조화롭게 이야기를 만든다. 간결하면서도 유려한 강소천의 글, 다양한 인물의 모습과 맞춤형 공간을 표현하는 백영수의 그림이 만나 당시로서는 서구적인 그림책이 되었다. 특히 글의 위치를 염두에 둔 화면 구성이 인상적이다. 그림 2처럼 글은 항상 화면의 상단에 나란히, 수평으로 배치하고, 그림은 아래 삼각형을 이루거나 인물들을 나란히 배치하여 수평 구도를 취한다. 이 때문에 편안하고 안정적인 분위기를 조성한다. 독자는 이러한 분위기 속에서 글과 그림을 함께 읽으며 이야기를 완성해 간다.

2) 『꼬마 눈사람』의 형상화 양상

그림책의 경우 글과 그림을 함께 쓰고 그리는 저자가 아니라면, 대체로 글이 먼저 나오고 글에 맞추어 그림을 그린다. 이는 그림을 고려해 글을 써야 한다는 뜻이다. 그러나 많은 그림책에서 그림이 삽화에 머무는 경우가 많다. 이는 글이 너무 많은 이야기를 하여 그림이 글의 보완과 확장의 역할을 하지 못하기 때문이다.

앞서 살펴본 「싸우다가」처럼 그림의 자리를 충분히 고려한 글은 흔치 않다. 이솝우화가 짧은 이야기이기에 이러한 글이 나왔다고 보기는 어렵다. 그림책의 글은 어떠해야 할까? 동화와 그림책의 글을 비교하여 알아보자. 강소천은 『아기 토끼』와 『꼬마 눈사람』에 이미 발표했던 단편 동화 세 편, 『아기 토끼』의 「아기 토끼와 버선」, 「허수아비와 아기 참새들」[07]과 『꼬마 눈사람』의 「크레용」을 각색하여 세세하였다. 별짐 1면 혹은 2면으로 제시한 이 동화는 원동화의 소재와 주제를 견지하며 사건을 축약하고 변용하며 일부분만 취하기도 한다. 「크레용」은 원동화인 「빨간 크레용 까만 크레용」[08]의 사건을 축약하였는데, 이 글에서는 「크레

[표] 원동화 「빨간 크레용 까만 크레용」과 『꼬마 눈사람』 중 「크레용」의 사건 구조

용」의 서사적 흐름을 분명히 보여 줄 수 있도록 시모어 채트먼의 정의대로 핵 사건과 주변 사건을 중심으로 정리하였다.

[표]를 보면 강소천이 동화를 그림책의 글로 각색하면서 어떻게 변용했는지 한눈에 알 수 있다. 두 이야기의 소재와 주제는 같지만 동화에서는 크게 세 가지 중심 사건(위 표의 밑줄 친 부분)과 주변 사건으로 이야기를 끌어가는 반면, 그림책에서는 두 가지 사건으로 축약해 변용한다. 이로 인해 이야기가 단순화되는데, 이는 길이가 줄어든 것만을 의미하지는 않는다. ③과 ⑦에 해당하는 부분을 구체적으로 살펴보자.

창근이는 크레용갑을 들고 밖으로 나갔읍니다.

마당에 의자를 놓고 앉아 앞에 바라보이는 마을을 그리기 시작했습니다. (중략)

그런데 제일 중요한 까만 크레용이 없어졌습니다. (중략)

빨간 것과 노란 것을 쥐었다 놓았다 하며 창근이는 연신 까만 크레용을 찾습니다.

―"까만 것도 쓸데가 있나 봐!"

보라색이 빨간 크레용 귀에다 소곤소곤 이야기했읍니다.

―"나도 별로 쓸데없는 줄 알았더니 참 많이 쓰네!"

「빨간 크레용 까만 크레용」, 『어머니의 초상화』, 배영사, 1963년, 79-80쪽

---

07 「아기 토끼와 버선」은 「아기 토끼와 양말」이라는 제목으로 1960년 『새벗』 3월호에 실린 작품에서 소재와 주제를 가져왔으나 사건은 없다. 상황을 제시하고 사고를 요하는 질문으로 구성되었다. 「허수아비와 아기 참새들」은 같은 제목으로 『강소천 아동문학가 스크랩북』 13권에 실린 글의 일부분만 취했다. 이 작품들은 강소천 사후 발행된 배영사(1963)와 교학사(2006)의 강소천 아동문학전집에 수록되었다.

08 「빨간 크레용 까만 크레용」은 1960년 『카톨릭 소년』 2월호에 발표된다. 이후 이 작품은 문장 몇 개를 수정해 같은 제목으로 『어머니의 초상화』(배영사, 1963)에 재수록되었다. 그리고 강소천 사후 배영사(1963)와 교학사(2006)가 간행한 강소천 아동문학전집에 수록되었다. 이 글에서는 강소천이 수정한 『어머니의 초상화』의 글을 정본으로 보고 비교한다.

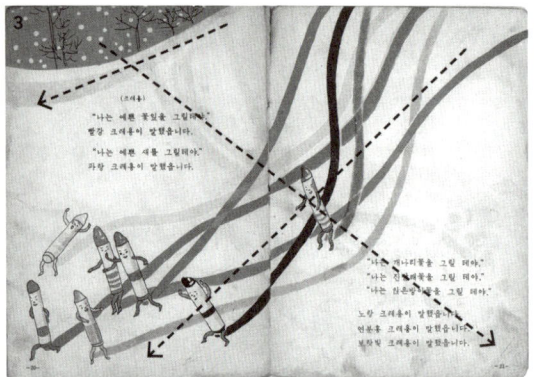

3 「크레용」 첫 장면의 대각선 구도(화살표 필자 표시)
4 상단에 배치된 글과 그림의 수평 구조 배치는 안정감을 준다

향아는 예쁜 아기 얼굴을 그립니다.
까만 크레용으로 그림을 그립니다.
반짝이는 눈동자를 그립니다.
곱게 빗은 머리카락을 그립니다.
까만 크레용은 무척 바쁩니다.
딴 크레용들은 보고만 있습니다.

「크레용」, 『꼬마 눈사람』 배영사, 1960년, 22쪽

두 인용문은 비교해보면 우선 분량의 차이가 크고, 변용되며 단순화된 양상을 확인할 수 있다. 「크레용」에는 「빨간 크레용 까만 크레용」에서 볼 수 없었던 서술어의 반복과 "까만 크레용은 무척 바쁩니다. / 딴 크레용들은 보고만 있습니다."라는 문장이 추가되었다. 이는 행간이 넓어 표면적인 의미 외에 다양한 의미를 찾을 수 있다.

표의 ⑤와 ⑥에서 자신이 그리고 싶은 것을 말하던 크레용들이 까만 크레용에게 무엇을 그릴 수 있는지 묻자 가만히 있는 까만 크레용을 보고 모두가 웃었다는 내용을 떠올린다면 "까만 크레용은 무척 바쁩니다."라는 문장이 단순히 바쁨을 드러낸 것은 아님을 알 수 있다. 보란 듯이 뻐기면서 그림을 그리는 것이다. 또 이 문장과 표의 '가만히 있는다'라는 술어를 연결하면 까만 크레용이 말보다는 행동을 보여 주는 묵직한 성격임을 알 수 있다.

위의 "딴 크레용들은 보고만 있습니다."라는 문장도 마찬가지다. 그저 까만 크레용을 보고 있었다기 보다 자신들이 그를 비웃었던 사실을 미안해하고, 얼마나 그리는지 두고 보자는 마음을 드러내거나 또는 까만 크레용의 진면목을 보고 내심 놀라는 것은 아닌지, 다양한 측면으로 해석할 수 있다.

이처럼 다양한 의미를 함축한 단순한 글은 좋은 그림책의 특성이다. 다양한 의미를 함축하는 글에서 어떤 것을 취해야 할지를 파악하는 데는 그림이 큰 역할을 하며 독자의 스키마도 한몫한다.

이 작품에서 주목해야 할 또 다른 부분은 화면 오른쪽 위에서 왼쪽 아래로 미끄러지듯 크레용들이 남긴 자취이다. 예쁜 꽃잎을, 예쁜 새를, 개나리, 진달래, 앉은뱅이꽃을 그리겠다는 크레용들의 수다와 어우러진 색색의 긴 선들이 밝고 경쾌하며 역동적으로 보인다. 이러한 분위기는 화면의 구도에서부터 드러나는데, 크레용들의 흔적이 만들어 낸 오른쪽 위에서 왼쪽 아래로 떨어지는 사선과 왼쪽 위와 오른쪽 아래에 배치된 글로 인해 오른쪽 아래에 꽂히는 사선이 대각선을 이룬다. 대각선 구도가 동일감을 주고 집중력을 높이고, 교차되며 흐르는 사선이 역동성을 부여한다.

한편 왼쪽 아래에 모여 있는 크레용들과 오른쪽 하단의 많은 글이 안정감을 준다. 이러한 안정감을 바탕으로 구축된 역동성은 「크레용」이 밝고 건강한 이야기임을 담보한다. 독자는 다양한 색의 조화와 유려한 선의 흐름을 즐기며 이야기에 몰입할 수 있다. 백영수의 말대로 감각으로 그림을 즐기는 것이다.

그림과의 조화 속에서 글을 배치했다는 점에서도 작가들의 안목을 엿볼 수 있는데, 이는 1권『아기 토끼』에서는 볼 수 없었던 배치이다.『아기 토끼』에서는 화면 상단에 고정되다시피 했던 글 자리가 2권『꼬마 눈사람』에서는 그림과의 관계 속에서 자유로워진다. 이러한 글 배치는 상당히 선구적이다.

마지막 장면에서도 지면의 상단에 수평으로 배치된 글과 하단의 깔개와 책을 연결하는 수평 구조 배치는 이중 수평 구조를 이뤄 안정적으로 마무리된다. '누구나 제 역할이 있다.'라는 건강한 주제를 글과 그림의 상호 작용을 통해 안정적으로 전달하는 것이다.

2권『꼬마 눈사람』은 1권『아기 토끼』에 비해 조금 더 세련된 느낌을 준다. 선의 역동성이 보다 뚜렷하게 드러나 분위기를 발랄하고 경쾌하게 만들기 때문이다. 크레용들이 지나가며 남긴 색색의 선을 비롯하여 자전거가 지나간 자리, 아이들의 발자국, 나무의 그림자까지 자유롭고 유려하며 역동적인 선의 흐름을 볼 수 있다. 또『아기 토끼』에서 주로 수평과 삼각 구도로 구성되던 화면은『꼬마 눈사람』에서는 수직, 대각선, 역삼각형 구도와 이것들의 결합 구도가 첨가되며 다채로워졌다. 글의 자리도 그림 구성에 따라 다양해졌다는 부분에서 이 작품의 성과로 볼 수 있다.

이렇게 강소천과 백영수는 그림책에 대한 그들의 앞선 인식을 바탕으로 글과 그림의 상호 작용 속에 펼쳐 놓으며 기존의 틀을 벗어났다. 1960년 전후, 교과서와 참고서를 제외하면 동화집, 위인전, 만화 정도만 볼 수 있었던 때에 강소천과 백영수는 그림책에 대한 분명한 인식으로 지금의 그림책과 비교해도 손색없는 뛰어난 그림책을 창작하였다. 강소천은 반복되면서도 단순하고 변화하는 글로 그림의 자리를 넉넉히 배려했다. 백영수 또한 글이 하지 않은 이야기를 그림으로 보여 주며, 자유롭고 유려하고 역동적인 선의 흐름과 다양한 구도로 다채로운 화면을 구성했다.

실증 자료의 부재로 우리 그림책에 대한 사적 기술이 아직 정밀한 체계를 잡지 못한 실정에서 1960년 출간된『아기 토끼』와『꼬마 눈사람』은 매우 소중한 자료이다. 우리 그림책 역사에서 빠져 있었던 한 부분을 채웠기 때문이다. 1권에 비해 2권이 발전된 양상을 보인다는 부분도 고무적이다. 1권을 만든 경험이 2권의 완성도를 높였다는 점을 고려하면 시리즈의 나머지 책에 대한 기대도 품게 된다.

6장
성장하는 우리 그림책
(1988~2003년)

지금까지 살펴본 자료를 바탕으로 하면 해방 직후인 1946년에 우리 손으로 만든 그림책이 처음 나타난다. 이후 혼란한 해방공간과 한국전쟁을 겪으며 그 명맥을 이어가지 못하고 외국 그림책을 무단 복제하던 시절이 있었고, 어린이의 흥미나 수준을 반영하지 못한 전집이 성행하며 활개 친 시기를 지나면서 그림책 역사의 40여 년이 그렇게 흘렀다. 그동안에도 그림책에 대한 선구적인 인식으로 그림책다운 그림책이 가끔 출간되면서 그림책 발전을 위한 물적 토대를 만들어갔다. 또한 서구의 수준 높은 그림책들이 본격적으로 소개되면서 그림작가(illustrator)들의 새로운 움직임이 나타났고 교육제도가 정비되었고 인쇄 기술도 발달하였다.

이러한 토대 위에 1988년 드디어 본격적인 단행본 창작 그림책이 탄생하였고, 이를 계기로 그림책이 독립적인 예술 매체임을 확인했다. 덕분에 성장의 동력을 얻은 우리 그림책은 일신우일신 앞으로 나아갔다. 이 시기에 출간된 단행본 작품들은 지금까지 쇄를 거듭하면서 재출간되고 독자들에게 사랑받는 명실상부한 우리 그림책의 고전으로 자리 잡았다. 이 절에서는 그 성장 요인과 이 시기의 대표적인 그림책들을 살펴본다.

1. 사회의 변화와 새로운 독자

1980년대 후반부터 90년대까지 우리 사회는 많은 변화를 겪게 된다. 오랜 민주화 운동이 성과를 얻으며 사회 민주주의가 정착되자 주역인 386세대[01]들이 가족과 자녀교육에 관심을 기울이게 되었다. 경제적인 부분으로는 1986년부터 1989년에 이르는 저유가·저달러·저금리의 이른바 '3저 현상'으로 우리 경제는 유례없는 호황을 누렸다. 이 시기에 중산층[02]의 비중이 늘면서 '마이카(My Car)' 시대의 도래를 눈앞에 두고 있었다.

---

[01] 386세대는 1980년대리는 시대의 산물로 1990년대 정치권과 언론에서 유포한 용어이다. 1990년대에 30대이며, 1960년대 태어나서 1980년대에 대학 생활을 한 세대를 일컫는다. 이 용어에는 80년대 민주화 운동을 한 세대들의 자부심과 그들을 보는 타자의 선망이 함께 어우러져 있다고 보인다.

[02] 신광영은 중산층의 핵심적인 의미를 크게 두 가지로 나누는데, 하나는 경제적으로 영세민보다는 낫고 상류층보다는 못한, 어느 정도 안정된 계층을 말하고, 다른 하나는 근대화의 산물로서 산업화, 도시화와 관련된 계층으로 흔히 도시 중산층이라는 용어와 같은 의미로 사용된다고 한다. 이 글에서 언급하는 중산층도 이와 같은 개념이다(신광영, 「중산층 살리기는 사회 양극화의 해소의 해법인가?」, 『한국사회학회 기타간행물』 2006, 25-26쪽).

이렇게 산업화와 민주화를 모두 달성한 국민이라는 자부심이 팽배했던 시기, 88올림픽을 치르며 우리는 다시 '우리 것이 좋은 것'이라는 자부심으로 무장한다.

이런 시대적 변화는 그림책 독자층을 확보하는 계기가 되었다. 386세대는 독서와 미디어의 힘을 잘 알고 있었고, 발전하는 우리 사회의 주축으로서 자부심도 있었다. 1990년대는 바로 이들이 가정을 꾸리고 부모가 된 시기였다. 이전 세대보다 풍족한 환경에서 자녀와 시간을 보내고, 교육의 중요성을 잘 알기에 자녀 교육에 대한 투자도 적극적이었다. 1994년에는 대학입시가 학력고사에서 수학능력고사로 바뀌며 사고력을 중시하고 조기 독서교육이 확산했다. 아동 독서 시장은 이미 1990년대 초반부터 새로운 시대 새로운 교육으로서 영역을 확장하고 있었다. 386세대 주부들은 특히 자녀에게 좋은 책을 골라 읽히려는 욕구와 열의가 넘쳤다. 이들은 자녀와 함께 책을 읽으며 독서 습관을 들였고, 비판적 독자로서 자신의 자리를 잡아갔다. 자녀들을 유치원이나 학교에 보낸 뒤에도 함께 모여 어린이 책을 읽고 의견을 나누며 그림책 생태계의 한 축을 담당하게 된다. 새로운 독자층에 맞추어 출판계도 변할 수밖에 없었다. 기존의 그림책과 구태의연한 전집류나 불법 복제 출판물로는 이들의 요구를 채울 수가 없었다.

변화의 바람은 출판계 외부에서도 불어왔다. 시민들이 느낀 가장 큰 변화는 1991년의 '방문판매법' 제정이었다. 이는 1980년대 중반부터 시작된 미국의 시장개방 압력에 대한 대비이자 끊임없이 문제가 된 방문판매 피해에 대한 구제책의 일환이기도 했다. 1991년 '방문판매법'의 핵심은 '구매 후 7일 이내 해약할 수 있는 권리'와 '계약 체결 강요', '부당 권유 금지'였다.[03] 그 결과, 전집물 할부 판매는 직접적인 타격을 입었다.

1987년 세계저작권협약(UCC)에 가입했고, 우루과이 라운드 협상 결과에 따라 1996년 저작권법이 개정 시행되면서 베른조약에도 가입하게 된다. 이에 따라 관행적으로 이루어지던 불법 복제 출판이 근절되었고 국내외 저작물의 저작권 보호가 이루어지면서, 우리 작가들의 창작물이 나올 수밖에 없는 환경이 마련되었다.

이런 사회 변화와 새로이 등장한 독자층은 우리 그림책의 성장을 이끈 동력이 되었다.

2. 그림책 생태계의 형성

생태계는 어떤 환경에서 살아가는 생물과 그 생물을 둘러싸고 영향을 미치는 모든 요인을 포함한 체계를 말한다. 생물이 좀 약하더라도 그를 둘러싼 생태계가 건강하면 생물은 건강하게 잘 자랄 수 있다. 지난 시기(1946-1987)까지는 그림책이라는 생물이 이식된 후 이 땅의 토양 속에서 제 자리를 찾고 뿌리를 내리는 과정이었다고 볼 수 있다. 주변 생태계라고 할 만한 깃은 그림책을 보는 시선과 인식이 조금씩 변화되었다는 점 뿐이었다. 교육의 재정비나 출판 유통 환경이 개선된 것은 그림책을 위한 것이라고 할 수는 없다.

그러나 1988~2003년에 이르는 시기에 비로소 그림책을 위한 생태계가 형성되기 시작하였다. 다양한 요인들이 그림책 생태계를 형성하기 시작했다. 그 처음은 그림책 이론서를 꼽을 수 있다. 1990년 6월 현대 일본 그림책의 탄생과 그 황금기를 이끈 두 출판사 중 한 곳인 후쿠인칸쇼텐(福音館)의 회장인 마쓰이 다다시의 『어린이와 그림책』(이상금 역, 1990)이 출간되었다. 이 책은 편역자 이상금이 마쓰이 다다시가 일본에서 출간한 『그림책이란 무엇인가』(1973), 『그림책을 보는 눈』(1978), 『나의 그림책론』(1981), 『그림책을 읽는다』(1983),

---

03 당시 신문기사에는 방문판매 피해 사례가 상당히 많이 등장했고 (「책 테이프 속임수 방문판매 판쳐」, 『동아일보』, 1990. 5. 1 ; 「소비자 고발 크게 증가」, 『매일경제』, 1990. 9. 20 등) 방문판매법 시행과 관련된 기사에서는 '해약할 수 있는 권리'를 부여했다는 내용을 강조했다(「"소비자가 왕" 법으로 보장한다」, 『조선일보』, 1991. 6. 16 ; 「방문판매 피해구제 확대」, 『경향신문』, 1991. 6. 9 ; 「방문판매 취소 1주일 내 가능」, 『경향신문』, 1991. 6. 20 등).

『그림책의 시대』(1984)에서 생소한 그림책이나 편집에 관련된 전문적인 이야기는 생략하고 우리에게 맞는 것만을 추려 엮은 것이다. 이 책은 그림책을 보는 안목을 높여줄, 그야말로 알곡만 추려놓은 그림책 안내서였다. 비전문가도 쉽고 편안하게 읽을 수 있어 지금까지도 독자의 호응이 높다. 이후 이상금은 『어린이 그림책의 세계』(마쓰이 다다시 글, 1996)를 다시 출간한다. 앞서 나온 책보다는 그림책 비평서의 성격이 짙은데, 세계적으로 인정받는 그림책 21권을 자세히 풀어놓았다.

신명호의 『그림책의 세계』(1994)가 출간되어 서구 그림책의 역사와 작가, 작품 등을 상세히 소개했다. 2000년에는 최윤정의 『슬픈 거인』이 출간된다. '어른들을 위한 어린이책 길잡이'라는 부제에 어울리게 아동문학 전반에 대한 평론집과 그림책 서평이 들어 있다. 이어 본격 그림책 평론인 『그림책』(2001)을 저술하였는데, 아주 따끔하고 날카로운 평론이었다. 2004년에는 『그림책의 그림 읽기』(현은자 외)와 『똑!똑!똑! 그림책』(김이산)이 출간된다. 현은자는 이론가로서 그림책의 글과 그림의 관계에 보다 비중을 두었다면, 김이산은 프랑스에서 그림 공부를 한 화가의 시각에서 그림책의 그림을 분석했다. 우리나라에서 본격적인 그림책 이론서가 출간되었다는 의의가 크지만 다른 책들이 대부분 번역 책이라는 한계는 있었다. 물론 이런 경향은 당시 번역 그림책이 더 많은 우리 그림책 출판 상황과 우리 그림책 보다 높은 수준을 보여주는 것이었다.

이 외에 마리아 니콜라예바의 『용의 아이들』(1998)과 페리 노들먼의 『어린이 문학의 즐거움』 1, 2(2001)이 나온다. 이 책들은 수준 높은 아동문학의 이론을 보여주며 한 장을 할애해 그림책에 대한 이론도 풀어놓았다.

이에 발맞추듯 그림책 연구와 서평을 싣는 잡지들이 출간되며 그림책을 제대로 읽고 평하는 분위기가 마련되었다. <월간 Illust>는 1997년 9월 준비호를 발행한 후 호의적인 반응에 힘입어 1998년부터 유가지 계간지로 발행되다가 1999년 9월호부터 월간지로 발행되었다. 전문적인 내용을 실으면서도 일러스트레이션에 대한 일반의 인식을 넓힐 수 있도록 만들어졌

다. 1999년 1월에는 <꿀밤나무>가 창간된다. 그림책 편집자, 작가, 기획자, 디자이너, 일러스트레이터 등 여섯 명의 기획위원이 포진해 있는 전문적 비평지인데 2002년 6월 제10호를 마지막으로 휴간되었다. 그 외에 아동도서를 소개하고 평하는 잡지가 창간되며 그림책을 소개하고 평했다. 2001년 1월 웹진으로 시작해 2002년 12월호부터는 책자로 간행된 <열린어린이>가, 2003년 4월에는 <창비어린이>가 창간되었다. 이런 잡지들은 아동문학과 좋은 어린이책을 소개하며, 다양한 형식의 비평 문화를 형성했고, 지금까지 활발히 아동문학과 그림책에 대한 담론을 만들어내고 있다.

이러한 이론과 평론의 장이 그림책 생태계의 한 축을 이루었고, 또 다른 축으로는 아이들이 더 다양한 그림책을 접할 수 있는 공간 마련이었다. 서울시립도서관에 최초로 유아방이 만들어졌고, 1979년 '세계 아동의 해'를 기념하여 서울시립어린이도서관이 최초의 공립 어린이도서 전문 도서관으로 개관하여 그림책만 비치된 유아방을 갖추었다. 2000년대 들어 공립 도서관들이 개설되어 독자와 그림책을 이어주는 역할을 했다. 2003년에는 '책읽는사회만들기국민운동'과 MBC가 공동 주최한 '기적의 도서관' 프로젝트로 전국에 민과 관이 협력하는 어린이 도서관이 생기면서 다양한 그림책을 손쉽게 만날 수 있게 되었다.

책과 독자를 잇는 단체들도 생겨났다. 어린이도서연구회(1980)는 비교적 이른 시기에 어린이책의 비평, 권장도서 목록집 발간, 동화 읽는 어른 전국모임 결성, 독서 교실 개최 등으로 어린이책과 그 주변 환경을 활성화하는 데 힘썼다. 처음 시민운동의 하나로 시작된 조직은 시간이 흐르면서 조직이 거대해지고 또 이곳의 선정도서가 판매에 영향을 미치게 되자 상업성 논란도 있었다. 이 외에 1989년 발기한 한우리독서문화운동본부는 '독서문화대학', '아동문예아카데미', '사내아카데미' 등 독서문화운동을 펼치면서 자체적으로 독서지도사 과정 등을 운영하는 그야말로 독서를 매개로 한 거대 단체가 되었다. 이들 단체의 필독도서로 지정되면 1천5백 부~1만 부 정도가 납품되기도 하면서

『백두산 이야기』(©류재수, 보림, 2018) 표지 개정

(2004년 기준) 초기의 순수성은 퇴색하고 상업성을 추구하는 단체라는 비판을 받기도 했다. 그러나 이런 단체들이 양서를 추천하고 독서 인구를 늘리면서 독서 시장을 확장하는 등 긍정적인 영향을 미친 것만은 부인할 수 없다.

책과 독자를 매개하는 곳으로 서점도 빼놓을 수 없다. 1990년 이화여자대학교 후문 근처에 <초방>이라는 어린이 책방이 문을 열었다. 처음에는 어린이책을 판매했지만 1999년 그림책 서점으로 전문화하고 2003년에는 출판까지 겸하는 서점 겸 출판사로 확장했다. 우리 전통문화와 관련된 그림책 출판을 주로 하며, 그림책을 주제로 한 워크숍을 꾸준히 개최하여 우리 그림책 성장에 큰 몫을 했다. 초방 이후 시민운동 차원에서 운영되는 전문서점이 90여 개로 늘어났으나 IMF를 겪으면서, 또 온라인 서점 등에서 할인 판매가 늘기 시작하면서 2000년 들어 그 수는 절반 정도로 줄었다.[04] 그러나 이 시기에 등장한 어린이책 전문서점은 다음 시기 그림책 전문서점으로 전환되는 동기가 되었고 그림책 전문 출판사의 등장과 활약을 이끄는 역할을 했다.

작가 양성 교육기관을 통한 역량 있는 신인 작가의 배출도 생태계의 중요한 영역이나 이 시기까지는 미미했다. 1999년 한겨레교육문화센터에 일러스트레이션 강좌가 개설되고 2004년에는 서울시립대학교 디자인대학원에 일러스트레이션 전공 과정이 개설되었다. 미약한 걸음은 다음 시기에 공적, 사적 작가 양성기관 설립의 첫걸음이 되었다.

이 시기는 그림책 이론과 비평의 영역, 독자와의 만남이라는 공적인 장과 사적인 장, 전문서점과 출판사, 그리고 작가 배출에 이르기까지 그림책 생태계의 여러 요인이 형성되기 시작했다. 각각의 영역은 서로 연동되어 부침을 겪기도 했지만 하나가 쇠하면 다른 하나가 흥하며, 다음 시기 우리 그림책이 도약하는 발판을 구축했다. 그리고 2016년 우리 그림책의 진흥과 그림책 장르의 독립을 위해 뛰는 '그림책협회'가 결성되는 단초가 되었다.

3. 본격 창작 단행본 그림책과 그 성격

류재수의 『백두산 이야기』(초판, 2009)는 20세기

---

[04] 이기호, 「엄혹한 시장 논리가 지배하는 그림책 시장」, 『북페뎀』, 한국출판마케팅연구소, 2004 겨울호, 74쪽.

사람과 동물들을 짓밟는 흑두거인의 발. 『백두산 이야기』 ©류재수, 보림

마지막에 새로 쓴 창조신화다. 우리는 이 책을 본격적인 창작 단행본 그림책이라 부른다. 이전에도 창작 단행본 그림책은 있었지만 『백두산 이야기』는 새로운 그림책의 형식을 지녔고 작품의 주제가 지니는 의미와 작품의 위상이 타의 추종을 불허하기 때문이다. 한마디로 우리 그림책의 역사는 류재수의 『백두산 이야기』 이전과 이후로 나뉜다.

류재수가 새로 쓴 창조신화 『백두산 이야기』는 초판본 기준으로 책 크기가 305×250mm이고 본문 64쪽으로, 이전에는 볼 수 없었던 초대형 그림책이다. 그러나 이와 같은 형태적 측면의 거대함보다도 작품의 형식과 내용의 웅장함과 깊이가 더 넓고 깊다.

『백두산 이야기』는 하늘과 땅이 맞붙어 어두운 기운만이 소용돌이치던 세상이 하늘과 땅으로 갈라지며 그 안에 생명이 탄생하여 조선을 세우고 고난을 극복하며 백두산을 중심으로 하나가 되는 이야기다. 류재수가 새로이 쓴 창조신화는 과감한 구도와 표현주의풍의 거칠고 힘 있는 붓 터치를 통해 그 웅장함을 폭발적으로 보여준다. 그러면서도 땅의 색인 황토색을 주조로 하고 빛과 어둠의 대비를 효과적으로 사용하여 정적이면서도 소박함과 편안함마저 느끼게 한다.

특히 눈길을 끄는 장면은 고구려 고분 벽화 <수렵도>와 <사신도>에서 빌려온 산의 모습, 말을 달리는 무사의 모습과 뒤엉켜 싸우는 백호와 청룡의 모습, 그리고 탈춤과 농악놀이로 기우제를 지내는 모습들이다. 우리 민족적 색채가 짙은 이 장면들은 웅장하고 역동적이다. 큰 판형이 이것을 더욱 효과적으로 보여준다. 상호텍스트성이 작품 속에 잘 녹아들었다고 보이는데, 후대 작품에서 이 책의 장면들이 다시 상호텍스트화된 모습을 볼 수 있어서 흥미롭다.

또 조선을 침략하는 흑두거인의 거대한 발을 보여주는 장면은 매우 상징적이다. 그 거대한 발에 많은 사람과 동물이 죽어 나가는 장면은 우리 근대사를 떠올리게 하고, 그리 멀지 않은 현대사를 소환하기도 한다. 김용옥은 「신화란 무엇인가?」에서 발톱과 발목으로 처리된 이 이미지는 작가가 광주대학살 소식을 듣고, 그 울분을 형상화한 것이라고 하였다.[05]

이런 우리 사회의 갈등과 분열은 언제나 있었다. 그것이 때로는 외부의 침략 때문이었고, 그보다 자주 우리 내부의 문제이기도 했다. 류재수가 새로 쓴 이 창

05　김용옥, 「신화란 무엇인가?」, 『백두산 이야기』, 통나무, 1988, 19쪽.

조신화는 이런 갈등과 분열 속에서 살아가는 우리가 누구나 공감할 수 있는 것, 평범한 날이나 위기의 날에도 한 가닥 소망과 꿈을 안고 살아가는 것, 그것이 삶이라는 것을 이야기한다.

아이들이 이 작품을 좋아하는 이유는 무엇일까? 해와 달을 손으로 잡을 수 있고, 그대로 백두산이 되는 거인들의 모습은 온전히 나타나지 않는다. 청룡과 백호로, 독수리와 학으로 변신한 모습만 보여줄 뿐이다. 또 잠이 들어 백두산으로 변하는 모습도 산과 결합해 온전한 거인의 모습은 아니다. 어린이들은 좋은 백두거인과 나쁜 흑두거인의 모습을 보기 위해 무한한 상상을 펼친다. 이야기를 따라 마음껏 상상하면서 재미를 느낀다. 물론 그림체가 가진 역동적이면서도 정적인 분위기도 이야기를 따라가는 어린이들의 몰입을 부추긴다.

이 작품은 1990년 일본에서 『산이 된 거인』이라는 제목으로 후쿠인칸쇼텐(福音館)에서 출간되었는데, 이때 마쓰이 다다시 회장은 이렇게 평하였다.

"이 책은 이제까지 출판된 어린이 그림책과는 달리 달콤하지도 아름답지도 않다. 하지만 이것이 곧 이 책의 장점이자 매력이다. 이 그림책은 살아 있는 것과 생성되는 것을 보여주고, 우리 이웃 나라인 한국 사람들의 꿈과 기원을 읽을 수 있어 그들을 이해하는 데 도움이 된다. (줄임) 예쁜 그림책만 넘치는 가운데 이 책의 출판은 의의가 크다."

정병규, 『우리 그림책 작가를 만나다』, 보리, 2018, 130쪽

"이제까지 출판된 어린이 그림책과는 달리 달콤하지도 아름답지도 않다"는 그의 말은 우리에게도 해당하는 말이었다. 당시는 원색의 알록달록하고 귀엽고 예쁜 그림이 대부분이던 그림책의 시대였다. 그런 분위기 속에서 어찌 보면 거칠기까지 한 붓 터치가 넘치고 명도와 채도가 낮은 그림들은 낯설고 충격적으로 느껴진다. 기존 그림책의 모습을 넘어선 새로운 형식과 웅장함은 우리 그림책의 새로운 시대를 열어주었다.

다음과 같은 정병규의 말은 이 작품을 다시 돌아보게 한다.

탄탄한 이야기 흐름과 신화를 쉽게 해석해 낸 것, 고분벽화를 떠올리게 하는 원시성, 이 모두를 떠받쳐 주는 두터운 붓놀림의 입체감과 기법을 넘어선 탄탄한 회화성이 있었기에 가능한 일이었다.

정병규, 앞의 책, 132쪽

『백두산 이야기』가 우리 그림책 역사에 한 획을 그으며 명작과 전래동화 전집 시대에서 창작 단행본 그림책 시대로의 전환을 가능하게 했다는 말이다.

7장

1990년대 대표적인 우리 그림책

7장에서는 이 시기(1988-2003) 대표적인 그림책을 전집과 단행본으로 나누어 살펴본다. 이 시기에 내외적으로 단행본 그림책이 출간될 수 있는 환경이 조성되었다. 내적인 요인은 1991년 12월 방문판매법이 제정되어 할부 판매가 위축되면서 할부 판매의 주된 상품이었던 전집류가 퇴조하였다. 외적으로는 저작권법이 강화되었다. 우리 출판계는 1987년 세계저작권 협약(UCC)에 가입하면서 그해 10월 1일부터 적용을 받는데, 1996년 이보다 더 엄격하게 또 우선해서 저작권을 보호하는 베른조약에 가입하여 그해 7월부터 단행된다. 이런 변화에 따라 새로운 일러스트레이션, 새로운 그림책을 고민하게 되었고 그 결과물이 시장에 나타나기 시작한다.

1. 대표적인 그림책 : 전집

1) '이우경 그리고 어효선 다시 쓴 그림 한국전래동화' 20권. 교학사, 1988

'이우경 그리고 어효선 다시 쓴 그림 한국전래동화'는 시리즈물로서는 그때까지 나온 판형 중 가장 큰 228×300mm 크기로 1권에 두 편씩 모두 40편의 옛이야기를 담았다. 시리즈의 모든 이야기를 온전히 어효선이 글을 쓰고 그림작가 이우경이 그렸다. 지금까지 이런 예는 없었는데, 이 시리즈가 2000년대 중반까지 판매될 정도로 독자의 호응도 상당히 높았다. 이런 호응에는 구어체로 간략하고 생생하게 풀어놓은 어효선의 글도 좋지만, 이우경의 허허실실한 그림도 큰 몫을 했다고 보인다.

이우경(1922-1998)은 1943년부터 출판미술에 몸을 담은 그야말로 이 분야의 터줏대감 가운데 한 사람이다. 그의 작품은 "우리 문화와 풍습에 뿌리를 둔 이야기와 전통 색채를 사용해, 이야기 그림책 세계를 현대적으로 새롭게 해석해 냈다."[01]고 평가받는다.

이 시리즈에서 이우경은 큰 판형을 자유자재로 활용하며 민화풍의 회화적인 그림을 매우 대범하게 배치했다. 캐리커처 같이 속도감 있는 선과 화려한 채색, 굵은 붓 터치로 해학적인 분위기도 연출했다. 작품마다 수채, 아크릴, 포스터물감, 펜 등 다양한 재료를 이용하여 어린이가 그린 것 같은 느낌이 들 정도로 자유분방하게 표현했다. 하지만 한 장면 장면을 살펴보면 치밀하게 계산된 구도가 있다는 것을 발견하게 된다.

---
01   정병규, 『우리 그림책 작가를 만나다』, 보리, 2018, 48쪽.

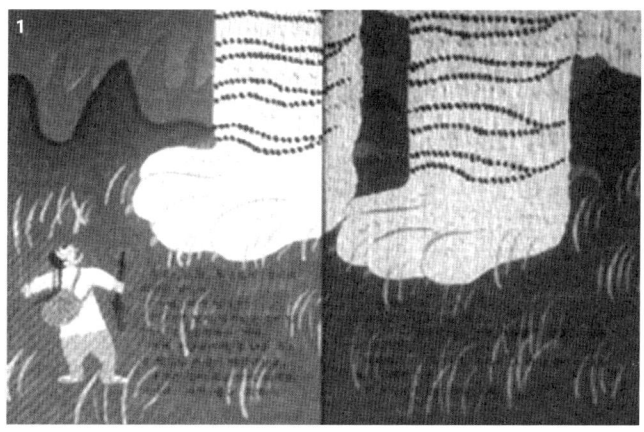

1 '이우경 그리고 어효선 다시 쓴 그림 한국전래동화' 시리즈 1권 『금강산 호랑이』의 한 장면 ©이우경
2 '위대한 탄생' 28권 『호랑이와 곶감』의 표지
3 감성발달을 돕는 책 만 3, 4세용 『거꾸로 도깨비』의 표지
4 앞표지 뒷면에 붙어 있는 판권과 '어머님께'

　1권 『금강산 호랑이』는 대범한 화면 구도가 먼저 눈에 들어온다. 거대한 발이 화면을 거의 다 차지하는 구도는 거대하고 위협적인 호랑이를 상상하게 한다. 그러나 이어지는 장면에서 만나는 호랑이의 모습은 웃음을 터뜨리게 한다. 그는 이렇게 매우 의도적인 구도를 써서 해학성을 배가한다. 이우경 그림의 특징은 2005년 '파주출판도시 어린이책잔치'에서 열렸던 '이우경 특별전' 도록에 잘 정리되어 있다.

　이우경이 그린 전래동화 속에는 특징 있는 여러 가지 표정을 '뚱'하게 짓고 있는 주인공 캐릭터와 민화 속에 나오는 동물들 모습이 재미있게 어우러져 있다. 배경이 되는 전통 가옥과 산수가 원색으로 단순하게 구성되어 있는가 하면, 무의미한 추상적 표현이 배경 연출로 등장해서 보는 이로 하여금 신선하고 화려한 기분을 느끼게 해 주고 있다. 작가는 표현하는 방식을 다양하게 실험하면서 얻어진 엄격한 조형 및 균형 속에서 이런 것들을 선택하고 있다. 이런 것들이 이우경의 그림을 한층 고급스럽게 보이게 한다.

정병규, 앞의 책, 51쪽

　교학사의 『금강산 호랑이』는 1987년 동서문화사 '베베봉봉 시리즈'에서 두 권으로 나뉘어 출간된 『금강산 호랑이』의 장면 중에서 주요 장면을 추려낸 것 같다. 두 책은 표지와 장면 묘사, 그림 수는 다르지만 같은 그림을 싣고 있다. 이는 그 당시 혼란했던 우리 그림책 영역의 출판 관행을 보여준다.

2) '위대한 탄생' 시리즈 총 144권, 보림, 1989

　'위대한 탄생' 시리즈는 우리나라 옛이야기 그림책과 창작 그림책, 번역 그림책 등 다양한 구성을 갖추었다. 0세에서 7세까지 단계별로 나누어 1차, 2차, 3차로 구성된 총 144권의 전집이다. 세계 유명 전래동화와 창작 그림책 108권과 한국 전래동화와 창작 그림책 36권으로 구성되어 있다.

　당시 불법 복제 그림책의 경우, 그림책의 그림을 필름으로 만들어 인쇄하고 한글을 삽입하는 방식으로 만들어졌다. 원작과 비교해서 색상이 떨어지고 번역도 좋지 못했다. 또 원작은 판형이 제각각 달랐는데 불법 복제하면서 같은 판형의 전집으로 묶었기 때문에 원화가 잘려나간 경우도 비일비재했다.

　'위대한 탄생'의 경우도 같은 판형으로 출간하느라 원작의 특성을 살리지 못했다는 아쉬움이 있다. 그러나 번역자가 명시되어 있다는 점에서 여타의 해적

판 그림책들과는 달랐다. 또 면지, 판권면, 글작가와 그림작가 소개와 책의 내용에 따른 <엄마가 보는 도움의 말> 등을 넣어 요즘 그림책과 구성상의 차이도 없다. 우리나라 창작 그림책의 경우는 글과 그림이 각각의 서사를 가질 뿐만 아니라 상호작용을 하며 새로운 이야기를 만들어낸다는 점에서 그림책의 발전양상을 살펴볼 수 있는 책이다. 또한 본격 그림책 시대를 예고하며 일본을 벗어나 다양한 나라의 수준 높은 그림책을 소개했다는 의의가 있다.

3) '올챙이 그림책' 시리즈 전60권, 웅진출판사, 1990~1993

'인지 발달을 돕는 책', '감성 발달을 돕는 책', '바른 습관 형성을 돕는 책', '통찰력 형성을 돕는 책', '자연 관찰을 돕는 책', '가치관 형성을 돕는 책'이란 주제로 10권씩 구성됐다. 2007년 보리 출판사로 판권을 옮겨 '개똥이 그림책' 시리즈로 출간하였고, 2011년 다시 휴먼어린이로 판권이 넘어가 현대적 감각에 맞게 재편집해서 출간했다.

우리 창작 그림책 초창기 시리즈로 전집물이지만 낱권 구매가 가능하고, 책값도 2천 원으로 저렴하여 그림책의 대중화에 기여했다. 정승각, 김환영 등 현재 대가로 불리는 작가들이 대거 참여해 각기 다른 화법을 구현했다.

이 시리즈는 동일한 크기의 작은 책(A4절반 정도)으로 원화의 위아래가 잘려나간 그림이 많았고 면지 없이 본문 마지막 페이지와 뒤표지가 붙어 있다. 이 때문에 도서관 대출카드가 마지막 페이지에 붙어 있어[02] 아쉬움이 컸다. 이 같은 일은 현대 그림책에서 중요시되는 파라텍스트에 대한 개념이 아직 확고하지 않은 채 인쇄비를 줄이기 위한 방책으로 이용되었기 때문일 것이다. 앞표지 뒷면에는 판권 안내와 함께 각 책이 내용에 따른 읽기 지침을 '어머님께'라는 코너를 두어 소개했다.

1 1992년 『도깨비와 범벅장수』 표지
ⓒ한병호, 국민서관
2 2005년 『도깨비와 범벅장수』 표지
ⓒ한병호, 국민서관

2. 대표적인 그림책 : 단행본

1) 옛이야기 그림책
① 이경애 글, 한병호 그림, 『도깨비와 범벅장수』, 국민서관, 1992

국민서관의 '한국의 민화' 시리즈 중 한 권이다. 가난한 호박범벅 장수가 장터에서 팔지 못한 범벅을 이고 수심이 가득해서 집으로 돌아가는 길에 도깨비를 만난다. 도깨비들은 호박범벅을 맛있게 먹고 금과 은으로 독을 가득 채워준다. 다음날 장수는 더 큰 독에 범벅을 채워 도깨비들에게 주고 더 많은 금과 은을 얻는다. 범벅장수는 집과 땅을 사들이며 부자가 되자 더 이상 장사를 하지 않는다. 범벅장수를 기다리고 기다리던 도깨비들은 그가 가진 것을 모두 빼앗기 위해 범벅장수의 집과 땅에 말뚝을 박아 밤새도록 끌고는 범벅장수가 다시 장사하게 될 것이라며 기뻐한다.

한병호의 그림은 수심 가득한 얼굴, 도깨비를 만나 놀라고 두려워하는 얼굴, 다시 범벅을 가져다주는 욕심 가득한 범벅장수의 얼굴과 영물이지만 어리숙하고 익살스러운 이웃 사람 같은 도깨비의 모습이 검은 밤을 배경으로 잘 이우러져 있는, 시금 봐도 손색이 없는 훌륭한 그림이다. 특히 도깨비의 전형을 창조했다

---
[02] 현은자·김세희, 『그림책의 이해 I』, 사계절, 2004, 185쪽.

고 볼 수 있는데, 얼룩무늬 팬티, 도깨비 뿔, 도깨비방 망이는 지금도 도깨비를 묘사하는 전형이다. 여기에 한병호는 파랑과 녹색, 빨강에 흰색을 많이 섞어 독특한 도깨비의 피부를 표현했다. 앞면지는 없고 뒷면지에 실린 깊이 있는 해설도 좋다.

이 책은 이상교 글, 한병호 그림으로 2005년 다시 선보인다. 옛이야기를 살리기 위해 세로 궁서체를 썼다. 이상교의 입말체가 구수하고, 도깨비의 전형이 된 한병호의 그림은 검은색 효과가 더해져 더욱 세련되어졌다. 또 가로 판형에서 세로 판형으로 바뀌면서 또 다른 화면 구성으로 이야기를 더 실감 나게 했다. 한지 느낌을 살린 표지도 잘 어울린다.

② '솔거나라' 시리즈, 보림
- 정근 글, 조선경 그림, 『마고할미』, 1995
- 이형구 글, 홍성찬 그림, 『단군 신화』, 1995

'솔거나라' 시리즈는 권별로 내용에 맞는 표지와 제목을 구성하고 면지와 판권면, 속표지, 뒷면지 등으로 파라텍스트가 잘 구성되어 있다.

특히 정근이 글을 쓰고, 조선경이 그림을 그린 『마고할미』는 종이를 코팅하여 표면에 광택이 나는데, 이 때문에 컬러의 선명함과 신비로움이 강화되었다. 또 스프링 제본과 종이를 접지하는 방식을 써서 책의 물질성을 확대하며 내용을 담보한다는 점에서도 당시로는 획기적인 구성이다. '마고'는 우리의 창세 신화와 관련된다. 이와 관련된 이야기는 강화도, 해남, 지리산, 경남, 경북, 강원도, 제주도 등 전국에 산재해 있다. 육지에서는 마고 할미라고 전해지고 제주도에서는 설문대할망이라 부른다. 거대한 여신 마고가 움직이는 대로 산과 강, 바다, 섬, 성 들이 만들어졌다는 전설이 내려온다.

조선경은 이 책으로 1995년 한국어린이도서상 일러스트레이션 부문 문화체육부 장관상을 받았다. 홍익대에서 시각디자인을 전공한 후 미국 유학을 하고 미국에서 잘 나가는 일러스트레이터로 활동하다가 돌아와서 낸 첫 그림책이 『마고할미』다. 같은 해 미국에서

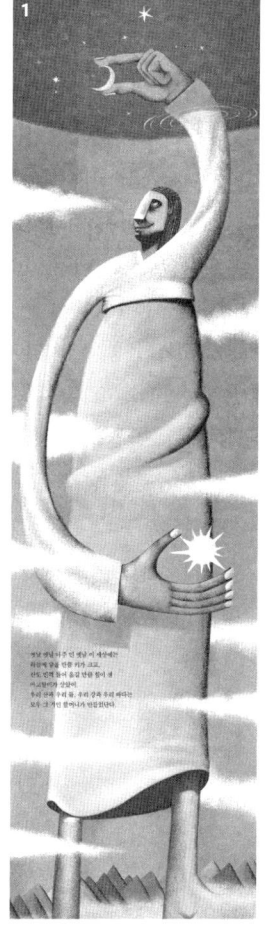

1 『마고할미』 부분 책장을 세로로 접어 거대한 마고 할미를 표현했다. ⓒ조선경, 보림
2 『단군 신화』(이형구 글, ⓒ홍성찬 그림, 보림) 표지

공부하던 시절에 만났던 뉴욕 지하철 청소부를 모델로 만든 『지하 정원』은 유럽 곳곳으로 수출되었다. 최근 출간된 『Kiss』(2015)에서는 『마고할미』에서 보여주었던 책의 물질성을 확장하며 그림책의 형식을 해체하고 내용과 통합해 수준 높은 작품 세계를 보여준다.

『단군 신화』는 건국신화에 걸맞게 표지에서부터 매우 신비롭고 웅장한 이미지를 제공한다. 이 때문에 지금까지도 잘 나가는 대표적인 스테디셀러다. 이 작품에 그림을 그린 홍성찬(1929~2017)은 우리의 전통을 가장 사실에 가깝게 그리는 일러스트레이터로 이름이 높다. 그것은 전문가에게 자문을 얻고, 자료를 찾고, 현지 방문까지 하며 철저한 고증을 위한 노력을 마다하지 않는 그의 우직함 덕분이다. "사실에서 벗어나지 않

1 『구렁덩덩 새 선비』(이경혜 글, ⓒ한유민 그림, 보림)의 1997년 초판본 표지
2 『구렁덩덩 새 선비』(이경혜 글, ⓒ한유민, 보림)의 2007년 개정판 표지
3 『아씨방 일곱 동무』(ⓒ이영경, 비룡소, 1988)의 표지

으려고 안간힘을 쓴다."[03]는 그의 말은 이를 뒷받침한다. 이 책 또한 가로로 책장을 접어 길게 이어진 페이지를 통해 장면의 효과를 강화한다.

그런데 『단군 신화』 초판본에는 초창기 편집기술의 미흡함을 볼 수 있다. 제본선이 있는 접면에 호랑이의 목이 접혀 머리와 몸통이 분절되는 느낌을 준다. 초창기 그림책에서 드물지 않게 발견되는 서투름이다.

③ 이경혜 글, 한유민 그림, 『구렁덩덩 새 선비』, 보림, 1997

옛이야기 <구렁덩덩 신선비>는 <구렁덩덩 새 선비>, <구렁덩덩 소선비>, <뱀서방> 등의 이름으로 우리나라 전역에서 채록된다. 현재까지 70여 편의 각 편이 존재하는데, 우리나라뿐 아니라 세계적인 분포를 보이는 광포설화이기도 하다. 이 이야기는 사람이 구렁이를 낳고 그 구렁이가 사람과 결혼하여 사람으로 변신하는 것 같은 신기하고 이상한 요소가 과거 삶의 방식과 어우러진 신이담이다.

이경혜의 글은 '~어요'체가 반복되며 점층되는 대화 글로 옛이야기의 분위기를 살린다.

"누가 구렁이 총각한테 시집을 가겠느냐?"
첫째 딸이 펄쩍 뛰며 말했어요.
"아이고, 더러운 구렁이한테 어떻게 시집을 가요?"
둘째 딸도 울며 불며 말했어요.
"아이고 징그러운 구렁이한테 어떻게 시집을 가요?"
그러나 셋째 딸은 조용히 말했어요.
"제가 가겠습니다."

한유민의 그림은 글의 이면을 이야기하는 서사의 기능이 강하다. 색시의 몸집을 언니들보다 크게 표현하여 색시에게 시선을 고정하고 색시를 따라 이야기의 흐름을 쫓아가게 한다. 이것은 이 작품에서 전달하려는 시련을 극복하는 색시의 용기와 포기하지 않는 의지를 보여주는 효과적인 방법이다. 또 신이한 배경에 대한 묘사가 반복되어 작품의 분위기를 촉발하고 유지한다. 마치 신선이 살고 있기라도 하듯 구름에 둘러싸인 아득히 높은 산이 그것이다. 이 산은 본문 첫 페이지에 밭매는 할머니가 등장하는 현실적인 배경에도, 새 신랑이 먼 길을 떠나는 모호한 배경에도, 색시가 신랑을 찾아가는 신이한 배경에도 등장한다. 현실 속에 환상이, 환상 속에 현실이 혼재하는 신선비 이야기의 성격을 잘 드러내는 배경이다.

책의 표지는 작품의 성격과 주제를 함축한다는 의미에서 중요하다. 이 책은 외곽을 초록색 구렁이가 둘러싼 가운데 까만 글씨로 '구렁덩덩 새 선비'라는 제

---

03 정병규, 『우리 그림책 작가를 만나다』, 보림, 2018, 28쪽.

목을 배치하였다. 검은 글씨는 구불구불한 구렁이 모습인 데다 글씨 안의 흰색 비늘 무늬 때문에 그 자체로 구렁이를 연상하게 한다. 글씨에 덧붙여 그려진 꽃과 새 등 민화풍의 아기자기한 삽화들 또한 지금과는 다른 과거의 어느 시대로 데려다준다. 이런 제목 아래 동양화풍 바위산을 앞에 두고 그 산을 압도하는, 한복을 곱게 차려입은 색시가 앉아 있다. 두 손을 모으고 있는 색시는 반듯하면서도 강한 심지를 지닌 듯 의연하다. 이 색시의 모습은 같은 이야기를 담고 있는 여타의 그림책에서는 볼 수 없는데, '시련을 이겨내는 색시의 용기와 지혜'라는 작품의 주제를 잘 살린 표지라는 것을 알 수 있다.

이런 의미에서 2007년 개정판의 표지는 아쉽다. 표지는 본문 중에 나오는 색시와 구렁이의 혼례 장면으로 대체하는데, 구렁이와 색시의 혼례 장면을 담아 호기심을 유발하지만, 초판본 표지가 작품의 성격과 주제를 드러내는 데 더 효과적으로 보인다.

④ 이영경, 『아씨방 일곱 동무』, 비룡소, 1998

『아씨방 일곱 동무』는 고전 수필 '규중칠우쟁론기'를 어린이 그림책으로 재구성한 작품으로 쇄를 거듭하는 스테디셀러이다. 현재 초등학교 3학년 교과서에 실렸다. 바느질 좋아하는 아씨의 일곱 친구 바늘, 실, 골무, 다리미, 가위, 자, 인두가 서로 제일 중요하다고 뽐내다가 결국 모두가 함께 소중하다는 것을 깨닫는다는 이야기다.

327×236mm의 판형에 아씨와 일곱 인물의 움직임이 잘 구성되어 있다. 특히 옆으로 긴 판형의 구도가 신선하다. 전체 분량의 절반 가량 펼침면에는 아씨가 옆으로 길게 누워 있고 그 밑에서 일곱 동무가 자신이 잘 났다고 자랑하는 장면, 일곱 동무의 다투는 소리에 잠이 깬 아씨가 벌떡 일어났다고 하는데, 버선발만 나타나는 장면, 다시 잠든 아씨가 대자로 누워 있는 구도가 새롭고 재미있다. 또 옆으로 길쭉한 눈에 점 하나 찍었을 뿐인데 감정의 변화가 드러나는 인물의 표정도 탁월하다. 미색의 닥종이 질감이 나는 종이가 창호지와 들창문, 세간살이 등 우리 전통적인 모습도 잘 어울린다. 이런 점이 오랫동안 독자의 사랑을 받는 이유일 것이다.

정병규는 『우리 그림책 작가를 만나다』에서 이영경을 그려진 캐릭터와 그리는 이가 가장 닮은 작가 두 명(이우경, 이영경) 중 한 명이라고 칭하며, 그의 작품에는 사람을 웃게 만드는 힘이 숨겨져 있다고 평하였다.

2) 창작 그림책
① 권윤덕, 『만희네 집』, 길벗어린이, 1995
이억배, 『솔이의 추석 이야기』, 길벗어린이, 1995

『만희네 집』과 『솔이의 추석 이야기』는 7, 80년대의 풍경과 풍속을 세밀하게 입체적으로 묘사하고 있다. 이 두 작품은 지금도 인쇄를 거듭하고 있다.

『만희네 집』은 좁은 연립 주택에서 살다가 할머니 댁으로 이사 간 만희가 집안의 구석구석을 엿보는 이야기로 작가의 정성 어린 그림과 색감 속에 살아 있다. 지금처럼 아파트가 보편화하기 전 7, 80년대 가옥의 모습을 안방, 부엌, 광, 만희방, 목욕탕, 옥상, 아빠방, 마루 등 온 집안을 넘나들며 우리가 사는(살았던) 곳을 보여준다.

1 『만희네 집』(©권윤덕, 길벗어린이)의 표지
2 『솔이의 추석 이야기』
(©이억배, 길벗어린이)의 표지

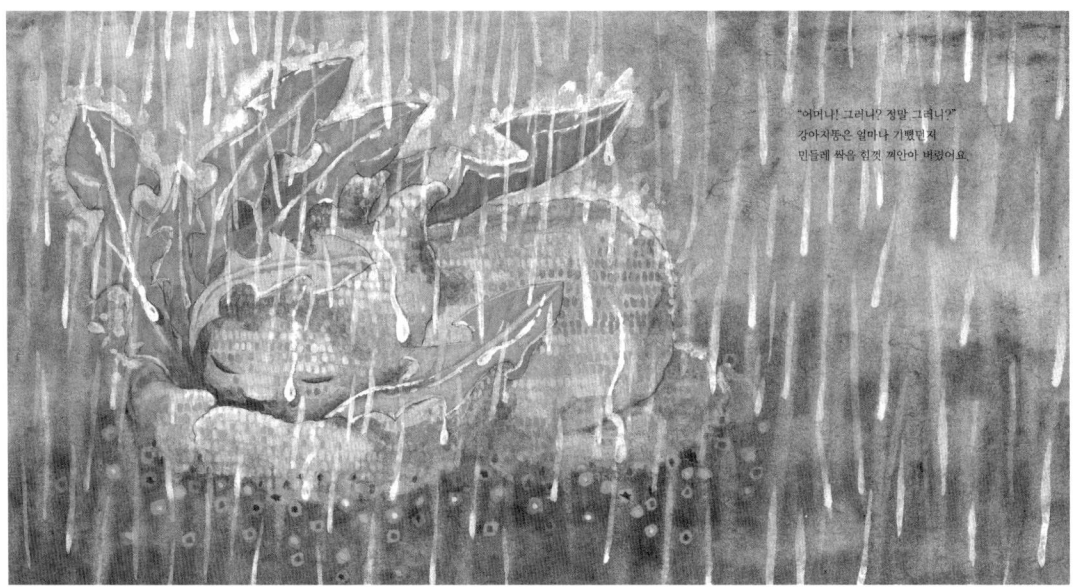

『강아지똥』 강아지똥이 민들레를 끌어안는 장면. ⓒ정승각, 길벗어린이

　재미있는 것은 각각의 장면에서 유채색으로 칠해지지 않고 먹빛으로만 그려진 흑백의 부분들은 다음 쪽으로 연결되는 장소라는 점이다. 이런 작품 구성상의 재치가 재미있고, 안온한 동양화의 색감이 따뜻하고 추억을 환기시키는 인물과 사물들이 정겹다. 그러나 이러한 부분에 초점을 맞추다 보니 이야기 그림책인데도 불구하고 이야기성이 실종되고 말았다. 요즘 식으로 얘기하자면 만희가 소개하는 모델하우스 관람기 같은 느낌을 준다.

　이후 권윤덕은 『시리동동 거미동동』(2003)을 낸다. '시리동동'은 거미가 거미줄에 달린 모양을 나타내는 제주도 토박이말이고, '거미동동'은 운율을 더해주기 위해 붙인 말이다. 책의 바탕이 된 것은 제주도 꼬리따기 노래이다. 이 노래는 아이들이 자주 부르는 말잇기 노래인데, 누구에게나 낯익은 '빠르면 비행기, 비행기는 높아, 높으면 백두산…'과 같은 형식이다. 이 책은 꼬리따기 노래 몇 개를 보태고 다듬어 만든 것으로 '시리동동 거미동동-왕거미 거미줄은 하얘-하얀 것은 토끼'로 이어지다가 '바다는 깊다. 깊은 것은 엄마 마음'이란 표현으로 끝을 맺는다. 바로 이 책에서 전해주려는 것도 바다같이 깊은 엄마의 사랑일 것이다. 운율이 똑똑 맞아떨어지는 데다 머릿속의 연상작용이 자연스레 더해지기 때문에 재미있게 따라 읽을 수 있다. 도안 같은 간략하고 다양한 형태와 선명한 색이 돋보인다.

　『솔이의 추석 이야기』는 매우 간략한 글에 7, 80년대 추석의 풍속도를 담았다. 명절 때마다 되풀이되는 차례 음식 준비하기와 성묘 등의 모습 외에도 고속도로에 길게 늘어선 차량 행렬로 지금도 이어지고 있는 추석의 풍속을 보여준다. 옆으로 긴 판형(292×234mm)은 이러한 행렬의 모습을 표현하기에 안성맞춤이다. 그런데 이런 행렬도는 이미 고구려 시대 고분벽화인 '대행렬도'나 조선 시대의 '능행도' 등에서 본 적이 있다. 과거의 유산을 현대적으로 잘 구현한 것이다. 한국 사람이라면 누구나 알 수 있고 이해할 수 있는 많은 볼거리가 마치 생활 도감의 일부처럼 상세하게 그림 속에 어우러져 있다.

　그러나 이 작품 또한 『만희네 집』과 마찬가지로 보여주기에 급급할 뿐 이야기성은 부족하다. 그러나 88올림픽 전후로 한 시대를 풍미했던 '우리 것이 세계적인 것'이라는 캐치프레이즈처럼 이 작품은 해외에서도 호응을 얻었다.

② 권정생 글, 정승각 그림, 『강아지똥』, 길벗어린이, 1996

그림책 최초로 백만 부를 돌파한, 대표적인 그림책이다. 2019년 12월 개정 3판 27쇄를 찍었다고 한다. 오랜 시간 모든 세대에게 큰 사랑을 받으며 우리 그림책의 고전으로 자리 잡았다. 이런 독자의 사랑은 이 작품이 인간이 언제까지나 기억해야 할 보편적인 가치, 사랑과 나눔의 소중함, 혹은 작고 작은 존재도 쓸모가 있다, 간절히 희구하면 이루어진다는 등의 가치를 조용히 그러면서도 매우 아름답게 환기하기 때문일 것이다.

원작은 1969년 <기독교 교육>의 제1회 아동문학상 수상 작품인데, 정승각이 그림책을 만들기 위해 권정생의 동의를 얻었고, 권정생이 직접 그림책의 글로 다듬었다고 한다.[04] 이렇게 그림에 맞춤한 글이 탄생하였고, 그림은 글이 말하지 못하는 부분을 충실하면서도 곱게 표현했다. 그 대표적인 장면이 아래 장면일 것이다.

'네가 내 몸속으로 들어오면 별처럼 고운 꽃이 핀다'는 민들레의 말, 즉 예쁜 꽃이 피는데 쓸모없다고 여겼던 자신이 필요하다는 말(앞 장면에서 제시됨)에 강아지똥이 너무 좋아 자신도 모르게 민들레를 껴안았다고 하는 글이 있고(위의 그림), 이어지는 장면에서는 비가 내렸고 강아지똥이 잘게 부서져 민들레의 뿌리로 모여들어 꽃봉오리를 맺었다고 한다. 간략한 글에 그림은 이 과정을 눈으로 볼 수 있도록 구체화하며 상징적으로 처리한다. 먼저 위의 그림에서 비를 맞는 강아지똥의 몸이 점으로 드러나는 것을 볼 수 있다. 이 점들은 빗물을 따라 스며들 때는 색색의 점들로 변하고 이어지는 땅속 장면에서는 영롱한 색색의 점들이 민들레 뿌리로 모여든다. 한 생명이 흩어지고 다시 새 생명으로 바뀌어 가는 그 지난한 과정을 비와 분해되는 점과 생명을 얻은 영롱한 점으로 아름답게 형상화하였다.

어디에도 생명의 소중함이나 작은 존재의 유용함을 강변하지 않는다. 다만 작고 미천한 강아지똥이 새로운 생명으로 바뀌어 가는 모습을 소박하고 진실하게 그릴 뿐이다. 그것이 우리의 마음을 움직이고 앞으로도 그럴 것이다.

③ 윤구병 글, 이태수 그림, '도토리 계절 그림책' 시리즈 전 4권, 보리, 1997~2000

- 『심심해서 그랬어-여름』 1997
- 『우리끼리 가자-겨울』 1997
- 『우리 순이 어디 가니-봄』 1999
- 『바빠요 바빠-가을』 2000

계절별로 출간된 '도토리 계절 그림책' 시리즈는 소박한 농촌의 1년 살림살이가 파스텔톤의 그림으로 펼쳐진다. 월간 『뿌리깊은나무』 편집장을 지냈고 대학에서 철학을 가르쳤던 윤구병의 글은 맛깔스럽고, 컴퓨터 그래픽을 빌리지 않고 손으로 그리는 이태수의 세밀화는 푸근하고 정성스럽다.

특히 『심심해서 그랬어-여름』은 어른들이 모두 일하러 가고, 아무도 없는 집에서 심심한 돌이가 동물들을 풀어놓는다. 그러나 동물들은 돌이는 아랑곳하지 않고 '펄쩍펄쩍, 깡충깡충, 겅중겅중, 푸드덕푸드덕'하고 신나게 자기 갈 길로 가 버린다. 같이 놀기는 커녕 우리를 나간 동물들은 내빼기 바쁘다. 걱정돼 쫓아보지만 돌이에게는 역부족이다. 결국 돌이는 울음을 터뜨린다.

의성어와 의태어가 도드라지는 이야기는 한여름날 오후에 있었던 짧은 사건을 정겹게 그려낸다. 세밀화로 유명한 이태수는 호박과 고추가 익어가고 배추와 오이가 자라는 여름의 모습을 풍성하게 잡아낸다. 특히 뒷면지에 해당하는 소나기 내리는 여름 마당 풍경은 일품이다.

---

04 graphic plus #2, 『창작 그림책과 작가들』, 프로파간다, 2009, 162쪽.

※ 이 도서는 2024년 문화체육관광부의 '중소출판사 도약부문 제작 지원' 사업의 지원을 받아 제작되었습니다.

그림책, 한걸음 더 가까이

1쇄 펴낸날　2025년 1월 15일

지은이　　이은주
펴낸이　　정원정, 김자영
편집　　　홍현숙
편집 도움　주신혜, 윤현영
디자인　　패러그래프

펴낸 곳　　즐거운상상
주소　　　서울시 중구 충무로 13 엘크루메트로시티 1811호
전화　　　02-706-9452
팩스　　　02-706-9458
전자우편　happydreampub@naver.com
인스타그램　@happywitches
출판등록　2001년 5월 7일
인쇄　　　천일문화사

ISBN　　　979-11-5536-229-7 (03800)

* 이 책의 모든 글과 그림, 디자인을 무단으로 복사, 복제, 전재하는 것은 저작권법에 위배됩니다.
* 잘못 만들어진 책은 서점에서 교환하여 드립니다.
* 책값은 뒤표지에 있습니다.

* 책에 실린 도판은 저작권자의 사용허가를 받았으나 일부는 미처 허락을 구하지 못했습니다.
　연락이 닿는 대로 절차를 밟겠습니다. 양해를 부탁드립니다.